实践与探索

——江苏省镇江市首届警学论文获奖征文集

江苏大学出版社
JIANGSU UNIVERSITY PRESS

镇 江

图书在版编目(CIP)数据

实践与探索:江苏省镇江市首届警学论文获奖征文
集/赵立源主编.—镇江:江苏大学出版社,2014.8
ISBN 978-7-81130-799-3

Ⅰ.①实… Ⅱ.①赵… Ⅲ.①警察学－中国－文集
Ⅳ.①D631-53

中国版本图书馆 CIP 数据核字(2014)第 175171 号

实践与探索:江苏省镇江市首届警学论文获奖征文集
SHIJIAN YU TANSUO:JIANGSUSHENG ZHENJIANGSHI SHOUJIE
JINGXUE LUNWEN HUOJIANG ZHENGWENJI

主　　编/赵立源
责任编辑/张　璐　刘澍芃
出版发行/江苏大学出版社
地　　址/江苏省镇江市梦溪园巷 30 号(邮编:212003)
电　　话/0511-84446464(传真)
网　　址/http://press.ujs.edu.cn
排　　版/镇江文苑制版印刷有限责任公司
印　　刷/句容市排印厂
经　　销/江苏省新华书店
开　　本/718 mm×1 000 mm　1/16
印　　张/13
字　　数/215 千字
版　　次/2014 年 8 月第 1 版　2014 年 8 月第 1 次印刷
书　　号/ISBN 978-7-81130-799-3
定　　价/40.00 元

如有印装质量问题请与本社营销部联系(电话:0511-84440882)

序

夏新平*

　　自 2011 年底市警察协会成立以来,协会一班人按照科学发展的思路,以加强基础建设、扩大对外交流、办好学会刊物、深化理论调研为抓手,紧锣密鼓地推进各项工作,不仅促进了协会自身发展,而且对丰富警营文化生活发挥了重要的作用。特别是主动牵头组织开展了"第一届镇江警学论坛有奖征文"活动,引导一大批公安民警立足岗位搞研究,形成了数十件有质量、有深度、有意义的调研成果,首次举办论坛就取得了圆满成功。有以下几点值得充分肯定:

　　一是关注了公安工作的重点方面。协会紧紧围绕 2012 年公安工作的中心任务,以促进"十八大"安全保卫措施有效落实为目标,专门列出了重点调研课题,上网发布,跟踪问效,在全市形成了领导干部积极带头、业务骨干主动参与、全体民警普遍关心的大调研工作格局。期间,各位研究工作者紧紧抓住年内公安重点工作,结合岗位实际,认真开展调查研究活动,形成了许多具有创新性、指导性、实战性价值的思路、观点、方法和举措,既注重理论,也注重实际,效果明显。

　　二是瞄准了亟待解决的相关问题。坚持直面困难和挑战,组织广大研究工作者深入开展对新形势下公安群众工作难点问题、道路交通安全管理重点问题、社会矛盾排查调处热点问题等方面的调查研究,做到摆事实、讲道理、明导向、教方法,直接把研究工作的指向瞄准公安工作中的困难和问题,真正做到针对性研究、层次化破解、项目式推进,使整个研究工作把握了核心环节、瞄准了重点难点、辅助了领导决策,具有较强的现实

---

　　* 夏新平,江苏省镇江市政协副主席。

意义。

三是研析了特殊现象的内在根源。在 2012 年的警学论坛理论研究活动中,广大研究工作者不仅注重研究方面性、共性的问题,而且更注重研究特殊性、个性的问题,注重挖掘内在根源。特别是在网络时代,对公安群众工作、"社会人"治安管理、社会心理不断变化情况下的和谐警民关系建设、城乡一体化进程中的道路交通管理研究,让读者既能感到身临其境,又能读得言之有味,更能从思想上、观念上受到启发,真正做到了透过现象抓本质,由表及里抓突破。

四是形成了助推发展的实际成果。我们积极引导广大研究工作者按照边实践、边总结、边提高的流程抓好调查研究活动,不少研究成果都在公安工作中得到转化。特别是《"社会人"治安管理初探》《对全力推动警营文化发展繁荣的基本思考》《镇江流动人口服务管理模式和路径创新》等一批调研成果,有力地促进了 2012 年"以十八大安保为主线、以'对标找差、创先争优'为抓手、以进一步提高群众安全感和社会满意度为目标"的各项公安工作。

应当说,协会组织的第一届警学论坛理论研究活动,丰富多彩、亮点纷呈,对助推镇江公安事业的发展与进步起到了积极的促进作用。下一步,要继续结合全市公安工作的重点任务,持之以恒地抓好以理论研究活动为主要内容的各项工作,着力在思想认识上求提高,在紧贴实战上求深化,在突破重点上求质量,在强化交流上求提升,在办好会刊上求突破,为开创镇江警学研究工作新局面作出新的、更加积极的贡献!

目　录

网络时代公安群众工作研究

夏新平　　　　　　　　　　　　　　　　　► ► ►

在科技日新月异的今天,网络的高速发展和广泛应用给公安群众工作带来了新的机遇和挑战,我们必须全面把握信息时代新形势、新特点,充分发挥公安机关善于组织群众、联系群众、宣传群众的政治优势,运用网络的互动性、开放性和实时性的特点,积极探索网上专门工作与群众路线相结合的新路径,广泛开展征集民意、收集舆情、展示作风、公布信息等工作,疏通民意表达渠道,加强警民互动沟通,做深、做细、做实虚拟社会群众工作,努力获得最广泛、最可靠的群众基础。

一、江苏省公安机关利用互联网开展群众工作概况

据统计,当前江苏网民总数超过 3300 万,网民普及率高达 42.8%,网民总数量和网民普及率均位居全国前列,且 80% 以上的网民是 18 ~ 45 周岁年龄段的青壮年。全省备案网站、论坛、聊天室超过 11.8 万个,微博用户达到 680 万。对此,全省公安机关牢固树立"网络问政""全警触网"的新理念,努力把各级公安网站建设成为 24 小时服务群众的"警务直通车"和"便民高速路",将互联网公共服务平台建设纳入警务信息"大平台"建设框架体系,建立"外网受理、内网流转"的网络办事模式。2010 年初,新版"江苏公安网"正式开通运行,一体化推出省市公安机关涉及治安、出入境、交管、消防、户政等类别的 200 余个网上办事服务项目。2011 年 6 ~ 7 月,省公安厅及各市公安局"一把手"还分别利用政府门户网站或当地热点版块向群众报告了公安工作,互动交流并征询了一批建议,解答了一批问题。各地公安机关纷纷建立"网上公安局""网上派出所""网上警务室",积极搭建公安微博、博客、QQ 群等新平台,全省已有 60 多个公安机关开通公安微博、博客,拥有"粉丝"逾千万,开展了形式多样的警民网上互动活动,受到网友一致好评。目前,江苏公安互联网公共服务平台已经初步建成,实现了全省公安网上服务的集群功能。高效、优质的网

络服务举措赢得了广大人民群众的理解、信任与支持,有力地维护了社会和谐稳定。在整体积极推进的同时,我们也发现,利用网络开展公安群众工作过程中逐渐暴露出在思想转变、力量建设、工作方式、运行机制等方面亟待解决的现实问题。因此,如何利用网络做好公安群众工作,构建良性、互动、和谐的警民关系,是现阶段各级公安机关必须直面思考、重点研究的一个重要课题。

二、网络对公安群众工作的影响

随着社会、科技水平和技术手段不断深入发展,互联网作为一种广泛应用的媒体,对人们产生了深远影响。这一平台集多种属性于一体,在时间上实时性、持续稳定性强,上传、下载、查询等基础功能不受限制;空间上容量巨大、覆盖广泛,只要有网络覆盖就不受地域影响;与网民关系上改变了以往媒体单方面输出、单方面接受的被动局面,实现了平等交流和互动沟通。这些特点,既为公安机关开展群众工作创造了以往媒体所不具备的良好条件,也造成了不可回避的现实困难。

(一)公安群众工作主体出现新变化

公安机关作为开展群众工作的重要主体之一,在新的社会环境下,由于受到职能转变、队伍发展、体制建设等多方面因素影响,使群众工作在具体推进过程中出现了一些新变化。

一是公安社会管理职能拓展。新形势下,公安机关的职能向维护稳定、服务社会作出进一步的拓展是时代发展的必然要求。在这一转变中,大量非传统因素进入公安工作领域,警力下沉和职能前移受到挑战,有些并不利于群众工作开展。特别是公安机关作为化解社会矛盾的主要力量,处在群众工作的第一线和化解矛盾的最前沿,在处理城管执法、拆迁户安置等非警务工作的现场,经常能见到民警的身影,问题处理不好,矛头往往会指向公安机关,使公安机关承担了许多本不应承担的责任。加之一些地方政府和社会服务缺位、滞后的情况也不同程度地存在,公安机关不得不承担这些空白区域的社会职责。当这些非警务工作不能满足群众的需求时,所产生的社会矛盾常常转嫁给公安机关,影响了警民关系和谐发展。

二是警察队伍素质参差不齐。现代警务机制的建立和警察队伍的改革,适应了公安队伍年轻化、知识化的总体要求,但少数民警执法不作为、执法乱作为、执法不公的现象还时有发生,个别地区还存在治安联防队员等非执法主体执法的现象,给公安群众工作带来隐患。当前的公安队伍中,大多数民警没有经历过艰苦环境的磨炼,也缺乏丰富的群众工作经验。与战争年代和改革开放以前的人民警察相比,信息化大环境在思想观念和工作方法上对警察队伍提出了更高要求,特别是因缺乏对人民群众发自内心的朴实而深厚的情感,使一些同志认为群众工作就是访贫问苦,使群众工作模式化、形式化,导致一些地方的工作打不开局面,影响群众工作的深度、广度。

三是管理体制不够完善。一些公安机关的管理模式借鉴现代企业制度,过分注重业务指标,单纯将主业业绩作为衡量公安工作优劣的标准,从而使部门服务理念产生偏差,在分配群众工作的时间、人力、物力上难以得到有效保障,以致疏于为民服务质量的提高。这种没有树立内部考核与外部评估相结合的管理理念,失去了警务活动应有的人文内涵,无疑会疏远警民之间的关系。特别是在接待群众来访、化解民事纠纷、接受群众求助等方面,单凭对公安事业的热爱和对人民群众负责的态度,不教方法就下任务,很难解决涉及群众切身利益的问题,很大程度上影响到公安机关开展群众工作的积极性和联系群众的密切性。

(二)公安群众工作客体出现新变化

人民群众是助推公安工作新发展的坚实力量,是公安机关全部工作的实现方式。但随着信息网络化的迅速发展,受到复杂多样因素的影响,群众思想和行为独立性、差异性、选择性明显提高,对公安机关有效开展群众工作提出了新的挑战。

一是群众的思想观念出现新特点。随着信息化的不断深入,网络普及社会生活的方方面面,促使了各种意识形态突破时空的限制交织在一起,对人们的思想观念、生活习惯、行为方式产生了深远影响。人民群众在法治观念、民生保障、利益诉求、公共服务等方面的理念逐渐转变;群体性事件、涉警网络舆情等焦点问题讨论和警务公开、网络问政、执法规范化等问题的交流日益增加,群众思想开放度越来越高;另外,互联网上西方价值观念、生活方式被大肆宣传,社会心态越发趋利,拜金主义、享乐主义、仇富、仇官等心理有所增强,群众的人生观、价值观有日趋西化的危险。网络对人民群众思想的影响迅速,这无疑给传统公安群众工作利用座谈讨论、入户走访、个别谈心等方式潜移默化地引导、教育群众带来了巨大冲击。能否攻克这一难题,将直接关系到公安群众工作的顺利开展。

二是团结和发动群众出现了新困难。改革开放以前是警民联手齐抓治安,公安机关在群众中的威信很高,几乎是一呼百应。但随着社会信息化的进步,人们生活发生了翻天覆地的变化,群众参与社会治安工作的积极性也逐渐减弱。公安工作社会化的压力越来越大,尤其是在互联网等网络媒体上,对公安机关和公安工作的舆论评价情绪化也日益凸显,负面不实报道必然会引起社会的批评,然而正面的报道也会引起冷嘲热讽。有些媒体为了吸引公众眼球,热炒"涉警"问题,放大公安队伍中的负面影响,否定主流;一些被打击过的犯罪分子为了报复公安机关,恶意在网上编造谣言,严重影响了公安机关在人民群众心目中的正面形象。实践告诉我们,在虚拟社会这个没有硝烟的战场上,一些势力、一些团体、一些组织也正在利用网络和我们展开群众斗争,如果我们不能引起足够的重视并彻底解决这一问题,公安机关就难以深化群众工作。

三是群众对公安工作的认识出现新问题。公安机关在基层开展群众工作的过程中,有时会面临群众的误解、担心和对抗,往往导致事倍功半,甚至将公安机关置于孤立无援的境地,影响公安职能发挥。首先是存在不信任心理。一些群众总是对网络媒体曝光的个别警察作风、行为问题紧咬不放,并将其不满扩大到公安机关职能运作上,由于极少数民警的违法违纪问题产生了对整个公安队伍的不满。其次是存在盲目崇拜心理。由于现阶段网络媒体以及各种影视类节目通过一些艺术手法表现公安机关的形象,群众便认为警察是万能的,能办成群众任何所需、所想之事,一旦群众的这种期望不能及时实现,就会对公安机关产生消极影响。受传统观念的影响,一部分群众对公安工作的理解多停留在打击犯罪层面上,对于公安工作服务经济发展和社会建设的职能不甚了解,单纯认为工作中的警察只与犯罪嫌疑人打交道,深怕"惹祸上身",因而产生畏惧心理。

(三)公安群众工作内容出现新变化

网络环境下的新时期,是公安机关推出各种服务举措,使人民群众得到许多实实在在利益的时期,同时也是人民群众对公安机关诉求较多且较为集中的时期,这便促使公安机关开展网络群众工作的具体内容呈现出新特点、新情况。

一是网络对社会稳定的影响具有群体性。处理好网络引起的各类群体性事件,是公安事业发展必须面临的考验,也是我们做好群众工作所面临的紧迫问题,必须牢牢把握网络对群体性事件的影响。首先,网络的极端扩大性强。新形势下,人民内部矛盾涉及的范围有所扩大,各种利益群体更多地利用网络表达诉求,涉官、涉警、涉富事件也极易成为网上的舆论热点,如果处置不及时,网络媒介便成为"高倍放大器""快速传播器",促使一些群体性事件呈爆发式发展,使得某些潜在的矛盾转化为显性矛盾并具有突发性。其次,网络个体联系性广。群体性事件参与者的身份多种多样,网络为群体性事件前期策划和组织联络起到至关重要的作用。通过网络沟通交流,越来越多的群体性事件出现了有组织、有领导、分工明确、职责清晰的特点。最后,网络的不良煽动性大。网络催生了大量群众性的社区和交流平台,这些网络平台具有很强的社会组织和发动能力,已成为传播有害信息、组织非法活动、煽动不良情绪的重要渠道。受到某些普遍关注的民生问题或事件的刺激,群众利用网络单方面、大规模地发泄不满,一些载有煽动性语言的帖子通过大批量转载、电子邮件群发等方式广泛传播,迅速成为网络舆情,有些事件的策划者甚至利用职业化的网络公关公司进行有目的的恶意炒作、推波助澜,从而引发大规模的群体性事件。

二是网络对涉警舆情的影响具有复杂性。人民群众通过网络,围绕警务工作、警民关系等表达态度、意见和情绪。虚拟社会已成为反映社会动态、收集民情民意的重要载体,舆情则是警民关系的"晴雨表",对公安群众工作产生深远影响。网络舆情的掌控和引导,包括对正面信息、言论的宣传、弘扬和对负面信息、言论的澄清,在开放程度极高的互联网面前,舆情处置出现了三大难点:第一,挖掘信息的源头难。网络延伸到群众生活的各个角落,发布信息的渠道甚多,很难全面把握。公安机关的人力、物力、技术手段也很难在第一时间内全方位、深层次地掌握负面舆情。第二,涉警舆情的掌控难。一些敏感性较强的问题,涉及范围广、关注程度大,不法分子可能以此为情绪发泄的契机,发表情绪化、鼓动性的言论指责警方,或是挑起群众不满。这些舆情开始是小范围传播,一旦经过网络就会以爆发的事态扩大,警方常常措手不及。第三,正面导向的宣传难。群众会对不良舆情易产生先入为主的错误导向,公安机关如不及时、准确开展引导,一旦先入为主的错误导向"根深蒂固",将会使工作处于被动局面。

三是网络发展对联络载体规范化建设具有前置性。网络产生微博、短信、聊天平台等新兴互动载体。这些联网通讯手段的便捷、实时、互动等优点在联系群众、发动群众中的优势日益突显,但由于在建设运行过程中没有形成一个整体规范、清晰顺畅的运作思路,也暴露出许多亟待解决的问题,存在的隐患不可忽视。当前,以下五个方面值得引起重视:

（1）名称管理。以公安微博为例，省、市级公安机关多以"平安"加"地名"作为注册名且获得官方认证。而部分基层所队和民警个人的用户名则没有规范的注册名称且缺少认证，网民难以辨认地方性基层所队和民警的个人微博。如某网民以某地区公安机关或民警名义抢先注册，并随意发布消息或故意捏造案件事实，就很容易混淆视听，不但损害公安机关形象，还容易扩大事端。（2）运转维护。沟通平台需要经常维护管理和更新内容。当前，一些地方公安机关和基层所队并没有成立专职人员维护管理队伍，加之日常警务繁忙，后期维护和实时联络工作成了民警的负担。一旦官方的关注度下降，信息内容老套、不鲜活，警民互动缺乏，"粉丝"就会流失，"虎头蛇尾"的做法便给群众留下盲目跟风的不良印象。（3）信息保密。通过此类平台发布信息的权限和发布内容没有明确的责任制度和一套完整的督查审核体系。对于在互联网上发布信息的手段也仅限于通过外网电脑和智能手机，少数公安机关为了扩大吸引力，在不考虑信息保密性的情况下，将一些涉密信息予以发布，借此增加"粉丝"数量，提高点击率，这对公安机关的保密工作造成了极大的风险。（4）宣传方式。公安机关身份的特殊性和公安网络互动平台的灵活性、多样性，决定了宣传语气既要有一定的权威性，又不能只发布"官方"言论，长期枯燥的话题将失去"粉丝"。（5）公开尺度。公安微博高效率的宣传充分体现了服务群众的时效性和联系群众的广泛性，但高速流通的信息如果没有统一的宣传尺度，在同一件事上各部门公开的程度不一致、标准不统一，某些网民就很可能以此为把柄而发表攻击性言论，一旦被网友"拍砖"，公安机关的公信力将直接受到影响。

三、网络公安群众工作的有效途径

　　群众工作是随着公安工作任务和形势的发展而不断变化的，既需要认清形势、更新理念，也需要健全机制、改进方法。公安机关必须充分利用网络的有利条件，积极采取措施，更加全面地了解社情民意、化解矛盾纠纷、夯实执法基础，建立适应公安工作需要、符合时代发展特征的和谐警民关系。

（一）切实转变公安群众工作思想

　　正确判断和认识网络公安群众工作的重要性和紧迫性，切实把握人民群众意识形态变化，是始终坚持"立警为公、执法为民"的一个关键。我们必须自觉做到与时俱进、开拓创新，把公安工作深深扎根于人民群众之中,将"人民公安为人民,兢兢业业保民安"作为公安民警永恒的价值追求。

一是要树立直面思想多元挑战的理念。在信息全球化的大环境下,随着科技迅猛发展,网络成为群众思想政治工作的重要阵地和意识形态的渗透工具,它传播的内容涉及政治、经济、科技、文化、体育等各个领域,并在不断扩张。随着改革开放的不断深入,各种意识形态对人民群众的渗透进一步加剧,各种思想、文化观念相互激荡。网络环境下群众的思想现实情况,必须引起足够重视。尤其要深刻地意识到人民群众的思想状态在公安机关掌握治安动向、了解群众需求、创新群众工作方式、方法中所起的重要作用,直面挑战、积极作为,坚决防止主流意识形态受到侵蚀,不断增强人民群众的认同感和凝聚力。

二是要树立永不动摇群众观念的理念。要带着深厚的感情去做群众工作,善于主动与群众沟通思想感情,以亲人的身份设身处地地扎根于人民群众中间,接受人民群众的监督和批评,确保为公、为民。要以公仆之心对待人民群众,始终保持同人民群众的血肉联系和鱼水恩情,发扬"走千家门、知千家情、解千家难"的群众工作作风,以实实在在的行动来获取民意,赢得民心。要切实站稳群众立场,善于换位思考,尊重群众、相信群众、依靠群众,带着对人民群众的深厚感情去公平公正执法、热情周到服务。要时刻牢记"群众利益无小事"的告诫,把关乎群众利益的小事做深、做细、做实,从点滴体现公安民警全心全意为人民服务的根本宗旨。

三是要树立与时俱进不断创新的理念。创新群众工作理念是保证群众工作与时俱进的关键,应当正确把握新形势下群众工作的特点,把政治智慧的增长、执政本领的增强、工作手段的革新深深扎根于人民群众创造性的实践当中。要在继承群众工作优良传统的同时,将专门工作与群众路线相结合的政治优势继续发扬光大,不断给群众路线的理论注入新的内涵。在任何时间和情况下,我们都必须进一步拓宽工作渠道、改进工作作风、创新工作载体、健全网络群众工作机制,不断提升做好新形势下群众工作的能力和水平。

(二)建立健全网络群众工作机制

网络公安群众工作的目标任务,既有许多和以往相同的地方,也有许多新特点、新要求。因此,必须积极探索建立适应新形势下群众工作的新机制,扎实推进网络公安群众工作有效开展。

一是构建公安群众工作的整体格局。从整体上看,要形成"由党委统一领导、部门各司其职,多管齐下、齐抓共管"的群众工作格局。要把群众工作列入重要的议事日程,针对社会治安形势、人民群众安全感和满意度等情况,提出不同时期的工作目标、任务要求,并建立健全群众工作的规章制度,推动长效发展。具体来讲,要重点做到:进一步拓展网络警察职能或设立专门机构,通过多种途径,有效依托现有网络资源收集、分析有关群众思想、工作、生活等多方面动态,及时提出相应对策建议;进一步加强对涉及群众切身利益工作措施执行情况的检查督导,及时梳理、发现不足、督促整改问题;要把依托基层群众组织作为网络时代开展群众工作的重要内容,继续深化开门评警活动,深入企业、社区、农村,利用企业局域网、社区 QQ 群、农村信息平台推进群众工作,不断延伸群众工作触角、拓展群众工作内容;进一步树立群众工作"一盘棋"的理念,主动联系民政、信访、统战、妇联、共青团和新闻单位,建立网络公安群众工作联系制度,定期交流分析形势,共同研究解决有关群众工作大方面的具体问题。

二是完善公安网络群众工作的运行机制。面对网络信息化不断发展的新形势,公安群众工作应当积极探索和实现机制、体制的变革,建立良性互动的运行机制,并列出网络公安群众工作的具体任务和要求。要建立包括目标、动力、评估、监督等机制在内的整体群众工作运行机制。要建立健全领导干部和公安民警深入基层、调查研究和定点联系群众制度,尤其要注重对贫困、落后地区群众帮扶工作,着力推动警务前移、警力下沉,引导广大民警扎根基层,踏踏实实地做好群众工作,并利用网络予以展示;要主动联系工会、妇联、团组织以及人大、政协,充分依托上述机构直接接收和反映群众意图的优势,积极主动地参与解决涉及公安机关的群众意见和要求,拓展网上社情民意收集和处理工作渠道,为广大群众提供更多、更便捷的现实服务;要坚持依托网络问需于民、问计于民、接受群众评议和监督,建立健全以民意为导向的警务工作机制,实现公安工作重心进一步向民生问题倾斜;要以增强反映群众思想动态的主动性和责任心为出发点,建立健全问责制度,对于反映群众思想动态失真、隐瞒、滞后的情况坚决严肃处理;要不断明确公安民警的网络群众工作职责,强化提高干群工作能力的措施,建立起公安民警对人民群众高度负责的网上执法权利运行监督和制约制度。

三是建立公安网络群众工作的考评体系。网络环境下群众的安全感、幸福感和满意度依然是我们工作的第一标准。要积极利用网络优势,从群众工作的效率和能力出发,组织评价群众意见和网络舆情,形成群众有效参与、考核标准客观的评价机制。要建立健全群众评价民警制度，将领导干部述职述廉、基层民警述职纳入网上交流内容，并组织群众实施监督。要加快探索建立网络评警模式，将评价结果与个人绩效考核挂钩，激发民警走近群众的热情和开展群众工作的活力。要出台加强服务群众工作的考核办法，会同服务举措一并上网公开，并对创新服务方法、服务成效显著的单位和个人予以表彰和奖励，对只注重完成公安主业而缺少人文关怀服务举措的单位和个人坚决通报批评。要建立科学的干部政绩考评体系，以落实科学发展观情况、群众观和政绩观情况、群众满意率测评情况、组织部门考察情况、纪检部门检查情况等为具体指标制定考核标准，努力实现正确的政绩观和群众观的有机结合。

（三）全面完善网络群众工作载体

信息时代，网络已成为公安机关联系群众、获取舆情、实现社会管理多种功能的重要载体和纽带，在已建立起来的网络阵地基础上，必须进一步拓宽和完善，以丰富的手段、灵活的方法、积极的创新，不断扩大服务群众范围，提高群众工作效能。

一是规范网络互动平台建设运行。要注重有效改变公安微博、短信、聊天平台等与群众互动载体建设不完善的现状，建立身份和名称双向认证制度，明确县级公安机关审批权限，在地市级公安机关建立登记、注册管理系统，避免户名混乱和重复。在创建程序上，要由部门或民警个人提出申请，通过职能部门审核后，再与网络公司签订认证协议，确认其真实身份。在运行管理上，要突出联系群众、服务群众的主动性和互动性，明确专人负责定期维护、及时更新内容和消息回复工作。同时，严格规定不同级别的公安机关可发布信息的范围和尺度，并细致审核发布程序，杜绝涉密信息泄露。在信息内容上，要突出各警种的不同专业职能，有针对性地开展业务咨询、对口宣传，以满足群众的不同需求，也要借鉴"凡客体""咆哮体"等宣传模式受网友热捧的经验，从群众角度出发，利用网络语言反映相关情况，便于群众接受和理解，以显示公安机关服务群众的人性化。

二是运用主流媒体主动了解社情民意。在遇到有关民生的重大事件、重要会议和大型群众活动或作出重大决策时，要充分利用网络媒体的互动功能，召开网络听证会，主动号召群众建言献策，广泛听取群众的呼声，有效了解社情民意。具体操作方式应参考如下两个成功实例：一是2011年"两会"期间，人民网设置了专门网页，题为"今年的'两会'，您关心什么?"引起了社会各界主动参与,收集各类意见、建议高达十几万条。二是2011年3月份,总理召开记者招待会期间,新华网推出"温总理召开记者招待会,你想问什么?"专题论坛,温总理将网友提出的问题系统归类,并选择其中几个具有代表性的问题予以详细解答,受到网民的热捧。可见,在各种有影响力的媒体上向广大人民群众设置专题栏目,主动征询意见和建议,定能让群众感到倍受尊重,收到良好的社会效果。

三是邀请有关领导到网络媒体座谈。实践证明,在向群众汇报一段时期内公安工作或在一些重大事件发生前后,适时邀请相关领导在网络论坛访谈,与网友互动交流,澄清事件真相,阐明警方立场,对于平息不满情绪、宣传主流思想都有积极的作用。

(四)妥善运用网络群众工作方法

在影响群众思想行为的因素越发多样复杂的情况下,仅仅有做好群众工作的良好愿望还不够,必须在保持优良传统的基础上不断创新网络环境下联系群众、发动群众、服务群众的方式方法,以此增强群众工作的时代感和影响力。

一是正确对待网络民意表达。要积极疏通民意表达渠道,及时排解网民累积的不满情绪,促使互联网在推进社会和谐进程中发挥更大的作用。第一,要重视网络民意表达。要尊重网民试图通过对政府决策的影响来实现自身诉求的表达意愿,建立网络民意收集机制,提高对网络民意进行分析、判断、梳理的水平,使网络民意最终在现实的公共决策和政策执行过程中有效展现出来。第二,要科学甄别网络民意。要坚决避免个别地方简单删帖,屏蔽、过滤网络信息的做法,坚决防止堵塞民意通道。必须提高公安民警科学甄别网络民意的本领,用积极主动的方法去趋利避害、扬长避短,形成大胆触网、扶正祛邪的良好工作局面。第三,要畅通民意诉求渠道。在互联网开辟群众维权救济平台,完善对群众涉警举报投诉的受理、调查、反馈工作,确保随时听取网民批评建议、接受群众监督。要探索建立社会泄愤机制,根据相关法律、法规,在网上设立专栏,允许群众在心理咨询专家、警察公共关系专家、法律专家的正确引导下集中发泄情绪,以舒缓社会特定时期不满和躁动。

二是妥善引导涉警网络舆情。要坚持以人为本、信息公开、应对及时的原则,抓住热点形成期是应对涉警舆情的最佳处置时期的特点,把应对舆情的关键点放在解决实际问题上。对于自身原因引发的舆论危机,要做到不推、不躲、不盖,以诚恳的态度和果断的措施赢得人民群众的理解。

对于个别媒体的偏颇报道,要主动与媒体沟通,严正干涉,及时澄清事实,以防混淆视听。同时,各地公安机关应对本地网络论坛等渠道获取的涉警投诉、举报线索和意见、建议认真开展交办督办工作,切实把网络舆论监督转化为改进和加强公安工作的强大动力,不断提高公安机关在人民群众心目中的威信。

三是积极调解社会矛盾纠纷。在群众各种不满情绪日益公开化的情况下,应当充分发挥公安机关专业调解社会矛盾队伍的优势,坚持及时、有效的原则,不断创新网络化解矛盾纠纷的新手段。要建立危机预警机制,将网络信息作为发现和解决群众矛盾的基础资源,高度关注各类可能引起矛盾的重点因素,及时获取深层次预警信息,及时调节、处置,将矛盾化解在源头。要善于处理小纠纷、小隐患、小信访、小难题,将矛盾化解在早、化解在小,避免出现大面积上网炒作的现象。要积极构建"第三方"调节机制,公安机关必须始终坚持中立原则,在政府、企业、群众之间出现矛盾时,适当邀请检察院、法院、行业专家、人民群众充当"网络陪审团"角色,参与调查、调节,以有力增强公安机关的公信力,并高效促成问题解决,实现党委政府放心、人民群众满意的目标。

四是创新网络思想教育方法。要注重网络对人民群众潜移默化的影响,以网络为载体进行网络思想政治教育,构建互动式、开放式的教育模式,增强思想政治教育的针对性。要建立专门的思想政治教育网站,通过文字、数据、声音、图像等多种形式广泛宣传党的路线、方针、政策,使人们在声像结合、图文并茂的网页中,优化对思想政治教育内容的理解和吸收。要开辟网上咨询专栏,设立心理健康服务站,对群众心理状况进行调查,并针对流露出的心理问题及时进行疏通。要研制和推广新的思想政治教育软件,既要有专门用于开展思想政治教育的软件,给学习者以听觉、视觉等多种感官刺激,充分调动其学习热情,也要开发一批集知识性、趣味性和实用性于一体的思想政治教育软件,把严肃的思想政治理论变成生动形象的网络语言进行传播,为深入推进网络时代公安群众工作提供正确的思想指导。

(征文获优秀奖,作者系镇江市政协副主席)

社会广泛理解是营造
宽松执法环境的关键

高晓光　　　　　　　　　　　　　　　　　　▶ ▶ ▶ ▶

　　执法是公安民警每日的必修课。与学生做功课一样,公安民警执法也需要宽松的环境。当前,公安执法环境与早些时候相比,已发生了深刻的变化,很多情况下还可能处在"夹缝"之中,面临种种困难。究其原因,关键是社会理解还不够广泛。结合多年来建设和管理地方公安队伍的实践,笔者希望以下五个方面的问题能得到全社会的广泛理解。

一、民警的社会责任

　　加快转型升级、促进跨越发展,必须进一步深化改革。而要深化改革,就必然会出现一些状况。公安机关处在正确处理改革、发展、稳定之间关系的最前沿,直接面对各种复杂的矛盾。这不仅是民警的法定职责,而且也是新形势下的社会责任所在。因此,在处理社会矛盾的过程中,我们既要注重解决具体问题,更要善于强化教育引导。一直以来,我们处理社会矛盾的出发点始终都与党委、政府保持高度一致,都是为了维护和实现最广大人民群众的合法权益,推动改善民生。所以必须引导群众正确认识到:社会矛盾的出现尽管有多方面原因,但根本的仍是社会经济发展的速度还不够快,现有成果还不能全方位满足广大人民群众日益增长的各类需求,一些深层次的历史遗留矛盾也还没有具备完全解决的条件;党委、政府致力于深化改革,正是为了花大力气发展社会经济,从而建立一个分配更加合理、社会保障有力的制度,从源头和根本上化解矛盾。只有这样去引导,公安民警在化解社会矛盾的过程中,才能得到尽可能多群众的积极支持。

二、民警的服务职能

　　寓管理于服务之中,是新时期特别是现阶段公安民警执法工作的一大特色。近年来,公安机关的服务渠道和内容都在不断拓展,服务成果也在不断显现,公众对公安服务的满足感与需求量同步增加。在这样的情况下,是否可以完全用服务代替管理,就成为不少群众议论的问题。从公安机关的性质来看,对一些领域和方面性问题,必须始终坚持依法管理,在管理的过程中可以也应当伴随着服务,从而体现人文行政的特色,但绝不能放松甚至放弃管理。必须引导群众正确认识到:公安机关的服务是一个复合体。一方面,对整个社会经济发展与广大人民群众的服务,其实就是一种对文明和谐秩序的维护和管理;另一方面,对一些领域和方面性问题的依法管理,其实就是对绝大多数群众的一种服务。公众要想获得更多的服务,必须自觉地参与、支持和配合管理,真正做到"不给他人添麻烦"。与此同时,在办理每一项具体事务的过程中,公安机关的服务与管理也是相互交织的,脱离了服务的管理必然缺乏人文特色,而脱离了管理的服务也必然缺乏刚性支撑,只有将管理与服务融为一体,才能同时体现执法效果与社会效益,才是最佳的调配模式。

三、民警的社会治安管理职能

每年,各地公安机关都需要依法查处一批为数不少的法人及自然人违法犯罪问题,这一方面有力地维护了城乡治安稳定和市场经济秩序,保护了公民、法人和国家的利益,而另一方面也增加了被查处群体的数量,导致对公安机关甚至民警个人产生的认识偏见增多。打防控工作是公安机关和公安民警的主业,只能加强,不能削弱;而社会公信力又是和谐警民关系的基础,也只能加强,不能削弱。"两难"之间该如何平衡,这是摆在我们面前的一大现实课题。因此,在继续深入组织开展好"春风行动""大走访"开门评警等活动的同时,必须注重适当改进公安对外宣传工作的视角,既要强势宣传打防控经典案件,也要大张旗鼓地宣传普通民警为来之不易的平安品牌所付出的那些常人难以承受的艰辛。要正确引导群众认识到:公安民警的奉献从不以法定工作时间来计算价值,不少民警的工作量常年都在普通劳动者的两倍以上,有的还出现了"过劳死""病拖死";从某种程度上讲,警察职业仅次于战地记者和矿工,被公认为"全球第三大危险职业",随时都可能遭遇受伤、牺牲的危险;对少数违法犯罪行为的打击处理,正是为了捍卫整个社会的和谐。

四、民警作为普通人的社会地位

警察职业始终强调以严格执法执纪为纲。法纪的威严,在公安队伍建设中,起到了非常有效的"高压线"作用。特别是随着公务员工资改革的推行、超时加班补贴的发放以及干部竞争上岗和公推公选制度的深化,民警对严格执法执纪要求更加重视,都不愿在自己的职业生涯中出现"纪律污点",以免对今后发展产生影响。于是,一部分民警为了避免节外生枝,"自觉"降低了自己作为普通人的社会地位。比如,在日常生活中,民警很少"敢"因个人或家庭的事与街坊邻里较真儿,他们情愿自己多吃点亏也不愿让人把邻里纠纷与警察身份牵扯到一起;为了息事宁人,一些地方甚至还出现了民警"骂不辩解、打不自卫"的情况,影响了执法者的威严。对此,必须正确引导群众认识到:民警既是执法者,同时也是社会生活中的普通人,他们作为普通人的合法权益同样受到国家法律法规的保护。当民警合法权益遭受侵害时,依然也会通过组织途径、法律途径来解决问题。各级公安机关都会全力维护民警的合法权益,绝不会因为民警职业的特殊性而默许民警对侵害行为采取妥协态度。

五、民警的社会关注度

作为他们的战友,笔者深深体会到许多民警的艰辛。一方面,他们要承受巨大的工作和生活压力,带病带伤坚守岗位是常事。另一方面,一部分民警尤其是基层民警,有时还会遭到各种投诉,或者被冷嘲热讽。比如,对存在安全隐患的场所依法进行查处时,不理解的业主和从业人员会误认为民警的处罚就是为了一个"钱"字,而当一些潜在隐患酿成事端后,他们在心疼损失时又会责怪民警为何当初没有细致检查。很多人对交通状况不满意时,要求民警从严管理,而一旦管到自己时,又埋怨民警不能"人性化执法"。更有甚者,他们因民警依法秉公办事而与民警结下"私怨",捏造事实投诉民警以泄私愤。当问题被查明、事实被澄清以后,被投诉民警已经"心伤"。对此,必须正确引导群众认识到:对涉警投诉,公安机关的态度十分坚决,将始终坚持"有一起查一起"的原则;经调查确有问题的,查清事实后必将依法依纪严肃处理,绝不姑息;经调查后发现被诬告、诽谤甚至陷害的,也绝不会只澄清事实就了事,必要时将采用法律手段让扰乱警纪、发泄私愤、别有用心之人受到应有的惩处。

综上所述,共同营造一个宽松的执法环境至关重要。各级公安机关和广大民警都要善于深入调研思考,积极依托宣传阵地,依靠各级党组织和法律法规,全方位地面向社会开展教育引导,争取社会最广泛的理解和支持。

(征文获优秀奖,作者系镇江市公安局调研员)

"社会人"治安管理初探

赵立源　　　　　　　　　　　　　　　　▶ ▶ ▶

　　"社会人"是相对"单位人"而言的,它是指社会成员中脱离社会组织的管理而直接流向社会的群体。目前,随着社会转型和经济转轨,大量的"单位人"变成了"社会人"。这种游离于传统管理体制之外的"社会人",数量在不断增加,情况在不断复杂,客观上给社会管理创新带来了一定的制约,给当前的实有人口管理带来了一定的冲击,尤其是对日常治安管理带来了许多不利的影响。如何加强新形势下的"社会人"管理,已成为摆在公安机关和广大民警面前的一个重要课题。深入研究探讨管理良策,已显得十分重要而迫切。

一、"社会人"是我国经济社会发展的必然产物

　　"社会人"的产生与发展,是多种社会复杂因素共同作用的结果。从某种意义上来讲,"社会人"是我国经济社会发展到一定阶段的必然产物,是一种不可回避也无法回避的社会现象。

　　其一,"社会人"产生于经济市场化的进程。如果从某种意义上说,"单位人"是计划经济的产物,那么"社会人"就是市场经济的产物。在市场经济条件下,人、财、物都必须按照市场的规律、需求和发展来流动,一般的、常见的治安行政管理手段在市场作用下相对弱化,制约力大为降低,作用力相对减弱。在这种情况下,人们的生产、生活甚至学习状态,往往由"静态"变成"动态"。尤其是人口的大流动,使更多的"社会人"产生并流向就业机会相对较多的地方,呈现出"集聚效应"。

　　其二,"社会人"产生于政治民主化进程。建立民主和谐的社会,必须从执政理念、执政方式、管理模式、管理思路等方面,处处体现尊重人权、尊重公民的个人选择、尊重公民的自我志愿。公民个人生活的变动度、自由度、可选择度不断加大,导致越来越多的人在居住、就学、择业、业余文体生活等方面,不再受到或很少受到单位、组织的制约,实际上处在

一种"社会人"的状态下。这种状态下的"社会人"在各方面的自由度加大,受约束性相对减弱,与组织之间处于一个"游离"或"半游离"状态。

其三,"社会人"产生于国家法治化进程。在依法治国方略深入实施的过程中,法律逐渐成为调整社会各种利益的第一要素。同时,法治化也要求政府必须遵循"小政府、大社会"和"有限政府"的要求,主动简政放权,实施依法行政。在新旧管理体制转换的过渡期,由于法治的健全度不够高,法律的涵盖面不够广,法律的作用力不够大,加之政府部门传统的管理权力和职能在逐步弱化,街道、村镇及其他社会组织的控制力明显下降,"社会人"自然会不可避免地大量出现并涌入社会。

其四,"社会人"产生于城市化步伐加快的进程。发展社会主义市场经济、全面建设小康社会的过程,实际上也是加快城市化进程的过程。随着经济社会发展的步伐明显加快,人民物质文化生活水平不断提高,农村城市化步伐加快,城市富余人员变得无工可做、无业可就、无学可上,加入了"社会人"行列,另一方面大批农业人口走出乡村流入城市,无疑也加大了"社会人"的比例。

二、"社会人"的产生对社会治安带来的不利影响

"社会人"的产生是一种复杂的社会现象,但它无疑是社会进步的一个表现,这是应当予以充分肯定的。但由于"社会人"激增后,相应的管理工作没有及时跟上,也必然会带来一些治安问题。这些治安问题由于所处地区的差异,因而表现的形式、反映的程度、实施的危害性也各有区别。总体上看,集中表现在以下几方面:

(一)不断递增的流动人口犯罪

总体上讲,近年来流动人口犯罪在不断增加。他们在作案中成片连线,为害一方,社会影响力、破坏度在不断加大。这既是改革开放条件下的一个大趋势,同时也带有一些明显的地域特点和地理特征。实践反复证明,几乎所有的大城市、所有的沿海发达地区,都已经遭遇或面临着流动人口犯罪突出的问题。一些"社会人"形成的流动人口大军因居无定所、食无着落,遂成帮结伙,违法犯罪,骚扰四方。据有关统计资料显示,在我国沿海一些较早开放的城市和苏南一些经济发达地区,流动人口犯罪已达80%以上,而且作大案、要案、恶性案件的流动人口不在少数。这一方面与这些人的盲目流动、无序流动有关;另一方面也与他们自身素质不高、自我约束不严有关。同时,治安管理的不落实、不到位、不严密,也

是一个重要诱因。

（二）不断滋生的社会冲突

人口不断流动的过程，实际上也是不同的利益、文化、意识和需求不断冲突、不断较量、不断平衡的过程。在这一过程中，"社会人"之间，常住人口与暂住人口之间，"社会人"群体与社会其他群体之间，常会由于多种原因产生矛盾冲突。尤其是他们在日常相处中，常因心理上的不平衡、心态上的差异、心绪上的不一，导致言论上的不平，行为上的抗争，以致社会冲突不断产生。这种冲突，小则是个体之间的争斗，大则是群体性的骚乱。目前，许多群体性事件之所以发生且影响扩大、处置难度加大，大都与其中的"社会人"带头滋事生非有关。他们法治观念淡薄、言行缺乏自我约束，在群体情绪的感染影响下，胆大包天、为所欲为，带头挑起事端，制造骚乱，发泄心中的不满，使社会冲突的规模不断扩大，性质走向恶劣，处置起来难上加难。

（三）不断出现的治安防控漏洞

市场经济体制的实施初期，政府对社会管理的职能相对弱化，原先依靠单位或社会组织对人进行管理控制的功能明显下降，有的甚至几近丧失。目前，在"社会人"管理中，在一定程度上大都是公安机关在唱"独角戏"，跳"光杆绳"，相关社会团体、社会组织几乎没有发挥应有的作用。久而久之，无疑使社会防控的漏洞不断增多、真空不断加大，使其中的违法犯罪人员有了可乘之机。同时，由于防范意识的薄弱、自我防范的乏力、社会防范的不到位，许多"社会人"也成了违法犯罪分子袭击的首选目标和攻击重点，成为一些大案、要案中的受侵首选。

三、"社会人"管理服务的难点

在社会主义市场经济条件下，"单位人"向"社会人"的角色转变是必然趋势；实现"小政府、大服务"，发挥社团、行业组织和社会中介组织反映诉求、提供服务、规范行为的作用也是必然选择。但由于现阶段我国社会主义市场经济发展还不成熟、不完善，对"社会人"的管理服务还处于探索之中，仍存在不少薄弱环节，主要表现在：

（一）相互推诿，部门管理不力

如在流动人口管理中，多数地方的公安、劳动、工商、民政、房管、计生等职能部门，还未能真正形成管理合力，攥不紧管理的"拳头"，对协调流动人口与经济社会发展还缺乏应有的长远规划，未能及时作出相应的政策调整。在处置流动人口因工资、福利、待遇和人身安全等引发的群体性事件时,少数部门之间"分工有余,合作不足",缺乏必要的协作配合,导致步调不协调,行动不统一,无法形成工作合力。再比如,在就业安置、社会保障等工作上,一些职能部门协作配合不力,也没有形成必要的工作合力。更有甚者,相互推诿争执搞内耗,工作效率大大降低,工作效能也大打折扣。

(二)管理缺失,责任落实不力

按照相关组织条例规定,城市社区居委会是居民实行自我管理、自我教育、自我服务的基层群众性组织。农村村民委员会是非政府形态的社会管理组织。但在目前向市场经济转轨的特定历史时期,由于社区居委会和村民委员会自身功能都未能充分发挥,加上社会人员流动的无序性、行踪的不确定性、就业的临时性、生活的盲动性等,使得对暂住人员的情况掌握及轻微违法犯罪人员的帮教、离退休人员的关爱等许多管理和服务责任,都很难真正落实到位。而责任的缺失往往导致管理的落空,以至于许多管理都只能停留于纸上谈兵。

(三)形同虚设,主动服务不力

目前,一些对"社会人"的服务措施尽管也写在了纸上,但操作难度大,难以落实到具体的行动上。有的对待"社会人"维权的诉求大而化之,缺乏耐心、细心、真心、诚心的接待,缺少落实到位的服务。例如,由于劳资纠纷处理机制不健全,现行劳动争议处理程序相对复杂,不利于"社会人"依法维权。同时,目前正规的法律服务和法律援助门槛过高,使得"社会人"依法维权步履艰难。再如,一些"社会人"上访时,遇到接待人员态度生硬要官僚、领导高高在上打官腔的情况时,常常会诉诸于过激的行为方式,以求排解怨气,扩大事态,引起重视,达到"维权"之目的。这些都与我们缺乏主动、热情、细致、到位的服务有关,而滞后的服务必然导致管理的滞后,因为我们需要的是在服务中加强管理,在管理中跟进服务。

(四)疏于防控,自我防范不力

事实证明,"社会人"中的流动人口是违法犯罪的主体,但通常也是易受侵害的主体。他们大多数落脚于简陋的民房、破旧的工棚、车站码头等处,加之防范意识不强、措施不力、联系不紧、沟通不密,因而经常受到外来侵袭,让违法犯罪者钻了空子,有了实施犯罪的土壤。所以说,流动人口不仅仅是违法犯罪的主体,也常常是受侵的主体。而且,他们在受侵后一般不去报案,唯恐"拔出萝卜带出泥",或是忍气吞声,不敢声张,或是"黑吃黑",冤冤相报。

四、着力提升对"社会人"的管理能力

"社会人"的产生是不以人的意志为转移的,这是经济和社会发展到一定阶段的产物。解决好"社会人"管理问题,是一个庞大的社会系统工程。我们必须深刻认识到"社会人"问题的综合性、复杂性和不可逆转性,以超强的意识、科学的理念、多维的手段、有力的措施,全力推进"社会人"管理工作。

(一)要着力解决经济发展不平衡的问题

"社会人"大量涌现的根本原因是地区间经济发展不平衡。加快欠发达地区的改革开放进程和经济发展,解决好就业的问题,这对解决"社会人"问题具有根本性作用。目前,中央正在抓紧实施的西部大开发、建设社会主义新农村、振兴东北老工业基地等一系列战略决策,目的就是在于统筹地区间经济和社会的协调发展,缩小城乡差别,建设和谐社会,这对于我们有效解决"社会人"问题无疑大有裨益。

(二)要着力形成管理合力

"社会人"管理不是某一个地区或哪一个部门的事,需要各地区、各部门、各单位齐心协力,齐抓共管。因此,各地区、各部门、各单位都要牢固树立"全局一盘棋"的思想,切实履行好对"社会人"的管理责任。在管理实践中,尤其要注意防止各行其是的情况发生,突出管理的整体性、全面性和一致性,拧成管理合力。尤其需要指出的是,各相关职能部门要切实加强沟通联系,强化协调配合,形成管理"锁链",下好管理工作的"一盘棋"。

(三)要着力改革户籍制度

不论户籍管理制度如何改革,公安机关都应当始终把对"社会人"管理作为人口管理工作的一个重点,实行实有人口管理模式,推行实有人口管理方法,将辖区"社会人"纳入实有人口管理范畴,当作工作重点狠抓不放。目前,做好"社会人"管理的一个有效方法,就是毫不松懈地严格落实居民身份证查验制度,使身份证真正成为公民身份的最重要证件。同时,要积极完善全国人口信息的联网建设,使跨地区人口的管理查询更加方便、灵活、快捷、务实、高效。

(四)要着力优化服务指导

要进一步完善劳动力市场建设,努力解决流动人口就业问题,协助解

决居住、劳动保障、医疗卫生、义务教育等问题。要深入企业和民工聚集处,加强对外来人员的法制和自我防范技能的宣传教育。要指导企业深化劳资分配制度改革,加大工资清欠工作力度,建立欠薪保障制度,严厉处罚无故拖欠和恶意克扣外来务工人员劳动报酬的行为,有效维护劳动者权益。要进一步落实联系企业、劳动纠纷预警等制度,实现劳动管理关口前移,提高劳动争议处理工作效率。要注重发挥行业协会等新型社会组织在"社会人"管理中的积极作用,让更多的"社会人"变成现实条件下的"单位人"。

(五)要着力提升打防能力

加强对"社会人"管理的目的是减少"社会人"违法犯罪,更好地维护社会和谐稳定。当前,公安机关尤其是要注意提高、发现和打击"社会人"违法犯罪的能力。要切实加强对房屋出租户、中小旅馆及其他具有隐患场所的管理,及时发现涉嫌违法犯罪的人和线索。要切实掌握"社会人"中重点人员的动态信息,并采取坚决有力的措施,强化管理控制。要积极建立预防和打击"社会人"违法犯罪的协作机制,有效预防和严厉打击"社会人"违法犯罪活动,维护一方稳定,力保一方平安,巩固一方和谐。

(征文获一等奖,作者系镇江市维稳办副主任、市公安局党委委员)

浅谈社会心理不断变化的当下
如何构建和谐警民关系

施有才　　　　　　　　　　　　　　　　　　► ► ►

　　社会心理，是人们在社会生活中自发产生并互有影响的主观反映，是对社会生活的认识、情感和意向的一种表达，它既是社会变迁的"风向标"，又是时代精神的"晴雨表"。它从独特的角度反映了社会的精神风貌，透视出社会运行机制的效能，反映着社会凝聚力的状况。随着改革开放的深入实施，我国社会逐渐呈现了从封闭化向开放化、从农业化向工业化、从农村化向城镇化、从礼俗化向法理化的深度转型，社会心理也从传统的封闭型、单一型、狭隘型、僵化型向开放型、多样型、宽容型、活跃型转变。具体到公安机关来说，在以往的计划经济时代，打击阶级敌人和违法犯罪活动是社会公众和公安机关的一致重点，社会和公众对民警的需求单纯而统一，警民之间在思想观念、生活方式和工作模式方面基本一致。而随着社会角色多元化进程的加快，社会管理向动态开放转型，政治、经济、文化和社会等各个领域发生了巨大变化，公安机关被赋予越来越多的职能、责任和期望，工作外延被进一步扩大，实际工作效能与群众日益增加的新期待不完全适应，群众与民警之间产生矛盾或误解的诱因不断增多，致使警民关系在一定程度上处于"亚健康"状态。因此，如何适应社会心理不断变化的形势，并努力发展好和谐警民关系已成为当务之急。

一、社会心理变迁的具体表现

　　清醒认识当前群众多元化思想现状，正确把握不利于社会和谐稳定的群众社会心理状态，是我们开展好相关工作的前提和基础。具体来看，当前社会心理变迁的主要表现为：

（一）过度自我意识导致给政府盲目贴标签的心理状态

　　标签心理是指社会成员按照主观意愿和臆想对其他一些社会个体或群体进行标贴，使其形成做与不做、正确与错误等某种行为的心理。标签心理从深层次上讲,归因于个体过度的自我保护和自我免责,在社会行为及引导社会舆论中发挥了重大作用。尤其是在社会转型升级的当下,各类开放思想蜂拥而至,社会矛盾相对尖锐,社会整体信任度降低,群众期望政府帮助其提升利益或实现改变的愿望非常强烈,而当过高的期望值与现实相冲突时,就会产生标签心理,从而将矛盾不合理地归责于他人或政府。少数群众不能正确认识自身权利与义务,尤其在面对公安机关的措施和行为中,民本意识表现尤为突出,对一些事情往往很少理性地问一问原因与结果,对公安机关一味归责或归因并认定其还将继续实施某种"错误"的这种行为,就等于给公安机关贴上了标签。

(二)民生问题引发的焦虑挫折与攻击缓压的心理状态

社会焦虑心理是指由于社会中不确定因素使民众已觉得难以应付而产生的压抑、烦躁、不满、非理性冲动等紧张心理。在市场经济主导和开放的竞争社会环境中,教育、医疗、住房等问题在居民总消费支出的比重不断扩大,加之社会变迁速率明显加快,外来文化与本土文化冲突增加,社会角色增多,人际交往扩大,生活方式不断更新,广大人民群众较以往要承担更大的经济压力和风险,社会对于财富的过度追求与社会公平正义的理念发生冲突,人们遇到了前所未有的社会适应困难,使不少群众产生了挫折失败心理,缺乏安全感。在这种状态下,当外界提供合适诱因条件时,就极易引发心理压力和社会焦虑,使部分群众因不满生活现状而又无力改变时,常常通过极端的方式来表达诉求。公安机关处在与群众接触的第一线上,也常常被推到群众意见的风口浪尖。

(三)缺乏客观理性判断分析导致简单从众的心理状态

从众心理是指个体由于受到团体诱导或压力,而在知觉、判断、动作等方面做出与众人趋于一致的行为,当个体的活动动机是来自别人都这么做的时候,其行为就是从众行为。心理学称,团体、众人对于个人的行为是有影响的,个人在团体压力之下,会做出同众人趋于一致的行为。团体压力又可分为信息压力和规范压力。个体对于外界,包括对于自身的知识、信息,主要是通过别人获得的,别人、团体都是个体的信息来源。而规范压力指任何群体都有一定规范,具有其群体特有并认可的行为模式,成员遵守团体规范就会受到表扬与奖励或接纳与欢迎,违反规范就会受到批评与惩罚,或冷淡、排斥、疏远、讽刺、挖苦、断绝来往等。因此,任何团体的任何成员都不敢使自己行为脱离团体,违反团体规定而受到团体的惩罚。实际情况中,从众过程多先起于信息压力,个体由于缺乏对自己独立分析判断能力的培养,或不能保持理智和信心,导致出现从众的盲目性,发展为对群体压力的服从性。这也就造成了民警在依法行政过程中,常常有群众起哄闹事且有人响应的现象。

（四）社会结构变化和聚群情境下的情境匿名化的心理状态

在经济转轨、社会转型的过程中,越来越多的"单位人"变成"社会人","社会人"由于处所的流动性、职业的多变性、收入的不稳定性,其受到来自社会的管理也处于非直接、非紧密、非稳定状态。当前经常变换的社会环境和群体性事件中的聚群环境,使"社会人"感到其相对处于非清晰的社会情境之下,产生匿名化心理。匿名化心理容易使个体感觉到其游离于社会有效管理之外,且认为其现场行为具有隐蔽性,责权可以非对等甚至可以分离,从而导致权利意识膨胀而责任意识萎缩,觉得其行为的隐秘可以使其不会被追究,其对于受惩罚的恐惧感也会降低。在此情形下,社会公共约束力对其思想和行为调节极其有限,往往过于自我放纵产生非理性的行为举止。这也就造成了少数群众以泄愤、侮辱、报复公安机关为目的,借助网络的隐蔽性,在微博、论坛上散布不实言论,损害他人、政府或公安机关的良好形象。

二、正确认识引起社会心理变化的原因

面对社会心理的不断变化,唯有主动面对、审时度势,保持清醒认识,才能深刻体会当前社会心态与群众心理变化对社会稳定和警民关系建设的影响。

（一）社会转型对社会心理的影响

社会转型作为社会结构的整体性、根本性变迁,包括结构转换、机制转轨、利益调整和观念转变等方面内容,这些变化都会直接、间接地通过社会心理的变化反映出来,而社会心理转化成具体行为,又会超前或滞后地对它们产生影响,成为推动或阻碍其变化发展的重要力量。当前正处于社会转型的深化期,利益结构调整在发生明显变化,社会矛盾交织、社会心理起伏也就围绕着就业、收入分配、社会保障、教育、医疗保健、环境等具体的社会问题展开。随着问题的变化,涉及的群体也不断重新组合,因相近的心理诉求、相似的需求而相聚。特别是一些群体由于处于利益的弱势地位,心理承受能力脆弱,极易被影响甚至煽动。民警作为化解矛盾的先头部队,处于风口浪尖之上,承担"灭火"之责,诬告警察、恶意袭警和警民冲突等事件时有发生,也就导致警民关系出现紧张对立态势。

（二）社会心态稳定程度对社会心理的影响

社会稳定不仅指社会秩序稳定,更重要的是心理稳定。社会结构、利益格局的变化都会反映在群众社会心理变化上,就民警依法行政、为民服务来看,和谐的社会心理能协调统一认知、情感、意志和个性,使群众之间、警民之间在交流上默契、融洽,处理事情时冷静、适度和乐观,促进形成良好的人事与人际心理,达到息事宁人的功效。反之,在不稳定的心理状态下,由于群众思维的个体性、选择性和多样性,矛盾冲突最后都会转化成心理上的冲突和失衡,而心理上的矛盾冲突又会反过来推动事态向着不和谐方向发展,继而严重影响社会稳定。就警民之间的不和谐因素来看,群众对民警的社会心态变化起了极大的主导作用,主要表现为三种心理:

一是敬而远之心理。曾经有人在互联网上作过一个调查:平时你最讨厌但遇到困难时又第一个想到的人是谁? 绝大多数人写下了民警。传统观念认为民警就是抓坏人的,凡是与民警打交道的人都不是好人,这种观念使群众在心理上疏远民警,认为不到万不得已的时候不去找他们,因而与民警的心理距离拉得较大。

二是偶像化心理。很多群众在崇尚警察职业的同时,认为民警是万能的,既是侦查破案的能手,又是排忧解难、保卫社会安宁的卫士。然而当个人的愿望无法实现时,就会产生消极看法,甚至可能转化为负面效应。这样对民警的片面认识极大地阻碍了警民之间构建健康的互动关系。

三是偏差心理。一些群众对少数民警的形象、作风存在非议甚至鄙夷,进而形成对民警群体的错误认识;一些群众因对民警工作绩效不满意而导致对公安机关职能作用的怀疑,这些有失偏颇的因素交织在一起,就造成了警民隔阂的情况。此外,一些群众由于对法律不了解,把实施取保候审、保外就医、假释、监外执行等措施看作司法不公的结果,从而产生对民警的不满和对立情绪。

（三）公安机关自身对社会心理的影响

从警察意识看,近年来开展的宗旨教育、理想信念教育、职业道德教育等教育活动,对公安队伍起到了普遍教育作用,但部分民警对公安专群路线的历史传承以及新时期警民关系特点缺乏足够的理解和认识,因而在有些同志身上表现出了对群众工作的不细致、不深入。由于激励机制、整体氛围及领导关注点等方面的原因,有些单位和一些民警尤其是社区民警民本意识不强,方法陈旧,不能及时掌握广大群众对公安机关的新期盼,仍沿用以往工作方式方法,使工作落后于形势,不能满足群众的基本要求,在构建和谐警民关系方面发挥不了应有作用。从制度层面看,执法过程标准不够精细,环节监督不能全覆盖,人为因素影响较大。从保证当事人知情权来说,强调保密多,强调工作需要多,不能设身处地去理解当事人的想法和合理诉求,使本应告知的也以种种理由拖而不告,执法的透明度较差。从和谐关系建设看,一直以来警察都以强势、果断的刚性形象出现,而民警所承受的压力和困难却很少得到社会关注,以至于一些群众甚至领导干部只看到了民警握有执法权力的一面,而很少了解民警遭遇执法困境的一面。同时,由于宣传工作中强调先进典型和工作政绩的宣传报道较多,对警察真实生活的关注与了解较少,使社会和群众不能深入了解民警的实际生活和工作压力,无法唤起对民警工作的同情和宽容,直接影响了警民关系。

三、在社会心理变化情况下发展和谐警民关系的有效途径

人心稳社会才能稳,必须时时以群众心理变化为导向,按照增加认同感、信任感、亲近感的阶梯式顺序,层层递进,提出有针对性和实效性的措施,及时引导民心、纾解民怨、解决民需,在全心全意为人民的实践中发展、和谐警民关系。

(一) 立足引导,增强群众心理认同感

公安工作认同感是群众对公安机关在执法、服务、作风等方面工作的认同。实践证明,缺乏认同感的工作没有凝聚力。在社会心理不断变迁的当下,良好的心理认同感更是警民关系和谐的基础和前提。要站在公安工作透明、公正和确保公众知情权的角度,加快建立健全新闻发布制度,对一些重特大刑事案件、突发性事件和群体性事件及时召开新闻发布会,争取在第一时间发布权威信息、第一时间公布事实真相,用事实说话、用数字说话,消除不实传闻。要敢于面对媒体负面报道,对于确属公安机关过错的,要通过相关渠道及时道歉承认错误争取公众谅解,对不实报道,要据理力争及时澄清事实真相,以正视听,坚决维护公安机关和民警的声誉。要依托社区宣传这一广泛载体,通过警民恳谈、群防群治、网格管理等措施,切实加强对群众责任意识的培养,引导群众树立客观的心理预期,帮助他们明白安居乐业全民有责,警民配合才能共同面对风险、共同化解风险。要在认真做好互联网技术防控工作的同时,持续加强互联

网舆情动态的搜集掌握,对各类有害信息及时做好引导、过滤工作,牢牢把握网上舆论宣传的话语权和主动权。要充分依托报纸、电视、网络等媒体大力宣传公安机关在履行打击敌人、保护人民、惩治犯罪、服务经济社会发展方面所做的大量工作和取得的成绩,既要宣传民警的工作,也要反映民警的苦衷,以唤起群众对民警的正确理解,加深警民之间的感情交流。

(二)狠抓主业,增强群众心理信任感

民生所指、民心所系、民愿所盼的始终是稳定与平安。打击敌人、保护人民、惩治犯罪、维护国家安全和社会稳定是我们始终不变的神圣使命。各级公安机关既要牢固树立重大案件必侦、命案必破的工作目标,不断完善侦破工作机制,持续把打击的锋芒对准危害国家安全、破坏社会稳定的违法犯罪活动,对准黑恶势力、严重暴力和毒品犯罪等严重影响群众安全感的大要案件,也要将工作的重心向侦破小案倾斜,紧贴民心、谨遵民意,主动开展热点问题集中整治,真正做到百姓痛恨什么,我们就重点打击什么,百姓什么问题反映最突出,我们就集中整治什么,力求通过破"小案"积累"大和谐"。不盲目承诺,但承诺必办,一办到底。要牢固树立公安工作对党、对国家、对人民和法律负责的观念,从执法理念、执法方式、执法尺度、执法态度、执法效果等方面入手,切实增强依法办事和严格、公正、文明执法的理念。要针对执法中各个方面和环节,制定和完善明确的、操作性强的执法制度和程序规范,不断压缩自由裁量空间,切实解决执法不规范、不统一和执法随意性的问题,避免同责不同罚等畸轻畸重情况发生。要完善执法监督机制,不仅要明确公安机关内部各执法监督部门的职责,而且要不断拓宽外部监督渠道,形成强有力的内外监督合力。

(三)强化互动,增强群众心理亲近感

公安机关的亲和力是和谐警民关系建设的保证。警民之间的良性互动,既可以树立公安机关和公安民警的良好形象,也可以在公安民警与人民群众之间架起一座彼此沟通、互相理解的桥梁,提高公安机关的威信,消除距离感。要从民警的警容风纪、着装规范、言行举止等细节入手,狠抓民警的日常养成,全面树立公安机关严整、威武、庄重的良好形象,在气势上使违法犯罪人员望而生畏,在形象上赢得人民群众的尊重和认可。要继续强化民警遵章守纪的自觉意识,通过自重、自省、自警、自律,努力提升自己的精神境界,用道德和人格的力量感召、影响广大群众,从而在

群众心目中树立起人民警察的威望。要着力加强党性修养和党风廉政建设，防微杜渐，以公正廉明的队伍形象牢固树立警察权威。要进一步完善实施"警民恳谈""警营开放日"活动，以及向社会报告工作、向党政领导汇报制度，以深入开展"三解三促""三访三评"以及"大走访"开门评警活动为契机，深入走访联系群众，主动听取群众意见，从人民群众最关心、最急需解决的事情做起，实实在在地为群众解决实际问题，接受社会和群众的监督与批评，积累群众的信任，赢得群众的支持，增进与群众的感情。特别是对困难群众和弱势群体，要充分给予尊重，千方百计地为他们排忧解难，以实际行动传送党和政府的温暖，用实在成效减少警民之间的不和谐因素，最大限度地促进警民关系和谐。

（征文获二等奖，作者系镇江市公安局办公室主任）

对全力推动警营文化
发展繁荣的基本思考

黄险峰　　　　　　　　　　　　　　► ► ►

　　文化是民族的血脉，是人民的精神家园。警营文化更是公安事业科学发展的力量源泉。繁荣警营文化，关键在理念。特别是要强化各级公安机关"一把手"和"一班人"的思想认识，形成高度的文化自觉和文化自信，进一步增强责任感和使命感，全力推动警营文化的大发展、大繁荣。

　　一、强化文化育警理念，充分认识加强警营文化建设的重要意义

　　文化作为一种软实力，是国家综合实力的重要组成部分。公安文化是国家、民族文化整体的一个重要组成部分，理应走在建设社会主义先进文化的前列。实践证明，以文化为主的软实力在公安机关全面建设中发挥着越来越重要的作用，是影响公安队伍执法执勤能力的长期性、基础性、战略性要素。要着眼于新形势下公安工作和队伍建设的新情况，充分认识警营文化在公安队伍建设发展中的重要地位和作用，牢固树立文化育警理念，不断增强抓好警营文化建设的自觉性和紧迫感。

　　首先，加强警营文化建设是贯彻落实科学发展观、促进公安队伍全面发展的客观需要。公安机关贯彻落实科学发展观，很重要的一条就是坚持以人为本、促进公安工作全面发展。科学发展观强调的人，是具有精神追求、情感需要、个性特征的人。文化建设就是从人的心灵、人的感情、人的精神方面，去教育、塑造、引导、鼓舞他们。加强警营文化建设，不仅可以提高民警的政治、业务、文化和科技素质，而且通过突出民警的主体地位，鼓励大家平等参与，使广大民警获得满足感、自豪感和成就感；不仅可以满足广大民警强健体魄、娱乐身心的需要，更重要的是通过潜移默化的作用，净化人的心灵，完善人的道德，提高人的品格，升华人的理想，最终使民警获得更高层次、更全面的发展。同时，还可以在公安队伍中营造理解人、信任人、激励人、关心人的浓厚氛围，调动广大民警的工作积极性和创造性,激发民警献身公安事业的热情和建功立业的事业心,为公安工作又好又快发展提供不竭动力。

其次,加强警营文化建设是改进公安思想政治工作的迫切需要。当今世界正处在大发展、大变革、大调整时期。全球思想文化交流交锋呈现出新特点,意识形态领域的斗争长期、复杂、尖锐、激烈。警营不是真空地带,公安民警在开展各种网络安全检查活动、进行社会交往、完成执法执勤任务时,形形色色的政治理念、价值观念、生活方式和审美意识会不可避免地影响、侵蚀民警的思想。政治工作是公安工作的一条生命线,而警营文化则是公安政治工作的重要组成部分,这就要求我们要坚持用健康向上的文化活动占领阵地,抵制各种腐朽思想文化的侵蚀,并着力改进传统的灌输式思想说教方法、行政化队伍管理模式和他律性监督制约手段,提高公安政治工作的针对性和实效性。尤其要善于采取寓教于乐、以乐促教的方式,增强思想政治工作的感染力和说服力,营造平等民主、健康向上、生动活泼、团结友爱的和谐氛围,培养公安民警的职业自豪感和集体归属感,从而积极占领全警的思想阵地,使广大民警明辨是非、分清美丑,坚定共同的理想信念,合力把组织管理要求、规章制度的约束变为个人的自觉行动。

再次,加强警营文化建设是构建和谐警民关系的现实需要。构建和谐警民关系,树立人民群众最亲、犯罪分子最怕的崭新形象,是公安机关的不懈追求。现在,少数地方警民关系不和谐,群众对公安机关的满意度不高,很重要的一条原因就是一些民警精神状态不佳,对待工作缺乏激情,对待群众不够热情,直接影响到公安机关在群众心目中的形象。加强警营文化建设,对内,要注重通过开展丰富多彩、喜闻乐见的文化活动,打牢"立警为公、执法为民"的思想根基,熔铸"忠诚可靠、秉公执法、英勇善战、纪律严明、无私奉献"的职业精神,展示公安民警良好的精神状态和战斗风貌;对外,要注重通过警营文化共建、文艺作品创作等形式,生动形象地向人民群众宣传党的公安工作路线、方针、政策和重大战略部署,宣传国家法律法规和安全防范知识,宣传公安机关在打击犯罪、维护治安、服务人民群众和经济建设中涌现出的先进典型,从而进一步密切警民关系、改善执法环境,增进人民群众对公安工作的理解和支持,形成警民共建平安、共享和谐的良好局面。

二、突出建设重点,着力打牢加强警营文化建设的基础

加强警营文化建设是一项基础性、长期性、战略性工作,必须始终着眼公安机关肩负的职责使命,紧紧围绕公安中心工作,理清思路、创新载体、突出重点、全面推进。当前和今后一个时期,要以三个建设为重点,进一步打牢警营文化建设的基础,全力推动文化育警工程的发展进步。

一要以文化环境建设为切口,营造浓厚文化氛围。警营文化环境是警察精神的外在反映,也是公安机关区别于一般行政机关的重要标识。更重要的在于,一定的警营文化环境,对民警的思想具有潜移默化的教育熏陶作用,对民警的言行举止具有无形的约束功能,也能够有效提升公安机关的内务管理水平。各级公安机关都应当把文化环境建设作为警营文化建设的突破口,做到科学规划、突出重点、体现特色、形式多样。科学规划,就是要根据营院功能区域,设计和布置精神文化、英模文化、廉政文化、服务文化、法制文化、科技文化等不同层面的主题,充分体现文化环境建设的深刻内涵。规划中,既要防止顾此失彼,内容单一,又要避免内容主题与营院功能区域不相适应。文化环境建设要坚持规划在先,以防止重复浪费。突出重点,就是部位上,要把服务群众窗口、民警办公区域、文体活动场所等,作为重点进行设计和布置;内容上,要突出公安精神、公安核心价值观,突出局规禁令、所训队训,突出服务理念、清廉励志等重点。体现特色,就是要根据工作、队伍、警种和地域等具体情况进行设计和布置,要努力做到一局一风格,一所(队)一特色,形成具有公安职业特点、警种地域特色、熔铸警察精神的警营文化氛围。形式多样,就是要运用书法、绘画、摄影、雕塑、墙报、板报、橱窗、电子显示屏等多种载体,采取动与静、平面与立体、传统与现代相结合等多种表现形式,形象直观地展示警营文化的主题、特色和内涵。

二要以文化阵地建设为抓手,满足民警需求。警营文化建设的内容十分丰富,需要一定的设施、载体来实现,一些必要的器材、项目不可缺少。笔者在调研中发现,当前部分地方、单位存在投入不足、重建轻用或重用轻管等问题。文化设施简陋,器材陈旧短缺,与迅速发展的文化建设需求有较大差距。在下一步的建设中要做到"三个坚持":要坚持统筹兼顾,通盘谋划。如,规划新公安大楼时就要考虑文化设施问题,做到按标准同步设计、按要求同步到位;现有办公楼没有落实场所建设的,要进行合理调整、改造。要坚持量力而行,合理配置。经济条件好的单位可以把

文化活动中心和警体场所建得好一些；经济条件差一点的，可以因陋就简，做到实用。用不到、用不了的器材不添置，耗资大、利用率低的不建设，防止贪大求洋、华而不实。要坚持建管并举，以用促管。确保镇江市公安局史馆、陈列室和荣誉室的建设要有历史感，坚持定期更新补充相应的内容，体现历史纵深，体现历史传承，体现光荣传统。文化活动中心和警体场所建好后不能当"摆设"，也不应成为应付上级检查的"花瓶"、争名次的"景点"，必须充分发挥作用，定期利用这些阵地来组织活动，把民警吸引进来，使其凝聚在健康向上的警营文化氛围之中。

三要以示范点创建活动为载体，发挥辐射效应。各地应结合本地实际，选择一些基础条件较好的单位，加强重点培育和具体指导，树立本地、本警种警营文化建设的样板，以此带动警营文化建设的深入开展，提升警营文化建设的整体水平。笔者认为，示范点创建活动的基本标准是：县级公安机关应侧重于文化组织建设、人才建设和环境建设，开展综合性、全局性的文体活动；基层所队应侧重于文化环境建设、基本设施建设，开展群众性、经常性的文体活动。这样就能做到各有层次、实际实用。

三、开展"三化"文体活动，不断满足民警日益增长的精神文化需求

加强警营文化建设，要通过开展项目化、全警化、经常化的文体活动，不断满足广大民警日益增长的精神文化需求，培养具有正确理想信念、高尚精神追求、良好道德情操、健康审美情趣、文明生活方式的新时期人民警察队伍。着力培育团队协作精神、拼搏争先精神、乐观向上精神，给警营注入生机，为队伍注入活力。

一是要注重项目化。即在每年年初要着眼服务保障公安中心工作任务，研究确定若干主题性、专题性的文体活动，并实行项目化管理，精心组织实施，确保实现预期目标。当前和今后一个时期，全市公安机关要围绕"建设更高水平平安镇江""弘扬践行公安精神""构建和谐警民关系"等主题，举办"警察文化节""警体运动会""警民联欢会""警营读书节"等活动，还要利用国际警察日、法制宣传日以及清明节、七一建党节、十一国庆等纪念日，组织开展专题性的文体活动，切实把文体活动与公安工作、队伍建设融为一体，弘扬警察职业精神、时代精神和社会主旋律，展示队伍风采和公安工作显著业绩。

二是要突出全警化。即让警营文化生活"活"起来，增强活动的吸引力，调动民警参与的热情，努力形成"全警参与其中、人人展示特长、个个

找到兴趣"的局面,坚决防止出现"少数人动,多数人看""少数人上场、多数人捧场"的问题。为确保全警参与,要注意把握三个环节:其一,要坚持贴近实际。开展文化活动要贴近民警兴趣爱好的实际,认真研究掌握民警的文化心理和精神需求,积极开展音乐、舞蹈、摄影、健身等时尚、个性化的活动比赛。其二,要坚持继承创新。文化既是继承和积累的结果,又是不断融会和创新的产物。要在开展好篮球、乒乓球等传统群众性体育运动的同时,积极组织琴、棋、书、画以及文学艺术鉴赏、音乐欣赏等高格调、高品位的活动,提高民警的审美情趣和文化修养。要顺应时代潮流,注重吸收和采纳网络文化、广场文化、校园文化以及影视传媒等文化活动的成功经验,积极组织开展如"电子游戏对抗、智力型游戏活动"等,不断创新文化活动的组织形式。其三,要坚持因地制宜。文化建设不能千篇一律,要抓出特色、创出品牌、打造亮点,凸显公安特色,结合本地实际,积极打造本地公安文化的精品工程。

三是要体现经常化。即依托民警俱乐部、协会、文体活动小组等团体,采取定期不定期相结合的方法,组织开展民警喜闻乐见的文体活动。特别要注意安排好青年民警八小时之外的业余文体生活,倡导健康的生活方式,培养高雅的生活情趣。要正确处理好活动与工作之间的关系,有计划、有节奏地在工作间隙适时安排一些文体活动,帮助民警缓解身心压力,让他们始终保持高昂斗志。

四、建立长效工作机制,推动警营文化建设的全面可持续发展

警营文化建设是一项战略任务长远的工程,必须立足当前、着眼长远,不断建立完善领导责任等长效工作机制,努力推动全市警营文化建设全面持续和又好又快发展。

一是要健全领导责任机制。要建立党委统一领导、政工部门组织实施、警种部门齐抓共管的组织领导机制,形成整体合力。要把警营文化建设、文化育警工程纳入党委议事日程,紧密结合实际,研究制定本地本警种警营文化建设的发展规划,每年确定一些文化工作重点项目,逐项推动落实。各级政工部门要加强组织协调,抓好督促检查,牵头组织开展警营文化建设。警种部门要掌握了解民警的思想状况和文化需求,及时解决工作中的实际问题。政委、教导员要"种"好自己的责任田,坚持不懈地把警营文化建设作为队伍建设、思想政治工作的重要内容,集中精力、创新方法抓好落实、抓出成效。

二是要建立人才培养机制。事业成败,关键在人。警营文化建设同样需要人才队伍。客观地讲,目前各地公安机关的文艺人才十分缺乏,但是有这样或那样文艺爱好和兴趣的民警却为数不少,现阶段的公安文艺人才队伍建设必须立足这样的实际来开展。各级公安机关可以根据实际情况成立自己的公安文联组织,并以此为基础建立自己的书画、摄影、声乐、文学创作等协会。每个县级公安机关和有条件的警种、基层所队也可视情况成立书画、摄影、声乐、文学创作、警体运动等文化警体活动俱乐部、兴趣小组等,把警营文化人才吸纳组织起来,并尽可能确保每个民警至少参加一个俱乐部或协会、兴趣小组的活动。条件成熟时,县级公安机关也可成立公安文联或镇江公安文联分会及若干分会。要建立文艺人才培养和培训机制,定期组织开展活动,从中发现和培养有文艺特长的民警,充分发挥其带动辐射作用。同时,还要积极邀请专家、学者、文艺界人士深入警营采风创作,举办报告、讲座,面对面指导文化工作,切实提高警营文化建设的质量。

　　三是要探索共建共育机制。目前,文化强省、文化强市已成为各级党委、政府和社会各界的共同目标与行动。应该说,社会大环境给警营文化建设提供了一个良好的发展机遇。在这样的背景下,公安文化建设更应充分发扬警民共建的光荣传统,积极争取当地党委政府、学校和共建单位的大力支持,探索形成共建共育机制。要加强与地方图书馆、地方有关企业图书室的"联姻",建立流动图书室,不断提高图书阅览室的藏书量和更新速度;借助地方文化部门和有关学校的师资力量,提高民警的文化素质和骨干队伍的能力水平;利用节假日与共建单位开展警民联欢或体育比赛,既相互学习、促进提高,又展示公安民警的良好形象,密切警民关系。

　　四是要强化保障激励机制。各地公安机关每年应安排一定的经费用于警营文化建设,并将其纳入单位年度预算。要按照服务基层、服务民警的要求,把文化建设经费多向基层倾斜,不断改善基层的物质文化条件,保障基层文化活动的正常开展。要把文化工作纳入对单位的考评之中,每年对文化工作先进单位、先进个人和优秀作品等进行评选表彰。市局要进一步加强对各地开展文化建设工作的检查指导,每年表彰一批文化建设先进单位、先进个人,评选一批优秀作品,确保先进引路、全面发展。

（征文获二等奖,作者系镇江市公安局政治部宣传处副处长）

关于道路交通管理在城乡一体化进程中作用的思考

张 勇　　　　　　　　　　　　　▶▶▶

2012 年是镇江市实施"城乡统筹发展、城乡一体化建设"重大战略的第二年，也是新一届市委、市政府实施城乡新一轮大发展、大跨越的关键之年。各级公安交巡警部门应借势发力，充分利用党委、政府统筹城乡发展的机遇，助推道路交通安全工作。

一、城乡一体化建设战略的实施为改善道路交通环境打下坚实基础

一是政府巨资投入，城市化浪潮不断推动着中心城区的扩张和城镇人口的集聚。2012 年上半年，镇江市城乡建设总投入 480 亿元，公共交通投入 67 亿元，新建农村公路 148 公里，改造危桥 21 座，在整个"十一五"期间，镇江市启动了新市镇、新社区、新园区试点建设，新建和改造农村公路 1300 公里，农村行政村等级公路、客运班车通车率达 100%。南徐新城投入 100 亿元，职工文体中心全面竣工，主次干道全部建成，花园城基本定型；北部滨水区投入 27 亿元，基础设施全面完成；官塘新区投入 35 亿元，实施安置房项目和路网工程，拉开基本框架；丹徒新城投入 35 亿元，与主城全面对接；大港滨江新城投入 100 亿元，完善城建和交通基本功能。丹阳、句容和扬中市中心城区建设步伐加快。

二是交通路网初步形成，村民群众出行更加快捷。2008 年以来，镇江市交通基础设施投入 338 亿元，阔步迈入高铁时代，建成金港大道等一批高等级公路，公路路网密度列全省第三。实施城管重心下移，城市管理水平逐步提升。加快城乡统筹发展，在江苏省率先推行"三新"建设和"万顷良田"建设试点，58 个农民集中居住点开工建设，建成面积达 452 万平方米。镇江市建成城乡客运一体化标准候车亭 84 个，其中丹徒区 11 个、句容市 12 个、丹阳市 51 个、扬中市 10 个。在巩固农村客运班车通行率 100% 基础上，共开通或改造城乡客运一体化线路 34 条，城乡客运一体化车辆 361 辆，城乡客运一体化覆盖率80%，比2010年上升6%，其中丹阳市和句容市城乡客运一体化覆盖率达100%。大面积、广覆盖、高密度的客运出行网络为广大村民、群众提供了方便、快捷的出行方式。

三是群众出行方式发生根本改变，城市公共交通不断向农村延伸。随着镇江市"万顷良田""三新"建设的有序推进，全市11个新市镇、50个新社区、25个新园区建设试点稳步实施，73个农民集中居住点开工建设，面积达到300多万平方米。广大农民迁入新居实现了集中居住，出行要求和方式有了根本改变，集中表现为公交出行的城乡一体化趋势上。镇江市坚持公交优先战略，大力推进公共交通现代化、智能化建设，让公交出行成为城乡居民的首选方式。至2015年，镇江市城市公交出行分担率将达26%，万人公交车拥有量达15标台。科学编制市区公共交通线网规划，构建结构层次明晰，布局合理的公交线网，并根据实际情况加以完善。江心洲、新民洲等乡镇陆续通上公交车，实现乡镇公交全覆盖。2012年以来，已开通公交线路8条，年内还将开通线路10条以上。这些全新、优化的线路，除了服务城乡居民出行之外，还将更好地沟通南徐新城、丹徒新城、丁卯科技新城等板块之间的衔接。

二、镇江交巡警部门在城乡一体化建设中的初步探索

一是争取政府支持，向农村延伸事故预防责任。以深入开展文明交通示范公路创建活动为契机，注重充分发挥多部门合力共抓的优势，紧紧依靠党委、政府，加强协调配合，多措并举，不断推进道路交通安全综合治理。2010年以来，通过定期召开工作例会，明确了各成员单位工作任务和职责，及时通报镇江市交通事故情况，共同研究解决交通安全工作中遇到的突出问题。专门召开镇江市道路交通安全联席会议，要求各地和各部门精心组织，全力推进平安畅通县区创建活动，全力遏制重特大道路交通事故，提高农村道路交通安全管理水平。会同镇江市安监、交通等部门开展道路交通安全管理大检查，明确了责任制落实、隐患整改、源头监管、重点违法行为查处等重点工作。

二是争取部门协调，向农村延伸安全管理工程。紧紧围绕"生命防护工程""公路危险路段排查"等专项工作，充分发挥交通安全联席会议平台优势，与镇江市安监、交通、路政等部门共同排查公路安全隐患、落实整改措施。各大队认真剖析研判创建公路交通违法、道路事故的规律特点，深入查找通行秩序、标志标线、安全设施、服务区管理等方面存在的突出

问题,并及时报告当地政府,协调有关部门,研究整改措施,落实治理责任,有效促进了公路隐患排查治理工作的常态化和制度化。期间,高速一大队主动与宁镇管理处、路政一大队会商,在沪蓉高速丹阳大桥两侧安装了大型门式指路标志,为过往机动车辆提供引导服务。丹阳大队积极向党委政府请示汇报,争取资金 20 余万元,在创建路段增设黄闪警示灯 18 处,交通标志标线 12 处,维修隔离护栏 36 处,在较大的平交路口增设减速带 16 处共计 150 米,切实消除了相关路段的道路交通隐患。

三是争取民意支撑,向农村延伸交通安全宣传。将每年的 1 月 22 日作为全市"交通安全宣传日",各地政府与交巡警部门先后在农村、社区、乡镇企业等地联合开展了"争当文明交通参与者"、道路交通安全集中整治启动仪式等一系列大型专题宣传教育活动。借力教育部门资源,以开展"'1 + 6' 文明交通你我他"活动为载体,把交通安全宣传教育的触角延伸到每个学校、幼儿园。要求每一所学校、幼儿园都落实一名交通安全分管领导,镇江市 346 所中小学、幼儿园共聘请 238 名交巡警担任交通安全兼职副校(园)长。各个辖市、区均建成一个交通安全示范学校,落实一处交通安全教育教室(园地、角),交通安全宣传教育常态化、规范化。积极协调镇江市文明办、团市委、市教育局等部门,把交通志愿者的选择范围由原来的大学生、机关干部、社区干部拓展到镇江市青年团员、省司法警官学校、驻镇部队、武警部队、国防生、新闻记者、客运车驾驶人等,通过扩大招募范围倍增文明交通宣传影响力。2011 年,共组织 6 万名志愿者分 15 批次开展了文明交通集中劝导行动,不仅使广大志愿者亲身感受到文明交通的必要性,还通过他们感染、教育其他群众。

三、城乡一体化给交通管理工作提出新课题
城乡一体化进程的不断加速,给交通管理工作提出新的课题和挑战。

一是农村道路交通安全状况总体下降,但局部时段有所反弹。镇江市农村道路的道路交通事故死亡数从 2006 年的 274 人到 2011 年的 209 人,总体呈下降趋势,但期间 2009 年达 230 人,有所反弹,道路交通安全保障还十分脆弱。

二是车辆和驾驶人增长迅猛,镇江已经进入"汽车社会",交通压力急剧加大。镇江地处苏南,经济增长迅速,2011 年实现地区生产总值 2300 亿元,比上年增长 12%;城市居民人均可支配收入 26200 元,增长 13.5%;农民人均纯收入 12560 元,增长 15.5%。收入的增长带来汽车消

费的强烈欲望,特别是近年来增长速度迅猛,2011 年机动车保有量较 2006 年增长了 31.03%,其中汽车保有量增幅为 146.29%,驾驶人增长了 53.99%。至 2011 年底,镇江汽车拥有量为 242506 辆,全市 102.23 万户,百户居民汽车拥有量达 23.72 辆,且每天新增汽车 125 辆、汽车驾驶人 230 人。

三是农村道路基础设施和安全条件仍然比较薄弱。镇江不少乡村道路最窄的地方仅有 3.5 米,这样的道路镇江市共有 6000 多公里。按照城乡公交发展的需要,其中有 1800 公里亟待改造拓宽。"十二五"期间,交通部门要将 3.5 米宽的道路拓宽至 7 米,有水塘的地方要拓宽到 8 米,满足小型公交车会车的需求。

四是外来流动人口进一步增加。镇江劳动密集型企业快速增长,创造了大量的劳动就业机会,对外来务工人员形成了巨大的"集聚效应"。镇江市常住人口 311.45 万人,外来暂住人口 36.44 万人,暂住人口占总人口的 10.47%。大量外来务工人基本上来自农村地区,交通法制意识薄弱,在城市交通体系中的自我保护意识和能力都比较弱,易成为交通事故的受害方。

四、发挥公安交通管理在城乡一体化进程中的作用

近年来,镇江经济社会进入平稳较快发展时期,城市综合实力显著提升。截至 2012 年 7 月底,镇江市机动车总量达到 53.39 万辆,驾驶人达到 74.15 万人。随着农村村民出行的"城市化",诸如交通堵塞、事故频发等也快速向农村地区蔓延。发挥交巡警部门在管理城乡一体化进程中的作用,既要注重城市交通管理,确保交通畅通,又要强化农村地区的交通管控和事故预防,避免广大农民成为城乡交通一体化中的"牺牲者",这应当成为每一名交通管理从业人员极度重视和不断探索的课题。

一是高点定位,统筹推进城乡规划一体化。城乡规划一体化是城乡一体化建设的基本前提,在编制规划时必须把农村和城市作为一个有机整体,统筹考虑土地利用总体规划、城乡建设规划,在统一制定土地利用总体规划的基础上,明确区分功能定位,构建功能完善、产业互补、布局合理的城乡统一规划体系。要走出"不合理规划—盲目修路—拥堵—再规划—再修路—再拥堵"的怪圈,结合农村地区的城镇化趋势,积极向党委、政府提出建议,积极协调规划、建设等部门,全力抓好小城镇建设规划。

在规划时,应综合考虑各中心小城镇的区位、资源、人口及经济发展水平和潜力等因素,从实际出发,因地制宜,分类施策,科学规划城镇布局,为未来的交通需求留下足够的发展空间。比如,南徐新城、官塘新城以群众居住为主,就要考虑到路网的快捷、方便;韦岗镇、谏壁镇以工业需求为主,大型货运车辆入出频繁,就首先要考虑到道路的安全以及基础设施的完备。

二是筑牢基础,统筹落实城乡基础设施建设。尽管近年来农村地区的道路发展一日千里,但与城市相比,还是很落后的。特别是村镇自建道路,仅仅是修了路,交通安全基础设施奇缺,甚至可以说是"空白"。鉴于这方面的历史"欠账"太多,交巡警部门要充分发挥道路交通联席会议的作用,排查重点路段,瞄准事故"黑点",有力督促乡镇政府落实交通安全设施建设的主体责任,强力推进农村基础设施建设,基本形成城乡一体的基础设施网络体系。

三是创新机制,统筹开展城乡交通服务工作。交巡警部门要结合农村地区面积大、人员分布散、村民法制意识不强的实际情况,从履行使命、为民服务的高度出发,千方百计为农民做好交通服务工作。2011 年,镇江交巡警部门开通了"网上车管所",为广大市民提供"网上选号""网上预约""网上变更"三大类服务,受到普遍欢迎。在市区增设服务站点,在4S 店就近办理临时号牌的业务,减少了群众往返的路程。通过 12345 政府热线、"交通管理信息查询平台"、168 声讯服务台、12580 移动服务台、京江热线等社会公众平台发布交通管理信息,为群众出行提供交通导向服务。目前,这些服务项目已经为城市交通参与者所熟知,仅 12345 政府热线一年就接受群众电话咨询与投诉 748 个,均得到有效处理,群众满意和基本满意率达 100% 。在今后的工作中,交巡警部门要注重通过各种方式、方法,把交巡警部门为群众提供便捷服务的项目、渠道告知广大农村群众,让广大村民知道如何办理交通业务、如何维护自身合法交通权益。

四是有的放矢,统筹强化城乡交通执法管理。要针对农村地区"五小车"等交通管理难点问题,充分发挥农村交巡警中队和驻派出所交巡警的作用,加大对无牌无证、无证驾驶、酒后驾驶、超速行驶等各类严重违法行为的打击和处理力度,要做到打击一个、教育一块、改变一片。要针对农村地区交巡警警力资源相对薄弱的实际,充分使用、有效管理交通协管员,从规范化入手,全面统筹抓好民警和其他临时工作人员的培训,防止出现执法不规范、损害队伍形象的问题。要结合村民分布广、来往交巡警部门不方便的实际,更加着力地推广交通事故当事人自行协商处理和简易程序处理,在基层大队有条件的中队普遍推行人民调解员制度,以最方便、快捷的方式处理村民交通事故,避免群众多次往返。

(征文获二等奖,作者系镇江市公安局交巡警支队党委书记、支队长)

新形势下构建"民意警务"
新机制的实践与思考

李祖健　　　　　　　　　　　　　　　　▶ ▶ ▶

当前,我国正处于经济社会发展的转型期,维护国家安全和社会稳定都面临着许多新问题、新挑战,广大群众对公安机关也提出了许多新期待、新要求。在这样的大背景下,做好群众工作,创新社会管理,已经被摆到了前所未有的高度。公安机关构建"民意警务"新机制,对全面做好新时期公安群众工作具有十分重要的意义。

一、新的形势、新的变化,需要群众工作作出新的探索

扬中市是江苏省首批社会治安安全市,也是省社会管理创新试点市之一,群众对社会治安的满意度多年位居全省前列。但不容忽视的是,经济社会转型引发的社会结构巨大变动、利益格局大规模调整、思想观念深刻变化,给公安群众工作带来了许多新情况、新变化。

一是工作环境发生了新变化。从总体形势看,随着扬中市经济社会的持续快速发展,群众生活水平的稳步提高,和谐社会建设的深入推进,老百姓对生活品质提出了新的更高的要求。从治安形势看,刑事犯罪仍然高发,对敌斗争依然复杂,特别是因征地拆迁、劳资纠纷、干群关系引发的人民内部矛盾更是层出不穷,而且城市与农村、村(社区)之间情况也不尽相同,基层民警所处的工作环境、承担的工作任务日趋复杂。

二是工作对象发生了新变化。表现在群众的利益诉求更趋多样,下岗职工、失业人员、农民工、私营企业主等不同的群体都有着不同的想法和需求;群众的思想观念更加多元,既有自由、平等、法治、竞争等积极的思想观念,也有个人主义、享乐主义等消极的思想观念;群众的法治意识更为强化,越来越重视运用法律来维护自身的合法权益,整个社会已逐步由"人治"向"法治"迈进。

三是工作主体发生了新变化。近年来,各级党委政府对公安工作越

发重视,大量年轻民警充实到基层公安队伍。他们年富力强、文化层次高,给公安工作增添了新的活力。但绝大多数都是从校门直接跨入警门,对群众工作的重要性认识得还不够深刻,对群众工作的方式方法掌握得还不够灵活,需要在基层大量磨炼才能迅速成长、胜任工作。

面对这些新情况、新变化,传统的管、控、压、罚的行政手段已难以解决问题,处理不好甚至会造成矛盾激化。因此,我们必须以全新的视角来审视公安群众工作,以全新的理念来谋划公安群众工作,以全新的思路来推进公安群众工作,使社会管理既能彰显维护公平正义的"刚性",又能体现协调各方利益的"柔性",促进社会的动态平衡,保障社会的长治久安。

二、新的使命、新的要求,需要公安工作确立新的理念

进入新的发展阶段,公安工作已不再局限于打击犯罪、维护治安上了,而是已经渗透到经济社会发展的方方面面,与群众的生产生活息息相关。这种角色的转换,给公安工作提出了新的、更高的要求。

一是从扬中市"第二个率先"的大局看,必须把关注民生作为立足点。率先基本实现现代化,归根结底是要让群众生活得更加幸福。群众的幸福感从哪里来,不仅要有丰厚的收入,还要有安定的生活。这就需要公安机关始终把群众放在心上,关注群众的所思所盼,解决群众的所忧所难,真正使各项工作得民心、顺民意。同时,改革发展不可避免会带来一些利益冲突,也需要公安机关主动作为,多做理顺情绪、化解怨气、消除隔阂的工作,维护社会大局的和谐稳定,保障各项目标的如期实现。

二是从推进社会管理创新的重任看,必须把尊重民意作为立足点。社会管理,从根本上讲是对人的服务管理,说到底就是做群众工作。公安机关点多线长、情况熟悉,很多群众工作都离不开公安部门的积极参与。因此,公安机关必须把民情民意作为社会管理的"晴雨表""指挥棒",通过创新管理、优化服务,将便民、利民、为民措施最大限度地体现到各个管理环节,真正做到"警务围着民意转、民警围着百姓转",不断提升社会管理的科学化水平。

三是从公安机关的职责看,必须把保障民安作为第一要务。保障人民群众生命财产安全,是公安机关的"天职",也是公安工作受人尊重的根本原因。这种特殊重要的地位和作用,要求公安机关必须进一步延伸和拓展"开门评警"大走访活动,积极构建高度尊重民意的新型警务机制,切实解决好群众最关注、反映最强烈的社会治安问题,以安定有序和谐的社会环境来体现公安机关的作为,不负人民群众的重托。

四是从构建和谐警民关系的要求看,必须把人民满意作为第一目标。总体上看,当前扬中市公安机关的政风行风是好的,警民关系也是和谐的,但也必须清醒认识到,与老一代相比,一些单位、一些民警离群众的距离远了,与群众的感情淡了,对群众的关心少了。因此,必须进一步畅通民意沟通渠道,主动把群众呼声这个"第一信号"转化为"第一行动",把民情民意转化为警务决策和警务行动,只有这样,公安工作才能与群众坦诚相见、真心相处、真情沟通,真正满足群众的意愿和需求。

三、新的探索、新的理念,要求公安机关构建新的机制

面对新的情况,传统的公安工作模式已不能满足人民群众的期待、党和政府的要求。引入"民意警务",正是找准了公安工作与群众工作的结合点,能够使警务资源更好地聚焦民意,推动警务机制由警情驱动型向民意主导型转变,最大限度提升人民群众的安全感、满意度。所谓"民意警务"是指:在公安工作的决策指挥、治安防控、管理服务、考核考评、警力保障等各个核心环节,充分吸纳、遵循和体现民意,使公安机关真正做到以民为本、和谐善治,最终达到人民满意目标的一种全新工作模式。具体工作中,应把握好以下三个方面:

(一)创新活动载体,建立行之有效的工作机制

行之有效的工作机制的建立需要重点实施"五大工程":

一是群众生活体验工程。在深入推进"三访三评""三解三促"活动的基础上,扎实开展以"万警进万家、警民促和谐"为主题的群众生活大体验活动,要求全体民警撰写"民情日记"。对收集到的社情民意,建立"民意档案库",分层、分类进行分析研究,并把民意分析与治安形势分析"捆绑",纳入情报信息定期会商会议的重要内容,为警务决策提供参考,形成警民互动的良性循环。

二是突出问题整改工程。通过主动评查、群众评议等形式,深入查找执法服务中存在的薄弱环节和突出问题,从群众最不满意的方面入手,建立整改责任制,集中抓好整改落实。当前,重点是针对群众反映强烈的盗窃案件高发问题,结合"打击侵财犯罪""春季打防攻势"等专项整治活动,严密防控措施,坚决打击盗窃犯罪;针对群众普遍关注的行车难、停车难问题,改革交通勤务机制,完善交通基础设施,大力开展交通秩序专项

整治,进一步方便群众出行;针对卖淫嫖娼、有组织赌博和吸贩毒等民意集中指向的违法犯罪活动,运用多种手段严厉打击,净化群众居住生活环境。

三是网上服务提升工程。开通警民互动"直通车",通过"网上公安局""网上派出所"以及论坛、微博、QQ群等,建立健全网上接待制、全程跟踪督办制,实现与群众的实时互动交流。铺设网上办事"快车道",通过建立网上服务办事大厅,实行"外网受理、内网办理、外网反馈"、内外网结合的办理流程,加快公安工作信息化进程。打造公安宣传"新阵地",通过完善公安机关网上"发言人"制度,切实做好网上舆情的引导工作。

四是群众工作培训工程。把提高群众工作水平作为民警教育培训的重要内容,组织开展多种形式的教育培训活动。对新参加工作的民警,除特殊专业技术人员外,一律分配到基层所队锻炼2年以上,迈好从警"第一步";对基层工作经验缺乏的机关青年民警,分期分批组织下基层跟班学习,补上基层"第一课"。同时,定期举办"群众工作大讲堂",每期一个"切点",邀请经验丰富、业绩突出的同志现身说"法",使民警们收获在"课堂"、行动在"课外"。

五是示范标兵争创工程。深入开展争创群众满意的窗口服务单位活动,每年评选出3个优秀基层所队、5个窗口服务示范单位、10个群众工作标兵,培育一批群众工作的先进典型。设立"群众工作创新奖",每年评出一等奖1名、二等奖2名、三等奖3名,及时提炼总结基层实践中的好经验、好做法,并在面上宣传推广。

(二)创新绩效考评,建立导向鲜明的考核机制

一是提升民意测评权重。坚持将群众满意度作为对派出所、窗口管理服务部门、警务站、社区民警考核的核心指标,进一步增加其考核分值权重,引导各级公安机关和广大民警将群众满意作为最终目标,落实到各个工作环节和执法服务行为之中。

二是完善考评工作方式。改变过去由公安机关发放问卷调查表的传统模式,采取抽取平台数据、电话回访群众、委托第三方考评等方式,进行"背靠背"测评,不与基层公安机关接触,直接听取群众评价,真正把评判权交给群众,确保考评的真实性、可靠性。

三是加大督查指导力度。建立"民意警务"联系点制度,局党委成员定期到各自联系点了解情况、督促指导。督察部门加强明察暗访、督查指导、情况通报,严肃查处对群众意见不重视、问题整改不到位、结果反馈不及时等问题,推动"民意警务"工作落到实处。

（三）创新资源管理,构建运转有序的保障机制

一是优化警力配置。按照"精简机关、充实基层"的原则,科学整合机构职能,将更多的警力充实到基层单位,摆布到打防一线。建立机关支援基层的常态工作机制,推动机关警力合理下沉,重点支援巡逻、值班工作,进一步提高机关支援警力使用效能。

二是突出文化引领。从教育训练、考核引导、警营文化、形象宣传等方面入手,加强警队核心价值观的培育,通过坚持不懈地教育和内化,使"执法为民"真正成为全体民警的价值取向和自觉行为。大力推进公安文化建设,创作一批群众喜闻乐见的文艺作品,充分发挥公安文化在塑造警魂、教育民警、宣传群众、树立形象中的重要作用。

三是强化舆论引导。采取灵活多样的方式方法,持续开展对公安机关"民意警务"的宣传报道,着重宣传日常群众工作中的感人事迹,宣传群众参与、支持公安工作的先进典型,不断拉近公安机关与群众的距离,打造警爱民、民拥警、警民一家亲的和谐局面。

（征文获二等奖,作者系扬中市副市长、公安局局长）

群体性事件处置中做好群众工作应把握的几个重要环节

詹 波　　　　　　　　　　　　　　　　　　▶▶▶

当前,我国正处于转型升级的重要发展时期,期间各种利益格局的调整容易引发社会矛盾纠纷。当一个地方或一个方面的社会矛盾纠纷相对突出时,往往又会诱发群体性事件。在改革、发展与稳定之间,稳定是前提、基础,更是动力。因此,依法积极稳妥处置群体性事件,就成为当前及今后一个时期维护稳定工作的一项重要内容。处置群体性事件,方法诸多,但不论采取何种方法,做好群众工作仍是关键。现就公安实践中掌握的一些情况,对群体性事件处置中做好群众工作应把握的几个重要环节作一探讨。

一、群体性事件涉众性强,做好群众工作必须抓住根源

从近年来的情况看,10人以下的小规模群体性事件较少,一旦发生群体性事件,大多为数十人甚至百人以上规模。规模的扩大,愈发显现出群体性事件涉众性强的特点,也对处置工作提出了更高要求。由于群体性事件涉及的对象多为一般群众,虽行为方式激烈,但往往"事出有因",因而处置工作决不能简单、草率。否则,很容易导致事态扩大、矛头转向。加之,当前境内外敌对势力、敌对分子异常关注国内矛盾纠纷,频繁插手、利用的企图一直没有改变。在这种情况下,做好涉众性强的群体性事件处置工作中的群众工作,就显得尤为重要。对涉众性强的群体性事件,在处置过程中,其群众工作必须善于抓住根源。这里所想表述的"根源",不是指诱发群体性事件的根本原因,而是指对待群众的根本态度——绝不能火上浇油或猛泼凉水,而是要釜底抽薪、逐步降温。公安机关在到达群体性事件现场前,矛盾已经产生,矛盾对立面也已经形成。公安机关到达群体性事件现场时,其角色是以"维护秩序、控制事态、参与化解"为主的"公立方"。此时,避免"公立方"成为"对立方"是做好群体性事件处置

工作的关键所在。因此,公安机关从到达群体性事件现场时的那一刻起,必须始终摆正位置和态度,切实做到执行党委、政府的要求与保障民生意愿相结合,通过执法、宣传和教育、服务,引导和促进矛盾群体按照法律法规规定的方式表达诉求,以实现在平缓的气氛中反映问题、研究问题、解决问题。

二、群体性事件诉求交织,做好群众工作必须分清主次

群体性事件,一般是由"一条主线"捆绕着"千丝万缕"而产生。矛盾群体结群的最初原因是基于"一条主线",而随着事态的发展,群体中每个成员又会发出各自的附带需求,形成"千丝万缕"般的缠绕。做好群体性事件处置过程中的群众工作,必须善于"抽丝剥茧",牢牢抓住交织诉求中的根本原因。要积极引导矛盾群体反映根本诉求,开诚布公地提出真实想法,以及期望达到的目的,真正让党委、政府心中有数,让有关部门便于操作。期间,对矛盾群体中每个成员的附带需求,也要认真了解、细致掌握、帮助甄别,并作为解决根本问题后逐步带动解决的内容,让群众看到希望。在坚持严格遵循"三个慎用"处置原则的同时,要主动提醒涉及矛盾的相关部门,慎重地向矛盾群体作出解决问题的时间、方式和效果的承诺,既努力促进问题解决,更要严格防止因草率承诺最终难以实现而再次失信于民,从而酿成新的、更为严重的事端。对困难群众和弱势群体,在参与解决问题的过程中,要主动给予多方面的关心和帮助,必要时,要积极牵线搭桥,会同有关部门从物质、经济等方面给予一定的帮扶,用诚意赢得群众的理解、信任和支持。在解决根本问题的条件成熟时,要主动提醒有关部门尽快去兑现群众诉求,并坚持公开、平等的原则,科学合理地制定兑现承诺办法,真正把"一碗水端平",杜绝"多闹多得、少闹少得、不闹不得"这一类不良倾向,切实把问题解决到位,处理得干干净净。

三、群体性事件触点降低,做好群众工作必须据法用情

从当前情况看,对一起较为复杂群体性事件的处置,其难度不亚于侦办一系列疑难案件。之所以有这样的认识,主要是由于群体性事件的触发点在降低,处置过程中稍有不慎,就极易导致事态扩大、矛头转向。因此,通过强有力的群众工作积极稳妥地平息事态,必须坚持做到"依法处置"和"真情对待"相结合,充分彰显法律的约束力、强制力和真情的感召力、引导力。要善于"圈内注水"。所谓"圈内注水",首先要"画圈"。在

群体性事件发生后,要通过现场公开、事后登门等多种形式的法制宣传教育,深入持久地展开引导,促进矛盾涉及群体按照法律法规规定的程序和方式反映诉求、寻求帮助,最大限度地减少其中的过激言行,使矛盾问题的"对立"不至于形成矛盾双方的"对抗"。其次要"备水"。在充分开展法制宣传教育的同时,要紧紧围绕根本诉求寻找各种依据,协助有关部门向群众解释清楚:诉求是否合法,不合法的依据是什么,合法的诉求怎样去实现等一系列问题,真正让群众从知法、懂法向守法、护法实现积极转变。再次要"降温"。在诉求不合法或部分诉求不合法而难以实现时,单纯靠法律宣传教育可能无法完全奏效,这就迫切需要用"春风化雨"般贴心、细致的工作去感化群众,根据其实际困难提供各种有效帮助,始终把群体性事件的触发点控制在"燃点"以下。比如,在企业破产分流职工时,个别职工因确有特殊困难而向企业提出过高要求,尽管这一要求无法予以满足,但公安机关从切实维护稳定和关爱民生出发,应提醒企业的上级主管部门给予牵线搭桥,根据这一类职工的特长,为他们争取跨行业再就业、组成创业小组自谋职业、提请政府给予政策或资金扶持自主创业等机会,以实现执法效果与社会效益的和谐统一。

四、群体性事件波及面广,做好群众工作必须虚实结合

近年来,虚拟社会的迅猛发展出现了"人人都是麦克风、个个拥有话语权"的格局,现实中许多情况和问题,都很容易在网络上呈现和发展。群体性事件已然如此。做好群体性事件处置过程中的网络群众工作至关重要,各级公安机关的指导思想决不能片面定位在"封、删、堵"上,而是要切实把网络作为密切联系群众的一个重要的平台。要敢于直面诉求群体在网络上发起的各种责问,把回应责问的过程当作接近群众、帮助群众、服务群众、争取群众的过程,以澄清误解、消除误会、拨正误导为指向,赢得群众的信任。要主动借助公安博客等网络问政载体和方式,鼓励群众讲真话、说实话,结合现场处置中掌握的情况,对可能诱发群体性事件的根本原因作出准确判断,为党委、政府科学决策和有关部门联手解决问题提供有益的第一手资料。要密切关注、高度重视敌对势力、敌对分子利用网络插手内部矛盾的苗头动向,义正词严地揭批别有用心之人的不良企图,在群众面前深刻地揭露他们的丑恶嘴脸,坚决有力防止他们颠倒是非、混淆黑白。对重大、热点和敏感事件,要抓紧时间查明原委,并迅速在网络和现实中公布事实真相,以正视听,积极引导矛盾群体依法解决问

题,并努力争取关注矛盾的群体积极参与到化解矛盾的正面工作中来,形成多方合力。

五、群体性事件错综复杂,做好群众工作必须整体联动

处置群体性事件是一项系统性的工作,涉及政策、法律、经济、社会甚至历史遗留等多个领域,单靠矛盾涉及的部门和公安机关单兵作战,很难达到预期效果。做好群体性事件处置中的群众工作,要积极依托城市应急管理,大力推进部门整体联动。要坚持党委、政府统一领导,矛盾涉及部门和公安机关具体协调负责,各有关部门共同参与的群体性事件处置中的群众工作模式,并组建政府协调下的社会联动部门监测预警、信息报告、分类决策、分级响应、公众沟通等一整套机制,全方位开展富有成效的调解活动。要积极帮助各成员单位深化群防群治工作,按照"人人参与、人人受益"的指导思想抓宣传、抓动员、抓募集,广泛吸纳军转干部、基层党员、社区义工、单位保卫、行业专家等积极力量,组建"民间合成调解志愿者队伍",实施"定期教育培训、瞬间合成拉动"的管理模式,促进群体性事件处置中的群众工作不断发展完善。要始终站在全局高度谋思路、办事情、作取舍,确保群体性事件处置中的群众工作的总体方向不发生任何偏差,最大限度地统筹兼顾各方利益,主动整合和利用身边资源,创造有利条件,积极帮助当事人、当事群体解决实际问题,推动事件化解。要善于变换角度看待具体问题,从不同侧面寻找解决问题的最有效方法,努力把危害降到最小、把损失降到最低,实现国家、集体、个人利益的多方最大化兼顾。要懂得互换位置体谅当事人、当事群体的急切心情,既要引导他们按照法律途径平和地反映诉求,合法、合理、合情地维护权益,也要积极牵线搭桥,交给他们依法维权的有效方法,帮助他们走通依法维权之路。

(征文获三等奖,作者系镇江市公安局办公室副主任)

关于进一步加强娱乐服务场所治安管控工作的实践与思考

陶苏闽　　　　　　　　　　　　　　　　　　► ► ►

　　娱乐服务场所作为集中反映镇江市治安综合态势的"晴雨表",其存在的各类治安问题,既会影响娱乐服务场所自身的健康发展,也会严重影响社会治安秩序的稳定。对娱乐服务场所的治安管理,是法律赋予公安机关的重要职责,也是政府管理社会的重要组成部分。近期,镇江市公安局治安支队就如何创新公安机关管理机制,进一步提升娱乐服务场所健康发展水平进行了积极的探索和深入的思考。

一、当前镇江市娱乐服务场所的主要特点及发展趋势

　　据统计,目前镇江市现有娱乐服务场所 627 家。其中歌舞娱乐场所 105 家、从业人员 5720 人,电子游艺场所 91 家、从业人员 677 人,洗浴按摩场所 431 家、从业人员 3300 人。

　　从当前现状看,镇江市娱乐服务场所大体呈现规模化、精品化发展的良好态势。

　　一是规模趋大、档次趋高。特别是一些新开办的歌舞、休闲场所投资较大,电视监控、消防系统等硬件设施都比较到位。如"南山一号"商务会所、"超越神话"KTV 等,投资均超过千万。目前,镇江市投资超过百万的场所已有 83 家。

　　二是多元发展、龙头初现。一些大型场所在经营项目上趋向多元化,经营项目涵盖了饭店、住宿、休闲、歌舞、棋牌等,综合竞争实力雄厚,迎合了大多数群众的消费需求,同时也成为引领同类场所良性发展的行业龙头。

　　三是管理规范、服务优质。大部分场所的投资者和管理者基本具备了良好的文化素质,有较强的法律意识和较高的现代企业管理水平以及丰富的管理经验。各种规章制度健全,从业人员素质较高,自身的管理和

服务规范,经济效益比较明显。

二、当前治安管控工作中存在的问题和薄弱环节

应当讲,娱乐服务场所作为现代服务业中的一个组成部分,在政策的扶持下,其总体发展的前景比较开阔。但在实际发展中,由于受到诸多因素的影响,制约其发展的问题也有不少。主要表现在:

一是违规经营的问题依然普遍。娱乐服务场所虽然是广大群众休闲娱乐、放松心情的地方,但由于其本身鱼龙混杂,因而各种问题比较容易在此滋生和蔓延。特别是一些场所业主为了招揽生意,广聚人气,采取了不正当的竞争手段,致使不守规矩经营的问题屡禁不止。比如,有相当一部分棋牌室、麻将室直接以提供赌博条件为赢利手段,且无证经营,给公安机关的查处造成极大困难;一些低档次的休闲场所为了在竞争中占优,"打擦边球"以赢得一部分"特定群体"的消费需求,扰乱了整个市场的正常秩序。

二是疏于引导的现象客观存在。娱乐服务场所的健康发展,离不开相关行政部门共同的、全方位的引导和服务。然而在实际中,发证以后就放手不管或者管得过死的现象客观存在,"一管就死、一放就乱"的矛盾还没有得到根本解决。特别是在公安行政审批前置条件被大量压减以后,一些行政部门仍然以部门利益为重,致使整体的行政管理不够联动,直接导致公安机关对一些场所的管控"事前无门槛、事中缺抓手、事后少配合"。

三是各类隐患的潜伏堪忧。少数场所业主为了扩大经营收益,盲目满足消费者需要,擅自变更场所内的硬件设施,特别是在歌厅等人员相对比较拥挤、酒后消费者较多的场所中,给包厢门设置自锁装置、降低灯光照度等,这些都为发生突发紧急情况后的疏散救援埋下祸根。一些场所经营一段时间后,或因设施陈旧,或因业主更换,或为提高竞争力,都要进行一定规模的装潢、改造及设备更新。在装潢、改造过程中,电器负荷增加、布线改动、安全通道堵塞等极易引发火灾,安全事故的隐患大量存在。

客观地说,娱乐服务场所聚集人员众多,发生各种治安问题是在所难免的,这也是公安机关始终把娱乐服务场所纳入治安管理范围的重要原因。但是,近年来随着娱乐服务场所的大量增加,经营项目不断增加,竞争日趋激烈,各种治安问题呈不断上升的态势,有的甚至已成为社会问题,诱发了大量刑事犯罪,必须引起各级公安机关的高度重视。造成娱乐

服务场所突出治安问题的主要原因有以下几个方面：

一是场所发展无序造成过多过滥。目前各地对场所的发展大多没有总体规划和总量控制，在发展上存在很大的盲目性，加上有的场所开业不需太多成本，投资小，收益快，不少人趋之若鹜。由于场所发展的过多过滥，超出了社会的实际需求，因而不可避免地引发恶性竞争。于是，一些规模小、档次低、缺乏竞争力的场所业主，在不能以质取胜，又急于收回投资或获取高额利益的心态支配下，采取走歪门邪道，利用色情诱惑，甚至靠容留卖淫嫖娼等违法经营手段来达到目的。

二是巨额利益驱动促使业主违法、违规经营。法律法规明确规定：娱乐服务场所业主发现场所内活动的人员有违法犯罪行为的，应当采取适当措施予以制止，并立即向当地公安机关报告；场所经营者及其从业人员不得为违法犯罪活动提供便利和条件，不得为违法犯罪人员通风报信。但是，一些场所业主或急于收回投资，或为了追求高额利益，置国家的法律法规于不顾，故意放任甚至怂恿场所内的色情服务和卖淫嫖娼等违法行为。在巨额利益驱动下，有的甚至把色情服务和容留卖淫嫖娼作为场所的支撑项目和主要赢利项目，并想方设法对抗、逃避、阻碍公安机关及其他管理部门的查处。

三是查处打击不到位导致违法行为不断发展蔓延。一方面，场所的客观环境不利于执法机关开展检查。一些业主为了逃避有关部门的查处，往往在场所开业之前的装修或中途的改造过程中，就设置了一些不为人注意的暗房，为今后从事违法经营作了准备。还有的违法经营场所在营业过程中采取安排人员望风、用对讲机联络、通过控制电源向内传递信号等多种形式，逃避执法机关的查处。因此，公安、文化等部门在查处时难度较大，即使是掌握了确切的线索，往往也会在查处时不能及时到位而被违法人员发觉，使查处行动达不到应有效果。另一方面，近年来由于公安机关担负的工作任务十分繁重，普遍存在警力不足的情况，由此带来了对场所的管理力度明显减弱，场所内的违法行为不能及时得到查处等问题。

四是缺乏长效管理机制导致职能部门合力作用发挥不够。首先是职能部门的责任落实不到位。许多场所的主管部门并不是公安机关，而主管部门又由于多种原因发挥作用不到位，未能有效地落实"谁主管，谁负责"的责任制，对无证经营、超范围经营监管不严，查处不力。而这些无证经营、超范围经营的场所往往是藏污纳垢最为严重的地方，也是最容易诱发各种突出治安问题的高危场所。其次是职能部门之间合力作用发挥不够。突出表现在各职能部门在管理上配合不够默契,在处罚上掌握的尺度不一,形不成打击合力。如有的场所在公安机关的检查中多次发现问题,但移交文化、工商部门后,处理上往往是就轻不就重,大多象征性罚款了事,这样客观上放纵了违法经营场所,使各种违法经营行为得不到及时有效的查处,起不到应有的惩戒和警示作用。

三、强化管理的工作措施和有关建议

(一) 强化查处打击职能,切实树立公安机关对娱乐服务场所管理的权威性

娱乐服务场所由于其本身的经营特点和从业人员的多元性、复杂性,历来是各类犯罪分子觊觎的目标。如果对场所内的违法犯罪活动不能及时掌握和精确打击,必然会让其坐大成势,影响场所的健康发展。因此,各地治安部门在服务管理过程中必须始终保持对违法犯罪活动的打击力度,做到发现一个问题解决一个、涉及一个场所处理一个,不使个别场所的问题扩大到全行业,不使个别案件的现象扩散到整个场所。对此,镇江市公安局治安支队将积极推广建立三项制度:

一是"被查从严、自查从轻、举报有奖"制度。通过政策兑现,引导场所业主主动配合公安机关严格行业管理,由"要我管"变成"我要管";

二是定向查处、分级把关制度。对涉嫌违法经营场所的查处,由便衣民警定向查处目标明确的场所部位和涉嫌人员,充分保护场所内其他公民合法活动的权益,尽量避免扰民;

三是阵地控制和专门工作机制。大力构建深层次、高效率的情报信息网络,通过暗查、暗访、案件倒查等途径,结合定期检查、随机抽查、异地互查等方式,及时掌握场所的内部动态,消除治安隐患。

(二) 创新管理机制,积极探索场所治安管理新模式

一要探索建立分级管理模式。按照依法、科学、制度化管理的要求,将娱乐服务场所按不同类型和治安状况进行分级,明确每级的考核标准和达标分数,定期根据考核结果调整等级。对每个等级建立不同的治安监管措施,等级越低公安机关的监管措施就越严。公安机关可根据不同等级采取公开检查、定期检查、秘密抽查、年终汇总的办法,评估确定辖区娱乐服务场所的治安等级并采取相应的治安管理措施。为了体现公开、公正,切实保护管理对象的合法权益,建立管理者与经营者之间密切合

作、互相依靠、互相信任的伙伴关系,公安机关在年度考核或突击检查时可邀请行业协会有关会员参加,增加工作透明度。

二要组建行业协会,完善行业自律和监督机制。着力推进行业协会建设,积极探索新形势下娱乐服务场所自我管理、自我约束的新路子,并借势借力使其成为治安管理的执行者和维护者,守法经营的组织者和监督者。目前,镇江市已经成立了洗浴按摩行业协会、印章业行业协会等多个行业协会,在规范行业行为、研究行业发展动态、整合行业资源、密切联系政府职能部门等方面发挥了积极作用。下一步,镇江市公安局治安支队将以行业协会为载体,更加全面地掌握娱乐服务场所治安状况,为有的放矢开展工作提供重要依据,带动娱乐服务场所健康发展。

三要坚持属地管理和分级负责相结合,落实责任追究制度。要根据娱乐服务场所的数量、分布等实际情况,分级确定责任部门、责任民警,明确工作职责,严格管理权限,落实责任追究。如对场所业主日常的宣传教育都应以属地派出所为主,治安、禁毒等部门负责牵头、指导。对场所的检查,则必须按照不同类型明确责任单位、检查方式、检查次数,避免重复检查或检查措施不落实。

四要建立公安、文化、工商等部门协同作战的经常性工作机制。在依靠行业协会自律的同时,镇江市公安局治安支队还将强化与相关职能部门的联动,合力治理娱乐服务场所的突出问题。积极建议由各级政法委、综治办牵头组织开展定期研判分析,由工商局、文广新局、公安局等部门结合自身职能共同查找在场所行业管理和服务工作中存在的薄弱环节,适时开展联合型的集中"会诊",真正做到上下联动,左右互动,设身处地地帮助场所业主想问题、思对策、保平安、谋发展、创效益,真正形成齐抓共管的优势,共同推动娱乐服务场所的健康发展和整体进步。

(三)建立场所发展市场准入制,大力推进场所的规范化管理

针对当前娱乐服务场所行业自治机制尚未形成,行业内恶性竞争依然存在,业主自律意识较为薄弱的情况,为切实解决娱乐服务场所过多过滥、底数不清、管理弱化的问题,公安机关要积极建议和配合政府及有关主管部门按照市场经济规律,建立有利于场所有序发展、做大做强、提升档次、提高质量的娱乐服务场所管理规范。

一要建立市场准入制。各地可根据当地经济发展水平和社会实际需求,制定场所发展规划,明确准入资格和标准,向社会公布。与此同时,对境外人员以投资、参股及其他形式参与场所经营的项目要依法加强审核,注意防止和控制境外恶势力向娱乐行业渗透。

二要通过市场来运作。要畅通"出口"。对经营状况差、存在违法违规行为的场所，一方面可通过分级管理强化监管，促使其停业休整，另一方面可通过市场的合理竞争，实现优胜劣汰。

三要鼓励规模化经营。各地可根据当地的经济发展水平出台相应的政策，鼓励和扶持合法经营户做大做强，提升档次，提高质量，通过规模化经营增强经营户的风险意识，从而达到促使经营户自觉合法经营的目的。

（征文获三等奖，作者系镇江市公安局治安支队支队长）

新形势下做好经侦工作的思考和建议

高建新　▶▶▶

全国第三次经济犯罪侦查工作会议的召开,无疑对全国经侦部门的工作提供了很好的发展机遇,同时,也为基层经侦部门如何开展好经济犯罪的"打、防、控"工作提出了新的挑战。如何在新的起点上实现新的跨越是各级经侦部门必须思考的问题。笔者结合实际,对当前经侦工作谈几点浅薄的看法和建议。

一、镇江市局经侦工作的总体情况

镇江是一座具有 3500 多年历史的历史文化名城,又是一座集港口、工贸、旅游于一体的新兴工贸、旅游城市。位于中国经济最发达、最具潜力的长江三角洲,地处世界第三大河流(长江)和中国最长人工运河(大运河)的交汇处,山水相连,风光旖旎,素有"城市山林"之誉。下辖丹阳、句容、扬中三个市和丹徒、京口、润州、新区四个区,总面积 3848 平方公里,经济发展一直保持着强劲的势头。镇江经侦支队成立于 1998 年,设 7 个县级经侦大队,内设侦查大队 5 个,并设立办公室、纪委、政工科、情报大队各 1 个。镇江市现有经侦民警 136 人,其中拥有全日制大学本科以上学历的 15 人,占总人数的 11%。年龄在 30 岁以下的 13 人,31~40 岁 31 人,41~50 岁 62 人,50 岁以上 30 人。近年来,镇江市公安经侦部门紧紧围绕上级公安机关的工作中心,紧扣发展主题,不断开拓创新,群策群力,同舟共济,迎难而上,奋力拼搏,圆满地完成了各项工作任务。通过综合整治,一批多发性经济犯罪得到有力打击,基础工作不断夯实,队伍呈现团结、和谐、奋进之势。先后荣立集体一等功 1 次、二等功 2 次,2 次荣获省厅先进集体,连续 10 年被评为"江苏省文明单位",队伍连续 13 年零违纪。

二、近年来镇江市经济犯罪面临的新形势、新变化

（一）经济犯罪案件数不断攀升、涉案金额增幅明显

连续三年来，扰乱市场秩序和危害税收征管类犯罪占到总发案数的70%以上，且案值大，人数多，成为影响社会稳定的一大隐患；因资金紧缺而诱发的非法集资、信用卡诈骗、虚假贷款诈骗等涉众型、涉稳型大要经济犯罪案件高发，因民间借贷引发的经济纠纷案件频频发生。侵犯知识产权和制售伪劣商品呈地域性和家庭作坊性，如丹阳市制售假冒伪劣名牌眼镜，新桥、界牌镇生产销售汽车假冒配件，高桥镇制售假冒鞋，句容市制售假酒类等。

（二）经济犯罪所涉及的领域不断扩大，危害性越来越大，并呈现隐蔽性和团伙性等特点

一是犯罪嫌疑人大多利用我国经济体制改革的深入发展产生的新产业、新行业的漏洞和弊端，从一般的经济犯罪向新的领域渗透。

二是伴随经济活动的开放性、流动性和跨区域性，经济犯罪案件呈现跨区域流动作案和涉及领域广泛的特点，给侦破案件增加了难度。

三是各类经济犯罪案件越来越凸显隐蔽性和团伙性。在侦办的大量案件中，犯罪嫌疑人多以"信贷""合同""连锁"和"联营"等正常经济活动为伪装，大肆进行诈骗、侵占和制假售假犯罪，并且在大要案件中几乎全部是团伙作案，内外勾结作案的情况也日益增多，具有一定的普遍性。

（三）传销犯罪首次进入金融领域，严重危及社会稳定

虽然近年来公安、工商联合加大了打击传销的力度，但巨额的市场利润，以及大量的离退休、失业人员和大量的外来务工人员仍然是传销犯罪的"被迷惑者"。总体来说，传销犯罪在镇江市部分地区仍然是边打边冒、不时反弹，并呈现出一些新特点、新变化，无论是数量上、规模上还是发展速度上均呈上升趋势。2011年支队联合工商等部门共开展区域性清查行动36次，查处传销窝点31个，解救受害群众124名，教育、遣返参与传销人员320人（次），共查破涉及传销人员所为的寻衅滋事、故意伤害、非法限制人身自由等刑事案件12起，抓获作案人员74名。

（四）涉众、涉稳型犯罪案件居高不下

一是非法吸收公众存款、非法集资犯罪不断浮现。个别企业、个体经营者受高额利润吸引，盲目扩大经营规模，通过高利息、高回报的方式，非法吸收社会闲散资金，一旦引发资金断链，用资者若偿还不上大额欠款，

往往会想法逃避，甚至举家外迁，从而引发非法集资案件增多。

二是有不法分子利用借贷高需求的时机，在报刊或手机短信息发布虚假"提供贷款"广告，虚假许诺可以提供贷款，诱骗受害人钱财的诈骗案件也将水涨船高。

三是小额贷款公司易成为犯罪侵害的对象。近年来，镇江已成立了5家小额贷款公司，这些公司虽然在贷款的利率上高于银行，但因其借贷手续、程序较简便，给一些确实急需资金周转的人带来方便，无疑也给一些心怀鬼胎之徒有机可乘。在侦办案件的过程中，我们发现小额贷款公司在经营和管理上存在公司工作人员素质不高、责任心不强、内部制约机制不健全等问题。

四是因民间借贷引发的经济纠纷案件频频发生。因为借款人与债权人之间多以借条形式发生关联，有的根本就无借条或其他凭证。借据的虚假性掩盖了民间借贷的真实性，经侦部门无管辖权，又在一定程度上助推了此类犯罪。此类犯罪大多是私下行为，初始阶段往往不被他人所知，管理及执法机关无法预知，待到矛盾凸显，借款人往往已是债台高筑或逃匿，使债权人血本无归。这不但会造成投资者的巨大损失，而且严重干扰了金融机构储蓄、贷款等业务的开展，容易诱发其他刑事犯罪案件和群体性事件。

五是预付费诈骗增多，涉及美容、健身等以预付费形式发展会员的高档场所。不久前，镇江市京口区地处闹市区的一大型健身会所突然关门，引发数千名会员不满，并在网络上发布过激言论。另外这两年兴起的韩式汗蒸、足疗店、美容店等一夜间卷款走人的报案也在增多，各种矛盾在不断叠加，成为易引发社会不稳定的突出问题。

（五）信用卡诈骗犯罪手段不断翻新

近年来，由于警方加大了宣传力度，群众的防范意识大大增强，犯罪分子利用ATM机作案的案件现在已经得到有效控制，但利用信用卡大肆透支、POS机刷卡套现作案不断发生，在查办案件过程中，我们发现大多持卡人对POS机刷卡套现是违法行为认识不足，而持有POS机的商户大多是通过帮人套现收取2%~5%的手续费。2010年6月，句容市公安局经侦大队查破一起非法经营案，犯罪嫌疑人姜某在2008年4月29日至2009年10月11日期间，以虚构交易等方式向100余信用证持卡人刷卡套现后直接支付现金，并按套现金额的1%收取手续费，共刷卡600多次，套现金额670余万元。

（六）利用互联网实施犯罪的手段翻新

近年来利用互联网实施合同诈骗、非法传销、非法证券咨询等也正日益增多。由于犯罪嫌疑人均在外省，个人身份不明确，加上互联网的隐蔽性，查处互联网经济犯罪难度大，破案率低，挽回损失少，引发群众的不满。另外，网络侵权案件也逐年上升，由于此类犯罪的跨地区性、高隐蔽性，打击的成本越来越高，难度越来越大。

三、当前制约经侦工作发展的主要问题

面对日渐猖獗的智能化、网络化、涉众型的经济犯罪形势，镇江市公安经侦部门还存在许多薄弱环节。

（一）警力配置不足

随着市场经济和高科技的快速发展，经济犯罪案件呈案值不断增大、智能化程度不断提高的趋势，新类型、疑难复杂的案件不断增多，经侦部门立案侦查的案件种类增多。修改后的《刑法》和《刑事诉讼法》把绝大多数经济犯罪案件的立案侦查职责赋予公安经侦部门，尤其是《公安机关刑事案件立案追诉标准（二）》颁布实施后，需要经侦管辖的经济犯罪案件达89种，这与基层经侦部门的警力配置不相符合。因为在基层经侦部门案多人少，有的基层经侦大队仅有五六个人，民警老龄化特征明显，严重削弱了经侦队伍的办案能力。

（二）办案经费紧缺

打击经济犯罪工作的经费保障机制还没有建立。首先，在打击经济犯罪过程中，经济案件的犯罪嫌疑人作案后往往携带了大笔不义之财，多逃往外地甚至逃往境外、国外，犯罪所得转移隐匿地点多，公安机关在办案中外出追逃、取证、查账次数多，范围大，费用支出大。其次，公安部又明文规定办案民警不准同受害人同吃住、同办案，不准索取办案经费等。再次，对追缴的赃物需评估鉴定，对有的账目需要中介机构审计，而公安机关又无鉴定、评估等专项经费来源，需要从有限的办案经费中垫付，特别是查办一些大要案件，由于经费问题显得力不从心，久而久之必然软化了对经济犯罪的打击力度。

（三）基础工作薄弱

由于经侦部门组建较晚，加之成立之初，忙于经济犯罪案件的查处，注重破案打击，对经侦基础工作重视不够，与其他警种联系协调不畅，尤其是经侦基础工作在派出所工作中显得比较薄弱，派出所民警对经济犯

罪知之甚少,不了解经济犯罪案件构成,不能正确识别经济犯罪与经济纠纷的区别,对经济犯罪线索的敏感性不强,案件线索不能及时向经侦部门反馈。同时,经侦部门由于警力紧张,在工作中也往往就事论事,就案办案,没有深入进行阵地控制,主动挖掘案件线索。案件来源渠道狭窄,往往是根据受害单位或个人报案提供的线索和其他行政执法机关移送的案件而立案侦查。大多经侦民警情报意识不强,没有主动深入相关部门收集掌握经济犯罪的情报信息,没有真正树立"情报信息主导经侦工作"的理念。经侦部门与其他行政执法部门的联系也不够紧密,近年来虽然建立了一些联系制度,但协作关系较为松散,难以形成联动机制和打击合力。

(四)经侦人才缺乏

经侦工作的任务和要求对全体经侦民警提出了一个新的课题。从目前的情况看,一方面各地普遍缺乏审计、财税、金融、股票等专业的人员,专业技术人才匮乏。另一方面我们的民警虽经各种业务培训和实践锻炼,但仍然存在专业知识欠缺、系统掌握不够、整体素质参差不齐的情况,不适应新形势下的经侦工作。

(五)协助机制不到位

与行政执法机关快捷有效的打击经济犯罪的协作机制还不完善。有的行政执法部门不能正确处理经济发展、部门利益与严格执法的关系,较多地采取了以罚代刑的手段,该移送的案件不移送或少移送,客观上影响了经济犯罪的打击力度;跨区域协作不顺畅,在使用全国经侦跨区域办案协作平台过程中,协查要求发出后很少收到回复,在很大程度上影响了案件的侦办进度,跨区协作未能真正落实。

(六)侦查手段滞后

随着市场经济的不断深化,经济犯罪手段日新月异,高科技手段犯罪不断攀升。而经侦民警的思维仍较多局限于传统的破案方法,网上作战和利用情报信息破案的意识不强。加之经济犯罪大多是主观故意性和隐蔽性较强的犯罪,很多证据容易灭失,这对经济犯罪案件侦查提出了新的要求。经侦民警如不掌握新的侦查破案技术、不善于经侦信息化作战模式,很难使此类案件取得突破,影响破案效果。

(七)公检法三家认识不统一

大多数经济犯罪分子往往利用自己的职业、专长,在自己熟悉的经济领域中进行犯罪,具有很强的隐蔽性。他们往往深思熟虑、精心策划、手段狡猾,且有各种经济活动作掩护,犯罪后又有足够的时间毁灭证据,或订立攻守同盟,还有一些利用现代科技手段实施犯罪,在取证上难度很大。由于公检法的办案人员对这些经济犯罪大都是第一次接触,在证据的审查上,都有一些自己的固有的看法和主见,由此检察部门往往用起诉的尺度来衡量批捕,而不是按"基本事实清楚、基本证据确凿"来执行。另外经济犯罪形式多种多样,手段狡猾隐蔽,案件定性难度大。如实践中对合同诈骗与民事欺诈行为,承包中经济纠纷与职务侵占往往难以区分,造成了公、检、法机关对此类案件的定性认识不一致,分歧较大,影响了对经济犯罪的打击处理。

(八)法律有待进一步完善

例如,办案周期过短。经济犯罪基本都具有复杂性、隐蔽性和团伙性等特点,犯罪嫌疑人的作案范围大、区域广,涉及的人员和事件复杂。尤其是在非法集资、贷款诈骗等涉众型大要经济犯罪案件中,跨年甚至数年的占很大的比例,案件潜伏周期长,因此,办案流动性大,取证难,周期长,环节多,而现在的一般受理的经济犯罪案件立案审查的周期只有 7 个工作日,刑拘只有 7 ~ 30 天,导致有的案件根本无法在周期内完成调查取证,"漏罪"和"漏人"的案件增多。一些经济犯罪的打击无从下手,有的行为有社会危害性,甚至造成较大的经济损失,但法律无明文规定;有的法律规定过于抽象,表述概括性强,又无相关司法解释相辅,实践中缺乏可操作性。再有公安机关的案前初查工作法律地位不明确。公安机关的案前初查由于没有立案,不在法律规定的侦查活动范畴之内,因此也不能行使侦查活动的职权和采取相应的法律强制措施和手段,某种程度上制约了侦查工作的开展。

四、做好新形势下经侦工作的思考和建议

针对存在的问题和打击经济犯罪工作面临的新形势,提出以下建议。

(一)夯实经侦业务基础,努力提高发现犯罪的能力和侦破案件的本领

针对当前经济犯罪发案多、种类杂、作案实施快、案犯逃匿快、赃款赃物转移快的特点,要加大对经侦基础工作的投入,侦查装备和手段要力求现代化,切实提高发现犯罪的能力,提高侦查犯罪的本领。要加强经侦秘密力量的建立和阵地控制工作,本着确保质量、隐蔽保密、严格管理的原

则,注意在有关专业人员、知名人士和境外人员中物建经侦工作关系,获取深层次、专业性的经济犯罪情报,实现对经济犯罪相对集中的重点地区和经济犯罪人员社交活动较集中的场所的控制工作。要按照"信息引领,科技支撑,应用实战,服务社会"的工作思路,建立科学高效的情报工作机制,为基层经侦部门开展警情研究、深挖线索、拓展案源、打击防范提供广阔平台。同时要将经侦工作向基层公安机关延伸,将侦防经济犯罪纳入派出所业务考核内容,加大基层派出所考核奖励力度,最大限度地调动派出所侦防经济犯罪的积极性和主动性,不断延伸公安经侦工作触角,着力解决当前经侦案多人少的"忙碌"局面。

(二)大力提升经侦民警综合素质,不断适应新形势下经侦工作需要

在目前引进专业技术人才有难度的情况下,要尽快提高民警的业务素质,开展各种行之有效的教育培训活动,按照"懂法律、懂经济、懂侦查"的要求,切实加强经侦民警的培训工作,特别要强化对金融、证券、税务、贸易等方面法律和专业知识的学习,注重经济运行规程以及外语、网络等方面知识的学习,努力培养一支熟悉经侦业务、掌握现代经济知识和先进侦查技术的高素质队伍。同时,要积极引进专业知识人才,以适应经侦工作的需要。要切实增强经侦队伍的思想政治素质,提高拒腐防变能力,使经侦队伍始终保持正确的政治方向和坚定的政治立场,顾全大局,防止和克服地方保护主义,努力排除各种干扰,经受住各种利诱的考验,真正做到严格、公正、文明执法。

(三)畅通协作办案渠道,建立紧密型的侦防联动机制

经济犯罪侦查部门应尽快建立由法律专家、政法部门业务骨干和金融、工商、税务、审计、律师等部门专业人员组成的指导协调机构,加强对经济犯罪问题及适用法律问题的研究,采取专题授课、疑难案件"会诊"、法律政策咨询等形式,为防范和打击经济犯罪工作提供多方面的支持。要进一步加强政法机关之间的协作配合,建立规范、高效的刑事执法衔接工作机制和协调会商机制,统一执法思想,及时协商解决适用法律中遇到的问题。要加强与金融、税务、工商、审计、质监等行政执法部门之间的沟通与协调,健全完善联席会议、案件移送、情况通报、信息交流、协作办案等工作机制,确保行政执法与刑事执法工作的有效衔接。当前,要尽快在信息交流和协作办案两个方面取得突破,建立健全信息共享机制,逐步实现信息资料的快速查询,充分借助行政执法部门的职能优势,增强证据的搜查、分析和运用能力,提高办案质量和效能。

（四）强势推进整顿和规范市场经济秩序，积极服务经济发展和社会稳定

各级公安经侦部门要始终保持对严重经济犯罪的严打高压态势，特别是针对金融、证券市场秩序，知识产权等领域的经济犯罪，坚决快侦快破，从重从快打击。要集中优势警力，及时查处社会反响强烈，经济损失特别巨大的经济犯罪案件，还要高度重视查办群众举报的"民生案件"，切实维护广大群众特别是社会弱势群体的利益。国家应加大政策改革力度，加大对企业主的资金查控和审计力度，同时还要为以民间资本为主体的中小企业，提供更多的投资经营渠道；工商、银监等部门对批准设立民间借贷机构，要完善市场准入关，严把注册登记审核和经营范围核定关，从源头上做好治理和管控；金融机构应加强与政府职能部门的沟通，加强社会融资预警防范，最大限度地为政府决策提供依据；劳动部门建立劳动密集型企业工资支付监督制度，牵头相关部门联合建立专项整治工作机制；公安、银监应加大国内资金监管，堵塞资金外逃漏洞，出台相应的管控措施，确保国家金融秩序的稳定，坚决防止涉众涉稳经济犯罪的发生。

（五）狠抓执法规范生命线，推动经侦工作健康发展

当前应着重解决民警执法理念存在偏差、执法缺乏人性化、业务素质偏低、外在干扰因素多、执法监督机制不健全等方面的问题，做到法律效果、经济效果、社会效果、政治效果四者有机统一。一方面要从纪律作风教育方面入手，进一步强化教育培训工作，纠正和扭转民警执法思想和认识上的偏差，着力解决经侦民警"为谁掌权、为谁执法、为谁服务"的问题，大力提升民警的执法业务能力；另一方面要从规范制度入手，认真落实集体议案制度、主办侦查员制度、案件质量评判制度、案件回访制度等一系列规章制度，狠抓案件源头管理、出口审核监督等方面的工作程序，落实执法责任，强化执法全程监督和执法权力约束。再一方面就是从监督的层面入手，积极推进经侦内部执法实体监督、司法监督和以经侦警务公开为主的外部监督机制建设，将内、外部监督落实到执法全过程，加大对民警徇私办案、领导干预办案、群众托人说情办案等现象的惩治力度，从法律监督层面上和内部监督机制上杜绝不正之风，切实维护公安机关公正执法形象。

（六）广辟途径，深入宣传，切实提升全社会参与打击经济犯罪的工作势态

通过推行警务公开，设立经济犯罪110举报电话、落实悬赏奖励等措

施,激发广大人民群众参与防范和打击经济犯罪的积极性。特别是要针对当前社会信用度不高的问题,增加经济执法工作的透明度,最大限度地开放社会信用方面的信息,以逐步形成有效的社会信用信息沟通渠道和失信惩罚机制,为建立现代市场经济条件下的社会信用体系提供强有力的支持。要通过报道典型案例等各种有效形式,加大对打击经济犯罪成果的宣传力度,使各级领导和广大群众对经济犯罪的危害性有更加清醒的认识,在全社会形成打击经济犯罪的良好氛围。

(征文获三等奖,作者系镇江市公安局经侦支队支队长)

法治视野下的人口服务
管理创新及实现途径

尹建伟 　　　　　　　　　　　　　　　　▶ ▶ ▶

依法治国是社会管理的依据和保障,以人为本是社会管理的根本和目的,转型时期的社会管理创新,就是要紧紧抓住人口服务管理这一根本,在法治的框架下,通过管理理念、手段、方式的创新,着力破解新形势下常住人口、外来人口、境外人员、虚拟网民服务管理等难题,逐步建立起"法治型""人本型""服务型""和谐型"人口服务管理模式,实现法治效益、社会效益和治安效益的有机统一。笔者结合丹阳市实际,试就此问题作一粗浅探讨。

一、社会转型期人口服务管理现状及特点

当前,丹阳市正处于"加快转型升级、推进统筹共享"的关键时期,现行的人口服务管理法律法规、制度设计、方法举措难以完全适应经济社会高速发展遇到的新情况、新问题,突出表现在以下几个方面:

(一)阶层分化背景下的常住人口服务管理失衡

在经济社会跨越式发展和阶段性局限的双重作用下,本地常住人口不断分化,包括下岗职工、失地农民、"两劳"放回人员、社会闲散人员在内的常住人员在社会经济活动中大多处于弱势地位,享有的服务管理往往逊色于强势利益阶层,其反映诉求、改善自身生存条件的活动往往缺乏法制的规范和约束,极易诱发不安定因素,部分人员甚至步入违法犯罪的深渊。与此对应,受惯性思维、人户分离等诸多因素的影响,公安机关对本地重点人员、危险分子日常管控不够深入。据初步统计,2011年以来丹阳市抓获的713名刑事作案成员中,本地人员达309名,占全部总数的43.3%,如新桥镇"2009.1.13"抢劫杀人案凶手也正是本地户籍人员。同时,"重管理、轻服务"的失衡现象仍然存在,还没有真正从传统的控制型管理向服务型管理转变,特别是随着惠农政策和新农村建设的深入,户籍

管理的相关配套法规、办法缺失，户口回流农村、镇（区）户口冻结等均引发了一些矛盾，在办牌办证等便民服务方面也存在一些需要加强和改进的地方。

（二）动态社会背景下的流动人口服务管理滞后

随着丹阳市经济的强劲发展，呈现出高层次外来人才引进频繁、外来务工人员明显增多的双重态势。仅 2011 年以来就引进高端研发团队 51 个、高层次人才 108 名，急需在入户政策、子女就学等方面提供优质服务。界牌、司徒、开发区等部分镇村外来人口超过本地人口，如界牌镇外来人口近 3 万，远超常住人口 1.8 万。城区和城郊接合部输入性传销较为突出，仅 2011 年就处罚 141 人，解救 39 名，云南籍、安徽籍、贵州籍、新疆籍外来人员成为社会治安一大问题来源。同时，由于政策、体制、制度的滞后，外来务工的"新市民""新村民"在就业、居住、就医、子女就学等方面难以享受到与常住人口同等的服务，加之在出租屋等落脚点管理、涉艾涉病违法犯罪人员关押、流浪乞讨少年儿童监管救助等方面存在法律法规、具体执行和硬件保障等方面的缺失和不足，导致流动人口管理始终是社会治安管理的重点和难点。

（三）社会开放背景下的涉外人员服务管理薄弱

涉外管理逐步成为服务经济社会发展的重要方面，随着丹阳市投资环境的不断改善，吸引外资力度明显加大，境外人员往来频繁。丹阳市共有"三资"企业 436 家，其中常驻境外人员 412 名，临时入丹人员高达 5200 余名，涉及 100 多个国家和地区。与此对应，涉外基础工作特别是农村涉外工作仍较薄弱，尤其是取消定点住宿后，散居社会面境外人员猛增，配套法律法规、管理机制、执法服务跟不上形势发展需要。随着"民工荒"的蔓延，部分企业雇佣劳力成本低廉的非法入境人员从事生产的情况已有出现，2010 年丹阳市先后发现 2 起企业雇佣非法入境越南人事件，涉及 45 名越南人。

（四）虚拟社会背景下的网络公民服务管理欠缺

网络虚拟社会成为新形势下社会管理的重要内容。就丹阳市而言，拥有网吧 110 家，网民达 20 余万，网吧内人员混杂，管理难度较大。针对互联网的违法犯罪活动不断增多，手段更加隐蔽。丹阳市吕城等地先后发生网络诈骗、网络赌博、网络传销等新型网络案件，但我国对电子证据的收集、保全、鉴定、认定等程序性问题还没有针对性的法律规范，《刑法》对非法侵入、非法破坏计算机系统犯罪的法定刑规定也比较低,难以有效震慑犯罪分子。利用互联网极力炒作社会焦点、热点问题较为突出。

二、新形势下人口服务管理的基本要求及原则

公安机关人口服务管理工作要牢牢把握"依法管理、以人为本、服务大局、求实创新"的基本要求和原则,确保新形势下的人口服务管理在规范、科学、和谐、高效的道路上发展。

(一)人口服务管理必须坚持依法管理

"依法治国"是我国的基本治国方略,也是人口管理服务必须坚持的基本原则。坚持依法服务管理,就是要解决"有法可依、有法必依"的问题,确保法律依据、法律执行良性互动。一方面,要围绕社会转型过程中,常住人口、外来人口、境外人员、虚拟网民相关管理法律、法规、办法的不适应、不配套等新情况、新矛盾,及时进行调整、充实和优化。另一方面,必须坚持依法管理,全面履行公安机关人口管理的法定职责,坚决克服和纠正有法不依、执法违法的弊端和倾向,把人口服务管理工作纳入社会主义法制轨道。

(二)人口服务管理必须坚持以人为本

"以人为本"是科学发展观的本质和核心,也是人口服务管理必须坚持的根本原则。公安机关在加强人口服务管理中,要以实现好、保障好、服务好社会各个阶层、不同群体的合法权益为根本,努力探讨以人为本的管理机制、管理模式,维护社会公平,实现社会公正,让广大群众各尽其能、各得其所、共同发展,共享公安机关人口服务管理成果,努力实现人的全面发展。

(三)人口服务管理必须坚持服务大局

加强和改进人口服务管理,实现人的全面发展,既能减少社会发展的成本,又能充分激发社会创造活力,可以说与经济社会发展同频共振、互为促进。公安机关要从服务和保障经济社会发展的高度,找准人口管理服务发展的切入点,通过制定和实施科学有效的人口服务管理政策,努力降低社会发展的隐性成本,在更高层次上促进经济发展和社会进步。

(四)人口服务管理必须坚持求实创新

要坚持将求实和创新有机融入人口服务管理,既要认真总结人口服务管理的成功经验,大胆学习借鉴各类先进警务理念,通过法律法规的完善、体制机制的改进和方法举措的创新,不断优化公安人口服务管理,又

要防止脱离实际、盲目创新、超前发展，真正使人口服务管理与现阶段经济社会发展和治安形势相适应。

三、加强和改进人口服务管理实现途径及做法

围绕人口管理的新形势、新特点、新问题，按照人口服务管理与经济社会发展同步的要求，不断创新人口服务管理工作，逐步解决法律法规滞后、体制机制封闭、理念举措僵化等突出问题，积极构建起顺应经济社会转型升级人口服务的管理机制，为实现中央提出的"三个最大限度"提供根本保障。

（一）围绕三个突出，不断创新常住人口服务管理

突出重点人员、突出弱势群体、突出服务在先，着力解决常住人口服务管理失衡问题。

一是突出重点人员管理。坚决纠正过去重外来人口管理、轻常住人口管理的倾向，重点针对"两劳"放回人员、社会闲散人员等高危人群，认真贯彻落实党中央、国务院两办下发的《关于进一步加强刑满释放解除劳教人员安置帮教工作的意见》，大力推进公安、司法和基层组织协同帮教机制，扎实做好刑释解教、社会闲散青少年帮教安置工作，尽量解决就业就学、职业培训等问题，帮助其更好地融入社会，减少社会治安隐患。积极扶持和培育社区矫治、人民调解、禁毒工作等方面的社会管理专业化队伍和非政府毒品治疗机构等专门机构，扩大其介入本地高危人口管理的范围。

二是突出弱势群体管理。坚决纠正重强势群体服务管理、轻弱势群体服务管理的倾向，从法治、善治的高度，重点围绕下岗职工、失地农民、退休人员等弱势群体，建立健全以低保为核心的城乡救助体系，切实加强法制宣传教育，引导其通过法定程序表达利益诉求，规范自身行为，有序参与社会生活，使其改善自身生存条件的活动步入法治化、规范化、正常化的轨道，从源头上减少社会不稳定因素，促进社会和谐稳定。

三是突出服务管理并重。坚决纠正重管理、轻服务的倾向，重点围绕群众办证难、出行难、停车难等问题，大力推进车管服务进社区、派出所"便民服务区"建设、非机动车上牌上证、企事业停车场夜间向公众开放收费停车，以及预约服务、代办服务等便民利民新举措，切实提高为民服务的质量和效果。主动会同党委、政府出台主导性意见，明确户口迁移与各种经济利益脱钩，并积极依托社区警务和基层组织，集中清理因新农村

建设、户口回流、拆迁安置等造成的人户分离问题,真正从体制政策、管理举措上解决户籍管理滞后于经济社会发展的问题。

(二) 推进三个革新,不断创新外来人口服务管理

一是推进理念革新。遵循以人为本的理念,按照公平对待、服务至上、合理引导、完善管理的原则,把引进的高端人才、外来务工人员服务管理纳入本地经济社会发展规划,特别是要结合"新市区、新市镇、新社区"三新建设,积极推进外来人员与常住人员服务管理并轨运行,重点加快推进户籍管理制度改革,着力解决"新市民""新村民"的就业、居住、就医、子女就学等问题,全面提升流动人口服务管理水平。同时,要进一步完善出租屋等落脚点管理、涉艾涉病违法犯罪人员关押、流浪乞讨少年儿童监管救助等管理法规、办法,确保外来人口管理进入法制化、规范化轨道。

二是推进模式革新。积极推行私房出租向"政府主导、统一出租、集中管理"模式转变,由各镇(区)暂住办牵头,按照权、责、利"三平衡"原则,实行出租、登记、管理"三统一",并按每人 10 元的标准,对登记人员进行奖励,列入政府年度预算,着力解决散居社会面外来人口管理难题。积极探索在企业推行"以业管人"、在社会面推行"以证管人"模式。积极运用市场化运作手段,在条件成熟的外来人口聚居区,通过外来人口委托管理、自治管理等途径,拓宽外来人口管理渠道,有效解决外来人口管理难题。

三是推进机制革新。外来人口管理是一项系统工程,涉及诸多职能部门,在目前公安机关许多行政审批手续取消的前提下,应尽量将外来人口管理重心前移,建立健全与劳动、教育、水电等部门社会信息关联比对机制,将各种社会力量吸纳到外来人口规范化管理中来。要根据公安部等六部委联合下发的《关于进一步加强和改进出租房屋管理工作有关问题的通知》,切实理顺公安、工商、劳动、房管等职能部门的责任和权利关系,真正实现综合治理。按照属地管理的原则,把外来人口管理作为社区工作重要内容,充分发挥社区管理功能,把每个人都纳入到社会组织管理之中。

(三) 落实"三个坚持",不断创新境外人员服务管理

坚持落实依法规范管理、走访动态管理、信息主导管理,全面加强境外在华经商、旅游、工作、定居等人员的服务管理,大力提升涉外服务管理的能力和水平。

一是坚持规范管理。积极应对境外人员定点住宿规定取消导致散居社会面境外人员大量增加的新情况,切实强化外事民警维护国家主权的责任感和紧迫感,督促其严格执行江苏省公安厅《关于进一步明确外国人管理职责的通知》《关于切实加强涉外安全管理》等四个通知,并将外管工作纳入派出所年终综合考核,对发生因管理不到位造成恶性涉外案(事)件的单位,一律不得参加评先评优。同时,针对企业雇佣廉价非法入境人员情况抬头的问题,在依法处罚雇佣企业和境外人员、切实维护法律至高权威的同时,大力加强宣传教育,讲明利害关系,主动摈弃"贪小利、失大义"的做法。

二是坚持动态管理。针对形势变化和工作现状,积极转变被动应付的静态管理模式,坚持从基础工作入手,结合"大走访"开门评警活动,主动深入境外人员较多、情况较复杂的重点地区、重点部位开展涉外人员管理,全面组织开展常住境外人员和涉外企业调查摸底,真正做到"知姓名、知国籍、知来丹事由、知居留期限"。同时,主动召集党委政府、涉外企业召开联席会议,明确各自职责,加大日常管理,及时整改隐患,确保境外人员平平安安地工作、生活。

三是坚持信息管理。坚持把情报信息作为境外人员管理工作的"生命线",牢固确立"花钱买情报"理念,大力开展覆盖全社会治安信息员系统建设,在涉外企业、境外人员居住活动的宾馆、酒店等重点场所部位以及境外人员当中,组建起一支"爬高钻深"的信息员队伍。在公安机关内部,精心组建兼职外事民警队伍,并从市外事办、三资企业中聘请精通外语语种的兼职翻译队伍,定期或不定期开展外管业务培训,切实提高管理能力和水平。

(四)切准三个环节,不断创新网民群体服务管理

牢牢把握网络违法犯罪、舆情导控、网络服务三个关键环节,不断加强涉网重点人员、重点群体和普通网民的服务管理,切实提高虚拟社会管理效能。

一是切准网络违法犯罪环节。大力推进互联网技术防控体系建设,尽快建成并高效利用集发现、控制、防范、管理于一体的网上技术防控体系。积极开通覆盖各业务警种的"网上责任警区""网上派出所"、民警微博等,以灵活的虚拟警务工作手段,大力提升网上发现、处置、控制和侦查能力,精确打击网上诈骗、网上传销、网上赌博等新型犯罪。配套制定电子证据收集、保全、鉴定、认定等程序性法律规范,适度加重非法侵入、非法破坏计算机系统犯罪等法定刑,为严厉打击网络违法犯罪提供坚实的

法律保障。依据《互联网上网服务营业场所管理条例》，进一步理顺管理体制，创新工作机制，引导互联网业界实行行业自律，有效防范、打击利用和针对信息网络的各种违法犯罪活动。

二是切准网络舆情导控环节。积极推进网站虚拟"警务室"建设，建精建强网上评论员队伍，健全完善网上舆情和危机应对机制，及时发布权威信息，不断提高运用媒体、引导舆论的能力，让网络负面舆论失去市场。主动邀请"热门网站"负责同志召开座谈会，报告公安工作情况，共商舆情导控的良策。重点梳理掌握一批网上"推手"，建立健全"约谈制度"，引导其主动遵守网络管理法律法规。逐步推行重点网站公开管理，提高网上的"见警率"和"管事率"，提升网上公开引导和震慑能力。

三是切准网络新兴服务环节。积极开通警方微博、公安门户网站、"大走访"开门评警交流窗口、警民QQ群，通过和群众实时网上交流等形式，更好地为民服务，并广泛接受群众的意见和建议，向广大网民展示公安"亲民、爱民、为民"的形象。不断扩大网上业务办理范围，逐步将能够公开的服务项目全部上网运行，依托信息化搭建网上咨询、网上受理、网上审批的平台，为群众提供更加高效便捷的服务。

（征文获三等奖，作者系丹阳市公安局局长）

浅谈新形势下如何做好社会矛盾化解工作

吕 康　　　　　　　　　　　　　　▶▶▶

当前,我国正处于经济社会发展的重要战略机遇期,同时也是社会矛盾凸显期,维护社会和谐稳定的任务繁重艰巨。中央政法委确定了深入推进社会矛盾化解、社会管理创新、公正廉洁执法"三项重点工作",其中将深入推进社会矛盾化解放在首位。特别是近年来,国内发生了多起因社会矛盾引发的有重大影响的、大规模的群体性事件。因此,推进社会矛盾化解、维护社会稳定处于重中之重,是我们面临的首要问题。认真研究新形势下社会矛盾纠纷的现状、产生原因、特点和对策,对于社会矛盾纠纷的有效预防、成功调处、防止激化,维护改革、发展、稳定大局,构建和谐社会,具有重要的现实意义。

一、当前句容市社会矛盾的现状

近年来,句容市各相关部门认真贯彻落实中央、省、市关于维护稳定工作的部署要求,把社会矛盾化解作为维护稳定工作的重点,及时化解处置了一批不稳定因素,确保了句容市社会大局总体平稳,没有发生有重大社会影响的事件,社会矛盾总体处于可控状态。但当前,我国正处于社会转型、经济转轨的关键时期,随着各种利益关系的深度调整,许多新情况、新问题引发的新矛盾愈来愈多。从句容市情况看,社会矛盾也处于上升期,反映在集访、闹访、越级上访活动,以及堵门堵路等群体性事件时有发生,信访总量一直高位运行,重复信访问题占比大。从内容上分析,句容市的社会矛盾归纳起来有六个方面。

一是各类纠纷引发的矛盾。如拖欠民工工资、劳务纠纷、土地纠纷、交通事故纠纷、医患纠纷等。当事人大多是最基层、生活相对困苦、容易受到不公平待遇的群体,他们抱着"怕打官司"和"有事找政府"的想法,使原本可以通过法律、行政等途径解决的一般问题成为不稳定因素。

二是征地拆迁安置补偿矛盾。当事人主要反映征地拆迁补偿标准不一、拆迁补偿不合理、补偿面积与实际面积有出入、拆迁过程有不规范现象以及土地租赁和流转过程中手续不全、合同不规范、租赁时间过长、补偿标准偏低等问题。

三是历史遗留矛盾。主要有下岗职工、退役志愿兵要求解决"两保"及工作安置问题;1983年辞退民师、乡村赤脚医生、乡镇在编人员分流和非编辞退人员要求办理"两保"及享受待遇问题;乡镇企业改制人员要求解决生活保障问题;外嫁女要求享受村民待遇等。

四是优抚救济矛盾。部分下岗人员仅靠微薄的生活费或低保金维持生活;一些患病家庭因病致困,无力维持基本治疗,生活难以继续。

五是涉法涉诉老户矛盾。有的因为过去历史冤假错案平反没有得到赔偿,现在要求补偿;有的不服判决或因为法律判决得不到执行反复上访。据统计,进京上访80%左右是老户,赴省上访50%左右是老户,他们经常择机上访,频繁向政府施压。

六是其他民生类矛盾。如工厂排放、道路灰尘、饭店油烟等环境污染问题,工程施工破坏问题,医患纠纷、安全事故、交通事故等非正常死亡问题引发的堵门、堵路、上访情况也呈逐年增多态势。

在当前和今后的一段时间内,句容市社会矛盾显现新旧矛盾交织、长期性和阶段性矛盾叠加、可预料和不可预料矛盾并存的特点。主要表现为群体矛盾突出。当前很多矛盾纠纷,由于纠纷主体利益一致,诉求相似,容易形成群体性事件。如由拆迁安置、征地补偿等引发的矛盾纠纷,这些矛盾纠纷往往有很强的带动效应;如医患纠纷,家属往往会召集几十人甚至上百人一起讨要说法;还有些其他矛盾纠纷因未及时疏导化解,也会引发上访、民转刑案件、群体性事件等。目前的矛盾纠纷如拆迁补偿、经济合同、房屋租赁、劳动争议、福利待遇矛盾纠纷与行政纠纷、治安案件、刑事案件混杂在一起交织发生;矛盾纠纷已由过去的公民与公民之间的纠纷,发展为公民与企事业单位、公民与行政机关之间的纠纷,其当事人已不再仅仅是公民个人,还包括了许多经济实体和社会群体,导致纠纷愈发复杂,调处难度加大。随着人们交往增多,见多识广,结识人群复杂,一起矛盾纠纷往往涉及社会上诸多方面、诸多利益群体,而要想达到双方满意,相当困难,处理起来难度增大。再加上相当一部分矛盾纠纷当事人抱着"大闹大解决,小闹小解决,不闹不解决"的心态,往往采取非理性和极端手段闹事和泄愤,并以此向政府施压,导致对抗程度增加。由于社会贫富差距不断增大，导致部分人的价值观发生变化，认为社会不公，仇富、仇官现象较为突出。近年在句容市也出现过暴力抗法甚至冲击政府等现象，甚至一些与利益无关的人员参与其中推波助澜。

二、产生社会矛盾的原因分析

我们可以从深层次原因和诱发性原因两个方面来分析现阶段社会矛盾纠纷产生的原因。

深层次原因是社会矛盾纠纷产生的根源，也是解决社会矛盾的根本性问题。主要有五个方面：

一是社会结构正在发生深刻变化，城乡差距、各阶层之间的贫富差距没有明显缩小。很多群众思想中仍然存在"不患寡而患不均"的意识，由"不均"而导致心理失衡，由心理失衡而导致行为失控，特别是社会上仇官、仇富的心态已十分严重，极易引发社会矛盾和不安定事端。

二是随着原有的利益格局的不断变化，个人之间、群体之间、单位之间、行业之间、家庭之间、社区之间、城乡之间、地区之间以及它们彼此之间的利益差距与矛盾日益突出，从而引发了各种各样的矛盾纠纷，而且纠纷的性质越来越复杂，如企业改制、劳资纠纷、消费纠纷等。

三是社会主义市场经济向纵深发展的过程中，市场经济固有的各种弊病开始产生、放大，法制不够健全，市场秩序失范，社会诚信缺失，社会控制系统不够完善，受利益驱动引发的矛盾层出不穷。

四是随着新农村、新市镇和村庄整治建设的全面深入，农民正以前所未有的规模向城市流动或者入住集镇新建小区。失地农民虽然得到了补偿，但失去土地就意味着失业，多年后必然会引发生活保障矛盾。

五是群众法制观念淡薄。相当一部分群众遇到问题不是按照正常的程序要求处理，不会或者不愿意拿起法律武器来维护自己的合法权益，认为只有闹才能解决问题，导致矛盾纠纷越闹越大。

诱发性原因是指可能直接引发社会矛盾甚至矛盾冲突的因素，有效解决好这些因素可以减少矛盾冲突的发生。诱发性原因主要有以下几点：

第一，群众观念淡化。一些部门和干部服务意识、公仆意识较差，没有真正理会"群众利益无小事"这句话的内涵，对群众通过正常合法途径反映的问题置若罔闻或重视不够，甚至敷衍了事、推诿拖拉、消极应付；对已经出现的矛盾纠纷也不及时调处，引起群众的不满和上访。

第二，滥用强制措施。近年来发生的社会矛盾和冲突，基本上都是因为利益之争而引发的,而有关部门却没有畅通申诉渠道,使群众利益得不到有效的申诉。有的地方在处理社会矛盾的时候,忽视矛盾化解,把公安、建设、城管等部门的强制力量推到第一线,直接造成了警民对立、干群对立,致使社会矛盾更加激烈。

第三,信息工作滞后。一些地方和部门对社会矛盾排查化解工作没有重视和落实到位,对排查工作只体现在会议中、报告中,对矛盾的排查不够深入,对隐藏在社会中的矛盾信息收集不全面、不及时,没有真正起到在基层化解矛盾和预警的作用。

第四,工作方法不当。面对问题矛盾,有的基层领导和部门拿不出有效的调解方案,方法简单粗暴,缺乏治本之策,往往采用"花钱消灾"的做法,只求快速化解,在社会上进一步滋长了"大闹大解决,小闹小解决,不闹不解决"的不良风气,这种恶性循环容易导致更多缠访闹事行为的发生。

三、推进社会矛盾化解的对策建议

从当前实际情况看,社会矛盾化解存在较多现实困境,句容市社会矛盾化解水平仍然不高。

一是人民调解制度仍有局限。人民调解对常见性、多发性纠纷解决具有较大作用,但对解决困扰党和政府的重大矛盾纠纷,以及涉众群体矛盾显得作用不大,当前解决一些重大矛盾纠纷仍然必须依靠行政的力量。

二是多元化纠纷解决机制尚不完善。虽然句容市已经建立了"社会矛盾纠纷调处(服务)中心",但部门之间各自为政、运作不畅、效力不高的问题一直没有得到很好的解决。社会矛盾的存在及集中显现是社会结构转型、经济发展加快与管理体制滞后之间矛盾的必然产物,是社会消极因素的综合反映和社会痛苦指数的折射。推进社会矛盾化解,是一项艰巨而复杂的系统工程,要求高,难度大,必须抓住影响社会和谐稳定的根本性、源头性问题,及时掌握社会动态,着力化解老矛盾,有效预防新矛盾,最大限度减少不和谐因素。

(一)要准确把握社会矛盾化解的总体目标和基本原则

社会矛盾化解工作的总体目标是建立健全党委、政府统一领导,社会治安综合治理工作机构具体组织协调,各主管职能部门、基层组织和单位充分履行职责,社会组织和群众共同参与的长效工作机制,不断完善、创新工作体制和手段方式,确保大多数社会矛盾纠纷化解在基层、消除在萌芽状态,有效防止各类社会矛盾纠纷演变为群体性事件或刑事犯罪案件,维护社会和谐稳定。社会矛盾化解工作的基本原则：

一是属地管理。即各级党委、政府负责领导、组织、实施本辖区内的社会矛盾化解工作。

二是各负其责。即按照"谁主管、谁负责"和归口调处的原则，对口排查化解本部门主管领域，以及本部门和单位内部的矛盾纠纷。

三是积极防范。即贯彻标本兼治、预防为主和立足于"抓早、抓小"的工作方针。

四是依法处置。即严格依照法律、法规、规章办事，公平、公正解决问题。

五是综合治理。即充分运用法律、政策、经济、行政、教育等手段和综合措施开展工作，维护当事人的合法权益。

（二）要以深入排查社会矛盾纠纷为重点，强化信息收集

排查是指通过调查、检查等方式广辟情报信息来源，及时发现可能引发矛盾纠纷的新的倾向性、苗头性问题，努力把影响社会稳定的苗头和事端解决在基层、解决在内部、解决在初始阶段。社会矛盾排查的范围包括各地区、各行业、各部门、各单位各种可能影响社会稳定的社会矛盾纠纷，重点是城乡基层地区和利益关系复杂、矛盾纠纷活跃的领域、行业和群体。排查可以分为地区排查、部门排查、单位排查。地区排查要遵循"属地管理"原则，由地方党委、政府组织排查本行政区域内可能引发群体性事件、影响社会稳定的社会矛盾纠纷。部门排查要遵循"谁主管、谁负责"的原则，由相关部门组织排查本部门主管领域可能引发群体性事件、影响社会稳定的社会矛盾纠纷。单位排查要按照"看好自己的门、管好自己的人、办好自己的事"的要求，由各机关、团体、企事业等部门和单位主动排查本部门和单位存在的可能引发群体性事件、影响社会稳定的矛盾纠纷。社会矛盾排查中要注意方式方法，开展好日常排查、定期排查、专项排查和特定排查，对排查出来的矛盾纠纷逐件按诱因、发生地点、涉及人数、重点人员、主要诉求、事态发展预测、组织调处工作情况等要素登记造册，建立台账。可能引发事端的重大问题必须逐级上报，并及时补报最新情况，实行动态跟踪。

（三）要着力完善社会矛盾调处化解机制，形成齐抓共管局面

社会矛盾调处化解离不开党委政府领导以及社会各行业、各部门的主动参与。各部门都要主动融入党委政府的各项重大决策，协助党委政府完善社会矛盾风险评估体系，针对不同情况，综合运用法律、政策、经济、行政等手段方法缓和解决矛盾。要完善分级负责、归口办理机制。地区性问题由地方党委、政府负责组织调处化解,行业性问题由主管部门负责调处化解,单位内部问题由单位负责人负责调处化解;跨地区、跨行业、跨单位的矛盾纠纷,由其共同的上一级党委、政府或主管部门负责组织调处化解。要完善领导包案负责制。属地区性问题的由属地党政领导负责包案调处化解;属行业性问题的由主管部门领导负责包案调处化解;属单位内部问题的由单位负责人或法定代表人负责调处化解;对可能引发群体性事件的矛盾纠纷,采取"五个一"(一个问题、一名责任领导、一个化解班子、一套化解方案、一个解决期限)包案负责制进行调处化解。要完善综合调解机制。从现实看,大量的社会矛盾由民间纠纷、诉讼引起,要加强人民调解、行政调解、司法调解于一体的矛盾纠纷联动调处机制建设,充实调解员队伍,提高调解质量和成功率,努力把涉及民生的分配、改制、就业、生活、物业、后勤管理等方面产生的矛盾纠纷苗头平息在初始阶段,化解在萌芽状态。

（四）要做好群众工作,促进矛盾化解

一是要正确引导群众。坚持法制宣传教育与矛盾纠纷排查化解相结合,将法制宣传教育贯穿于矛盾纠纷排查化解工作的全过程。

二是要通过深入开展法制宣传教育,不断增强人民群众的法制意识,引导人民群众通过法律途径和正当渠道与方式解决矛盾纠纷,维护自身合法权益。

三是要畅通申诉渠道。因为在诸多的矛盾冲突事件背后,反映的是意愿表达机制的缺失,很多是因为群众意愿得不到合理、有效申诉造成的。

四是要多为群众利益着想,即使群众有些过激言行和过分要求,也要坚持说服、教育、疏导,尽量避免使用强制措施,尽量避免因调处不当导致事态扩大。

五是要进一步畅通群众合理诉求的渠道,搭建多种形式的沟通平台,使群众的诉求得到有效解决。

六是要真心帮助群众。在调处化解矛盾时,不仅要讲究工作方法,还要具备对群众的"爱心、耐心、细心"。要带着对人民群众的深厚情感去工作,对群众合理、合法利益和诉求必须坚决维护,这对化解社会矛盾、消除隐患、营造社会和谐氛围有重大意义。

（征文获三等奖,作者系句容市公安局局长）

对整合涉水行政管理部门资源
强化当前水上治安管理工作的思考

张柏林   ► ► ►

水上公安机关是水上治安的主管部门，担负着打击水上违法犯罪活动、维护水上治安稳定的职责。当前，涉水行政管理政出多门，职能分散，直接影响到了水上治安管理工作的深入开展，限制了水警职能作用的充分发挥。在当前政府大力提倡整合资源，推广"大部制"，提高行政效能的大背景下，笔者就如何整合涉水行政管理部门资源，充分发挥公安机关在水上治安管理工作中的主导作用，以构筑水上治安防控体系这一主题进行了粗浅的分析和思考。

一、涉水行政管理部门与水上治安管理现状

当前，各地涉水行政管理部门众多，并均具有独立的行政管理和行政执法权，直接参与到船舶、船员以及涉水场所的管理，其设置和运作状况对水上治安管理工作有着直接的影响。

（一）涉水行政管理部门多，职能分散、交叉，相互制约

以镇江市为例，当前，水上行政管理部门主要有公安、海事、渔政、航道、港务、水政监察等部门，各部门有各自分工，各司其职。如：海事部门负责船舶通航和环境管理、船舶管理、船员管理等水上交通安全监督管理；渔政部门负责渔业、渔港监督和渔船检验管理等；航道部门负责航道以及航道设施的管理和维护；港口部门负责港口行政事务和相关基础设施的管理；水政监察职能是依据涉水法规的规定对公民、法人或其他组织遵守、执行涉水法规的情况进行监督检查，对违反水法规的行为进行处罚的管理。由于行政管理部门众多，职能过于分散，水上公安机关的管理职能也被相对弱化。同时，这些涉水行政管理部门有部属、省属和地方之分，由于隶属关系和职责权限的不同，导致了管理权限不清、辖区划定不明确等问题。

（二）涉水行政管理部门之间的沟通和协作不够，缺乏对接和联动

涉水行政管理部门之间没有建立联动协作机制或是机制不够完善，彼此之间缺乏情报信息沟通、交流和共享，联动协作力度不够，未能将各自资源有机整合，使水上行政管理的效能降低，甚至催生出一些各自为政、相互推诿的现象。

（三）水上治安管理工作受种种因素制约

一是水上公安机关职能相对弱化。水上公安机关的治安管理工作不同于陆上，陆上公安机关是集治安、交通、消防等方面于一身的"大治安"概念的管理，而水上公安机关则是相对较为单一的"小治安"管理，如水上交通、船舶消防和船员等方面的管理工作都归其他涉水行政管理部门管辖，职能的相对弱化直接制约了水上治安管理工作的深入开展。

二是水上行政法律法规仍需完善，水上公安机关的执法工作缺乏准确有力的法律支持。目前，我国尚未出台统一的专项水上治安管理法规，地方上的相应法规亦不尽完善。水上公安机关的执法工作缺乏准确有力的法律支持，在实际执法工作中常常碰到无法可依的局面，造成打击不力、管理不到位等情况。

三是在实际工作中，水上公安机关的职能被过分放大。虽然水上公安机关的水上行政执法权相对有限，但在实际的治安管理工作中，职能往往被过分放大，充当多面手的角色，群众"有困难"就"找警察"，而政府部门有时为了保证工作力度，一些超出了水上公安职能范畴的工作也让水上公安机关牵头开展，致使水上公安机关经常不得不"越位"执法，造成责权脱节的被动局面。

二、整合涉水行政管理部门资源的必要性分析

针对目前涉水行政管理部门与水上治安管理的现状，整合各涉水行政管理部门的资源对水上治安管理工作有着十分重要的意义，它是提高水上行政管理工作效能和夯实水上治安管理基础工作的一条重要途径。

一是整合资源，提高行政效能是当前形势所趋。近些年来，我国政府一直大力推广"大部制"机构改革，其目的就是要按职能需要实现政府部门的集约化、集团化，以整合资源，提高政府机关的行政效能。水上公安机关应该从公安工作的大局出发，立足本职工作，积极响应政府提出的提高行政效能的理念，充分整合各涉水行政管理部门的资源，强化水上治安管理力度，提升水上治安管理工作效能，以适应当前形势的需求。

二是整合资源是解决水上公安机关警力不足的有效途径之一。随着我国民主法治和市场经济的不断深化,当前正面临新的社会转型期,社会治安日趋复杂化,并不断出现了新变化、新问题,创新警务工作方式和解决警力不足问题是当前亟待公安机关解决的两个重要问题。公安机关要做好治安管理工作,一方面通过"内生性"方式,与时俱进,不断探索和创新警务工作的方式方法,以适应新的社会和治安环境需求;另一方面通过"外生性"方式,在现有警力资源有限的情况下,不但要充分利用和调整现有的警力资源,还要大力挖掘其他有利于公安工作的各种资源,充分整合与调动各种力量,为治安管理工作所用,深挖现有警力潜力,以弥补警力不足。

三是整合资源,形成合力,才能夯实水上治安管理工作的基础。水上治安管理基础工作的对象主要是船舶、船上作业人员等,其具有流动性大、活动范围广的特点,难以准确地掌握具体情况,给水上公安机关的管理工作带来一定的困难。此外,船舶、船员、涉水场所管理等水上治安管理基础工作涉及海事、渔政、港口、航道等多个行政部门。水上公安机关必须加强与各涉水行政管理部门之间的联系和协作,形成对船舶、船上作业人员和涉水场所等方面的综合管理,才能切实夯实水上治安管理工作基础,也为创造良好的水上治安环境打下坚实的基础。

四是只有整合各涉水行政管理部门的资源,才能更好地完成水上公安机关的本职工作。近些年来,公安机关在社会治安管理工作中的职能被放大,充当了社会管理多面手的角色,非警务活动增多,人民群众在遇到利益受到侵害等"困难"时,首先想到的就是"找警察",甚至一些职能部门也逐渐产生了依赖公安机关的思想,坐等公安执法,造成公安机关警力浪费和"越位"执法的被动局面。水上公安机关担负着打击水上违法犯罪、维护水域治安稳定的任务,需要苦干、实干,但也不能单干、蛮干。要摆脱这种被动局面,水上公安机关必须要加强与各涉水行政管理部门之间的沟通和联动,在明确职责分工的同时,互通信息,共享资源,才能更好地完成本职工作。

三、整合涉水行政管理部门资源,合力构筑水上治安防控体系

水上公安机关应树立良好的大局观念,积极履行水上治安管理职能,整合、利用各涉水行政管理部门的资源,提升水上治安管理工作效能,夯实水上治安管理工作基础,建立水上治安管理长效机制,巩固水上治安防

控体系，创建和谐、稳定的水上社会环境。

一是突出职能，树立由水上公安机关牵头，整合各方资源为水上治安防控工作所用的理念。水上公安机关要树立水上治安管理"一盘棋"的思想，增强与其他涉水行政管理部门的合作意识，创新水上治安管理工作理念。要从社会治安稳定的大局出发，确立治安管理以水上公安机关为主导，以构筑一体化的水上治安防控体系为工作目标，整合各涉水行政管理部门资源为我所用的指导思想。

二是强化组织机构，组建"水上治安综合治理委员会"。参照陆上综治办（委）的模式，可由政府牵头，公安、海事、渔政、航道、水利等涉水行政管理部门为主要成员，成立"水上治安综合治理委员会"。通过建立组织机构，使之成为各涉水行政管理部门沟通、交流、协调的平台，不断加强成员单位间的交流与合作，以达到共同维护水域治安稳定的目的。同时，充分发挥"水上治安综合治理委员会"的监督作用，对各部门履行职责的情况开展监管和督查，对一些在综治工作中有失职行为和违法违纪行为的部门、执法人员及时纠正和处理，以保证各项管理工作的顺利开展。

三是强化沟通对接，建立信息交流和协调对接机制。

首先，要加强沟通，信息共享。水上公安机关应加强与各涉水行政管理部门的联系和沟通，建立信息共享机制，及时相互通报、反馈各自掌握的相关信息，特别是水上重大案事件以及水上治安、交通、消防管理存在问题等，要加强沟通、交流，共商对策。

其次，要建立定期联席会议制度。由水上公安机关牵头，组织各涉水行政管理部门建立联席会议制度，定期召开各部门联席会议。通过召开联席会议，通报、分析各部门的工作情况，研究防范治理对策，确定工作措施，组织有针对性、有力度、有效果的统一行动，以达到加强沟通、协作，解决问题的目的。

最后，要明确职责，强化对接，推行首问责任制。在明确各涉水行政管理部门职责分工的基础上，强化部门之间的对接，在涉水行政管理部门之间推行首问责任制，在遇到紧急案（事）件和求助时，接报部门应先予以受理，并作前期处置，待理清管辖部门后再作移送。同时，各部门要切实提高工作效能，及时接收和处理属于本部门管辖的案事件，杜绝各种推诿扯皮现象。

四是加强联动协作，定期组织开展联合执法。当前，水上存在着一些突出的治安问题和隐患，如"三无"船艇和民用、农用船艇的管理等问题，水上公安机关由于职权的限制和法律依据的缺失等原因而无法深入开展相关工作。针对这些问题,水上公安机关应加强与其他涉水行政管理部门的联动和协作,定期牵头组织开展集中联合执法行动,借助各涉水行政管理部门的力量,形成一股强大的合力,对此类突出治安问题和隐患进行全方位的综合治理,并形成长效机制,以切实强化水上治安管理,肃清水上安全隐患。

五是实行预警响应机制,强化应急处置能力。在强化沟通、密切协作的基础上,水上公安机关应进一步加强与各涉水行政管理部门之间的联动与合作,完善水上应急处置机制,以提高共同应对各类水上突发公共事件的能力,使应急处置过程能做到统一指挥、反应灵敏、协调有序、运转高效。要共同研究制定出一套切合实际、可操作性强的水上突发事件应急处置预案,明确在处理突发事件过程中各部门的职责分工,细化应对的具体措施;要建立各部门之间的预警机制,一旦发生突发的重大案(事)件或苗头,立即发出预警,启动相关预案,各部门快速反应,各司其职,以最快的时间投入处置,以最大程度地减少突发事件的危害;要定期组织各涉水行政管理部门开展合成演练,加强磨合,以增强各涉水行政管理部门之间的协调与合成作战能力。

(征文获三等奖,作者系镇江市公安局水上分局局长)

对加强基层警营文化建设的实践与思考

斋玉诚 ▶ ▶ ▶

　　党的十七届六中全会作出了《关于深化文化体制改革、推动社会主义文化大发展大繁荣若干重大问题的决定》，提出了"建设社会主义文化强国"的目标。公安文化作为中国特色社会主义先进文化的重要组成部分，无疑迎来了繁荣发展的新契机，各级公安机关对公安文化建设给予了前所未有的关注。基层警营文化是公安文化建设的重要组成部分，是公安文化繁荣发展的"土壤""源泉"和"地基"，也是公安文化最直接的承载者、体现者和受益者。脱离了基层警营文化建设这个基础，公安文化建设势必成为"阳春白雪"式的"精英文化""贵族文化"。为此，笔者认为当前加强基层警营文化建设显得尤为重要。

一、基层警营文化建设的意义

　　警营文化集中体现着整个公安队伍的"软实力"和精神风貌，警营文化建设更是思想政治工作的重要组成部分，加强警营文化建设是新时期做好思想政治工作的必然要求。

（一）警营文化建设是人民警察核心价值观的人文体现

　　毛泽东同志曾说过，"没有文化的军队是愚蠢的军队"。同样，没有较高文化素质的民警队伍，也无法完成日益繁重的公安任务。一种职业的文化根植于这个行业内人们内心的一种知识、信仰和普遍认同，它对人们的行为起着强大的能动作用，发挥着潜移默化的教育、引导、示范作用。警营文化的核心是"忠诚、为民、公正、廉洁"的人民警察核心价值观，这是广大人民警察在长期公安实践斗争形成的共同世界观、人生观和价值观，警营文化建设是这种共同价值观的人文体现，规范、制约着人民警察的言行，并激励着广大民警不断丰富其内涵、推动其发展。

（二）警营文化建设是公安工作和队伍建设健康发展的动力源泉

　　加强警营文化建设，开展丰富多彩的警营文化活动，坚持用高尚的精神鼓舞人,用先进的文化教育人,用正确的思想陶冶人,培养民警强烈的集体荣誉感和昂扬向上的进取精神,激发民警献身公安事业、立志在警营建功立业的豪迈情怀,可以使整个公安队伍产生强大的向心力、凝聚力和战斗力,从而营造出"快乐工作、幸福生活"的良好氛围,从而推动公安工作和队伍建设取得新发展、新进步和新成效。

(三) 警营文化建设是完成日益繁重公安工作的重要智力支撑

当今时代,社会的进步、知识的更新、科技的发展等呈现出爆发式增长的态势,公安工作和队伍建设也面临前所未有的挑战和机遇。公安民警要适应这种变革,完成日益复杂且繁重的工作任务,最有效的途径就是加强学习,提升自身的综合素质。警营文化建设提供各种培训、学习和社会交流的机会,基层民警通过加强对新知识、新形势的关注和研究,使理论素养、思维水平和工作能力不断得到进步。

二、当前基层警营文化建设的现状

近年来,上级公安机关对警营文化建设高度重视,句容市局从2010年开始实施争创基层警营文化示范所队活动,利用3年时间使90%以上基层所队文化活动基本阵地建设达标,达标建设内容包括了五个基本项目,即"三室一廊一房"建设,其内容包括建成学习室、荣誉室、阅览室,文化长廊,健身房,有条件的可以建设篮球场、羽毛球场等。从笔者了解的情况看,目前基层警营文化建设还存在不少共性的问题,主要表现为以下几个方面:

(一) 领导重视不够

部分基层所队领导对加强警营文化建设的认识有偏差,重视不够。有的认为警营文化建设是"软指标",搞得再好短时间内也难出政绩、难见成效,不愿多投入搞建设;有的人把警营文化建设简单等同于吹、拉、弹、唱,甚至认为是不务正业,不支持搞建设;有的人认为文化建设就是挂几幅字画、竖几块牌子、拉几条横幅,不愿多花精力搞建设。

(二) 文化氛围不浓厚

警营中的通道、院落、接待大厅、集中办公区域等重点部位的文化环境建设有待于进一步加强。在文化氛围营造上,不少所队是室内好于室外,走道好于院落,办公区好于办案区,文化精华往往集中在"三室一廊一房"上,注重面子,忽视里子。一些单位片面认为文化活动基本阵地就仅仅是建立"三室一廊一房"这五个基本项目,其实五个基本项目的建设只是警营文化环境建设的一部分。

（三）特色文化不明显

不能够结合所队的历史和辖区地域特点精心打造积极向上的特色文化。表现为满楼道挂的都是印刷体的廉政文化警句，或者书法作品，缺少变化，形式单一，主题模糊，内容雷同。警营文化建设缺乏整体规划，没有按警种特点、功能区域确定不同的主题，或在主题确定以后，没有灵活选取书法、绘画、摄影、雕塑、横幅、墙报、板报、橱窗、电子显示屏等多种载体来表现不同的文化主题。

（四）文化活动不经常

还没有建立健全基本队伍、基本制度。一些所队虽然成立了文化兴趣小组，但基本不开展活动，即使组织了活动，也不注重对视频、图片、成果等资料的留存。对上级公安机关组织开展的各种文化活动缺乏参与热情，发动工作不到位，没有充分调动有特长的民警参与上级公安机关组织开展的各种书画展、征文、演讲比赛等文化活动的积极性。

三、加强警营文化建设的对策

众所周知，警营文化建设的重点是建立健全公安文化基本阵地、基本项目、基本制度、基本队伍。笔者认为，还应加上以一个基本活动，也就是要积极开展丰富多彩的文体活动，这样警营文化建设的重点可以概括为"五个基本"。因此，加强警营文化建设必须认真贯彻党的十七届六中全会精神，紧紧围绕上级公安机关关于加强公安文化建设的一系列指示精神，着力加强公安文联、文化阵地、文艺人才队伍"三项建设"，丰富主题文化、理论调研、原创作品征集"三项活动"，强化组织、经费、机制"三项保障"，突出重点，整体推进，发挥优势，扎扎实实搞好警营文化建设。

（一）加强"三项建设"

一是县级公安机关要建立公安文联。县级公安机关尽快建立公安文联，并以公安文联为依托，基层所队要成立公安书画、文学（写作）、摄影、声乐等文艺兴趣小组。在筹建过程中发现一批文艺骨干和人才，吸纳有文学创作、书画、摄影等专长的民警为文联会员，不断扩大公安文化骨干队伍。

二是加强文化阵地建设。县级公安机关要建立警官文化俱乐部、公安史志陈列室、公安荣誉室、文化长廊等，并使之成为民警开展文体活动艺术交流的重要阵地。与此同时，基层所队扎实开展警营文化建设示范达标活动，按照达标标准建起学习室、阅览室、荣誉室、乒乓球室、小健身房和文化长廊。

三是强化文艺人才队伍建设。建立健全公安文艺人才培养和使用机制,不断发展壮大公安文艺人才队伍。引进和组织一批社会上关心和支持公安工作的文艺工作者参与公安文化建设,共同推动公安文化的大发展大繁荣。

(二) 丰富"三项活动"

一是定期开展主题文化活动。结合公安工作任务,县级公安机关要定期开展摄影、书法、文艺等创作活动,对优秀作品给予及时表彰奖励,充分调动民警的创作激情。基层所队依托主题文化活动,广泛参与,充分展示民警的风采。

二是定期开展理论调研活动。把公安理论研究作为提升公安文化软实力的重要组织部分,紧紧围绕公安理念创新、社会管理创新、群众工作创新工程等公安重点工作,开展民警论坛征文活动,评选出一批精品力作,促进公安理论研究的新突破。

三是开展原创作品征集活动。在公安内网开辟"警营风采"栏目,鼓励民警和离退休干部及其家属进行创作投稿,用书法、摄影等作品集中反映公安机关在打击违法犯罪、维护社会稳定、完成重大活动安保任务中恪尽职守、不辱使命的英雄事迹,生动反映在推进三项重点工作、三项建设、开展"大走访"等活动中取得的丰硕成果。

(三) 强化"三项保障"

一是强化组织保障。把公安文化建设作为"一把手"工程,作为思想政治工作的重要内容,作为育警、治警、爱警、强警的重要环节,纳入公安工作和队伍建设的总体规划,下大决心,花大力气,多措并举,着力提升公安文化软实力。

二是强化经费保障。因地制宜,结合实际,将警营文化活动的基本场所阵地列入总体规划,加大经费投入,将公安文化建设经费纳入公安机关公用经费年度预算,确保工作需要。

三是强化机制保障。建立检查督促、沟通协调和活动组织等责任制度,把公安文化建设工作纳入年度工作目标和公安工作绩效考核中。实行调研文章、文艺作品"双稿酬"和"双奖励",评选表彰一批优秀的文艺作品和理论调研文章,形成朝气蓬勃、奋发有为的文化氛围。

(征文获鼓励奖,作者系句容市公安局党委副书记、政委)

以持久的战斗力坚决打赢十八大安保攻坚战

陈　俊　　　　　　　　　　　　　　　　　　▶ ▶ ▶

2012 年以来,京口分局以开展"百日集中打防行动"作为"对标找差、创先争优"活动和十八大安保工作的重要载体,以打开路,打防结合,负重拼搏,强势推进,提前完成全年刑侦治安打处绩效目标任务,同时保持了刑事发案总体下降的良好局面,取得了打防工作的"双赢"。突出表现为四个"全市领先":

一是破案率进一步提高。全案破案率、八类案件破案率、侵财类案件破案率均高于镇江市平均水平。特别是命案破案率达 100%,已连续十二年保持命案全破,在全市领先;8 起"两抢"案件全破,破案率达 100%,在全市领先;10 起省厅挂牌督办案件全破,其中,在陈某某运输贩卖毒品案中缴获的"冰毒"总重量(1000 余克)位居市区第一。

二是提前 2 个月完成全年刑事打处目标任务。抓获刑事作案成员数、刑拘数、逮捕数、打黑除恶数等刑侦主要打处指标已全面完成市局下达目标任务,在全市领先。其中,打黑除恶、打击涉车犯罪工作绩效均列镇江市第一。

三是截至 2012 年 8 月 20 日提前完成全年治安打处目标任务,在全市领先。市局专门在京口分局召开全市治安重点工作推进会,分局就如何提高治安打处绩效作了经验介绍。

四是提前 72 天率先超额完成严厉打击经济犯罪"破案会战"目标任务,在全市领先。市局专门发出贺电以示肯定和鼓励。

一、目标引领、精心组织,提升冲刺打处绩效目标任务的"执行力"

一是领导"领着干"。笔者先后主持召开京口分局局长办公会,各单位、部门主要负责人会议,认真传达学习市局领导的重要讲话精神,认真分析分局当前主要打处绩效存在的不足,动员全警强化"破小案带大案、破个案带串案、破现案带积案"的理念,围绕以打开路、以打促防的工作思路,研究落实具体措施,进一步抓好打防工作的组织部署。期间,笔者多次深入一线实战单位,听取开展"百日集中打防行动"情况汇报,对破案打击工作提出明确要求。分管副局长以及刑侦部门多次牵头召开各派出所刑侦治安副所长及各办案部门负责人会议,分析打击现行犯罪,尤其是侵财犯罪存在的薄弱环节,制定针对性举措,推动分局专项行动整体向纵深开展。在分局带动下,各单位、各部门纷纷形成"主要领导亲自抓、分管领导具体抓、其他领导帮着抓"的良好局面。

二是考核"引着干"。京口分局几易其稿,反复商定目标考核办法,紧扣打处绩效中的弱项,参照 2011 年同期水平和各单位警力数,科学设置考核目标,加大考核分值,确保考核更加具有针对性和合理性。同时,通过层层分解责任,形成"上至领导、下至民警,人人有压力,人人有责任,权责明晰、环环相扣"的责任体系。此外,分局每旬召开点评会,通过领导讲评、部门通报、单位自述等方式,全方位梳理破案打击中存在的问题并提出对策,还实行末位问责机制,即对每旬没有完成目标任务且排名末位的单位通报批评,每月没有完成目标任务且排名末位的单位由其主要领导(第一个月)、所领导班子(第二个月)进行公开检讨,并由分局进行诫勉谈话,对专项行动结束没有完成任务且排名末位的所领导班子采取相应措施予以惩戒,起到了竞争激励作用。

三是督查"推着干"。京口分局从局领导到部门,开展全方位的检查督查,确保各项措施落实到位。期间,局领导按照分工,带着分管部门,深入分管派出所,加强面对面、点对点的检查指导;纪检监察会同相关警种部门,负责检查打防工作措施落实情况,并在每旬分局点评会上通报。各派出所按照分局模式,均成立工作专班,开展所内自查,并由值班所领导负责对当班期间所内执法安全进行检查,对检查中发现的问题及时研究解决。

二、开拓思维、综合施策,提升冲刺打处绩效目标任务的"战斗力"

一是"警力有限、民力无穷",社区"两网警务"展现战斗力。组织社区民警每周召开一次网格长联席会议,及时了解网格内信息变动情况、重点人员异常情况等,并通过网格长向居民进行防范宣传。每个社区建立一支由网格长、网格志愿者等组成的义务巡逻队伍,由社区民警、保安带领,正常工作日的每天上、下午重点时段,统一佩戴红袖标,开展社区义务巡防。网上警务室每周发布一次警方提示,还通过民警信箱及时受理、查办群众举报的违法犯罪线索。期间,通过民力巡防和群众举报共破获"两抢一盗"案件 80 余起,抓获违法犯罪嫌疑人 51 名。

二是"1 + 1 > 2",所队协作增强战斗力。京口分局在制定专项行动目标考核办法中规定,各相关警种、部门没有具体的破案打击目标任务,但必须对本条口破案打击目标任务的整体完成情况负责,即如果分局总目标不能完成,将追究相关条口部门责任。为确保本条口总任务完成,相关业务大队主动深入绩效落后的派出所、捆绑作业、合力攻坚。其中,刑警大队分别由 1 名副大队长带队,分三个组进驻重点派出所,形成专业打击辖区侵财犯罪的重拳,有效地促进了破案打击效能的提升。

三是"信息导侦、精确研判",科技破案凸显战斗力。一方面,强化视频侦查的战术运用。接报案后,通过第一时间调取案发现场监控录像,结合现场走访情况,迅速确定犯罪嫌疑人体貌特征及行踪,为破案提供有力支撑。另一方面,着力推进"情报信息研判破案"竞赛活动。共发布情报信息研判指令 490 条,预警信息月均升色数较活动前增加近 90 条,旅馆住宿、案件、重点人员现实表现等基础信息采集数量和质量进一步提升,通过指令抓获各类违法犯罪人员 92 人,破获刑事案件 156 起,成为破案打击的一大增长点。

三、重点打击、多点开花,提升冲刺打处绩效目标任务的"震慑力"

一是严打黑恶势力。共办结黑社会性质组织 1 个,办结恶势力团伙(三人三起)6 个、涉恶团伙(三人一起)9 个,打黑除恶工作绩效位列全市第一。

二是严打涉车犯罪。紧盯涉车犯罪,通过加强对修车行业、旧货市场等阵地控制,共破获盗抢机动车、非机动车案件分别为 38 起、138 起,打击涉车犯罪工作绩效位列全市第一位。

三是严打经济犯罪。严厉打击经济犯罪"破案会战"中,立案数、破案数分别超额完成,立案数、破案数、抓获数、移诉数、劳教数分别比去年同期分别增长了 2.1 倍、1.8 倍、2.4 倍、2.2 倍、2.3 倍。

四是严打禁毒犯罪。2012 年共打击处理毒品违法犯罪人员 318 名,较 2011 年全年查处 307 名,同比上升 3.6%;缴获各类毒品 1372 克,较 2011 年全年缴获毒品 233.03 克,同比上升 488.77%。

五是严打娼赌犯罪。共刑事打击娼赌犯罪人员 39 名,比 2011 年同期上升 56%,查处娼赌违法人员 1226 名,比 2011 年同期上升 36.4%,捣毁各类娼赌黑窝点 50 余处,收缴各类赌博游戏机 600 余台。

回顾上述成绩的取得,主要得益于以下四个方面:

一是发动群众、群防群治,提供了广泛的群众基础。社区"两网"管理在京口区有着良好的组织架构和规模效应,为开展社区"两网警务"创造了良好的前提条件。实践中,京口分局认真贯彻市领导提出的"找准社区警务融入社区管理的切入点,努力实现网上有阵地、网下聚合力"的指示精神,紧紧依托社区网格化优势,深入组织网格长、网格长助理、网格志愿者和其他治安积极分子的义务巡防队伍,开展群防群治工作,形成主动预防、超前控制的社区治安防控网络,并通过开展邻里守望、看楼护院等多种形式的巡防活动,形成全方位展开、多方面联动的治安防范体系。与此同时,依托网上警务室及时发布治安情况通报、警情提示等内容,进一步拓展安防宣传空间,提高群众的防范意识和能力,通过民警信箱及时受理群众举报,进一步拓宽破案渠道。

二是领导重视、督考结合,提供了有力的组织保障。破案打击是公安主业,是职责所在,必须高度重视、认识到位;破案打击是系统工程,必须加强领导、紧密协作。为此,笔者始终高度重视破案打击工作,无论是修订打防绩效目标考核办法,还是召开百日集中打防行动每旬点评会,都亲自参加,亲自主持,亲自动员,还利用晚间休息时间,到派出所督查指导打防工作。考核是杠杆。明确局领导班子成员对分管工作、部门和派出所负全责,权责对等;明确业务部门对本条口绩效任务完成负连带责任,从而形成局领导带着分管部门,主动帮助分管派出所、后进派出所共同抓绩效、抓推进的工作格局。措施再好关键是落实,能否落实到位离不开长期有效的督查机制。京口分局从局领导层面、部门层面、派出所层面,全方位、高频率地开展检查督查,并及时通报、点评,限期整改,严格问责,从而形成一级抓一级、层层抓落实的工作压力,确保措施落实到位。

三是追求卓越、超越自我,提供了坚强的精神支柱。京口区是镇江市的主城区。长期以来,京口分局始终秉承"京口稳则全市稳,京口安则全市安"的工作理念。面对刑事案件多发、高发的治安实际和辖市局、分局之间日趋激烈的竞争态势,京口分局以扎实开展"对标找差、创先争优"活动为载体,始终坚持以在全市争先争优为目标引领,辅以强有力的思想政治工作和队伍作风建设,顶住了繁重的维稳任务带来的压力,特别是为应对处置涉日维稳事件连续取消双休日(包括中秋、国庆双节)带来的疲劳,实现了春季打防攻势奋战一个月实现"双过半""百日集中打防行动"

提前完成全年打处绩效目标任务的佳绩。

　　四是多侦联动、科技破案，提供了精确的破案导航。严格落实首接责任制和所队合成作战机制。一旦接报"两抢"案件及群众关注的敏感案件、有影响案件，案发地派出所和刑警大队主要领导，分管局领导或值班局领导第一时间赶赴现场，迅速开展现场保护、现场勘查、调查走访、视频侦查、疑犯围堵等侦查措施，形成侦破合力，快侦快破。充分利用刑侦多库联侦系统，健全完善图侦、网侦、串并案、情报研判等工作机制，构建起信息主导、打防衔接、警种联动、整体作战的工作格局，实现主动、精确和高效打击犯罪。依托"技防城"和"3.20"工程建设，特别是近年来我局推出的"满天星电子眼"工程建设，基本建成"点上覆盖、面上成网、外围成圈、覆盖城乡"的视频监控网络，通过视频侦查提供有力支撑，成功破获了一大批案件。

　　　　　　　　　　　（征文获鼓励奖，作者系镇江市公安局京口分局局长）

对社会管理创新在公安工作实践中的几点思考

陆金火　　　　　　　　　　　　　　　　　▶ ▶ ▶

随着改革开放的逐步深入,经济发展呈现出新的特点,社会管理模式随之也发生了巨大变化。特别是人财物大流动、互联网大发展、全球化大提速,社会形态的变化给社会管理领域带来了一系列问题与挑战,而相对滞后的社会管理体系、传统单一的社会管理手段,更加剧了形势的严峻性。就镇江市润州区而言,虽然近几年来,区委、区政府从经济社会可持续发展着眼,从大力破解瓶颈问题入手,坚持高起点谋划、高标准推进,增添了社会管理事业发展的后劲,润州区和谐建设进程加快。但是,不可否认,社会管理工作依然面临许多新情况、新问题,社会管理创新迫在眉睫。笔者结合近年来的工作实践,浅谈一些公安机关加强社会管理创新的措施。

一、要深入推进源头防范工程,进一步提升维护稳定能力

一是强化源头治理,缓和社会矛盾。要建立健全社会稳定风险评估机制,完善公安机关预警、党政领导批办、职能部门执行、维稳部门督办的维稳工作格局。要主动会同政府其他部门,抓住征地拆迁、社保安置、拖欠薪酬、环境污染、楼市维权等重点领域,滚动开展矛盾纠纷排查化解工作,切实提高预知预警能力,严防各类群体性矛盾叠加升级。各派出所要牢固树立"调解也是执法"理念,进一步拓宽"公调对接"覆盖面,全力实现接处警工作与"大调解"工作的有效衔接,尽量把各类矛盾化解在萌芽状态和初始阶段,减少因接处警前期工作不到位而引发的信访投诉问题。

二是高度重视初信初访,力争案结事了。要进一步推进公安信访长效机制建设,落实领导干部定期接访群众、网上投诉限时办理、信访责任追究等各项制度,拓宽和畅通民意诉求表达渠道。基层所队领导要认真对待群众初信初访,立足基层,抓住源头,努力帮助解决群众的合理要求,

防止因工作不力而造成越级上访。

三是加强规律特点研究,妥善处理群体性事件。认真总结成功处置各类群体性事件的经验和做法,不断完善应急处突长效机制,从现场指挥、组织分工、应急通信、后勤保障、善后处理等各个方面做好充分准备。要有针对性地组织开展不同类型的应急处突实战演练,切实提高对群体性事件的依法处置水平,力求取得最佳的法律效果和社会效果。

二、要深入推进严打整治工程,进一步提升破案攻坚能力

公安机关要围绕多破案、快破案、办好案,牢牢把握打好合成战、科技战、信息战、证据战的要求,积极探索应用刑事技术、行动技术、网侦技术、视频监控等多种技战法为侦查破案服务的方法,加快构建信息主导的侦查工作新格局。

一是以打黑除恶为龙头,着力提升群众安全感。要在坚持对黑恶势力打早打小、露头就打的同时,深入研究当前黑恶势力犯罪的表现形态、规律特点和法律适用情况,增强经营意识,注重收集证据,积累材料,及时打击各类黑恶势力,特别是对以地域、行业、血缘为主要纽带纠合在一起的恶势力团伙以及以谋利为目的、采取暴力手段插手经济纠纷、绑架讨债、抢占市场、涉足拆迁行业的黑恶势力,要在摸清其人员结构和活动内幕、掌握一定犯罪事实的情况下,适时一网打尽,坚决不让黑恶势力坐大成势。

二是以命案必破为重点,着力提升破案攻坚能力。对以命案打头的严重暴力犯罪和其他影响群众安全感的大要案件,要建立和完善多警联动侦破机制,充分运用现有的防控网络和各种侦查手段,快速反应,抢抓战机,力争快侦快破,保持命案必破目标。对一时不具备快速破案条件的大要案件,要始终盯案不放,采取挂牌督办、案情会诊、分解任务以及专门手段等措施,组织优势力量,全力攻坚突破,力争尽快破案,消除社会影响。

三是以打击侵财性案件为突破口,着力提升群众满意度。要处理好破大案与管小案的关系,围绕信息整合、预警研判、现场勘查、串并侦查、打防互补、科技强侦和防范宣传等重点环节,着力解决此类案件破案率较低的难题。要不断完善打击侵财型犯罪破案新机制,依托大平台开展"四库联查",实现从"从案到人"与"从人到案""由物找案"相结合的多元化破案模式,力争破一案、带一串,摧毁一批系列性、职业性侵财犯罪团伙,

切实提高破案效率,提升破案能力。

四是以重点整治为契机,着力提升区域合作效能。要持续强化对治安重点地区、重点行业和突出治安问题排查整治工作,严防各种治安乱点和热点问题反弹回潮,确保治安重点地区和突出治安问题整治达标率达100%。要围绕重大突发事件互援、重大安保任务互助、重大刑事案件互破、突出治安问题共管等实战要求,建立地区警务协作联系机制,打防联动、警务联勤、资源共享,提升共同打击跨市、跨区流窜违法犯罪的能力。

三、要深入推进治安防控工程,进一步提升平安创建能力

公安机关要以建设现代化社会治安防控体系为目标,按照人防、物防、技防、意识防"四防并举"的要求,密织社会防控网络,压缩违法犯罪空间,不断增强公安机关驾驭社会治安局势的能力,切实提高人民群众安全感。

一是要推进治安防控体系网格化。要在区政府支持下,组建专职巡防队伍,会同公安机关巡逻队、便衣队等专业巡防队伍,合理划分巡防责任区域,做到"平时自成单元,战时一呼百应",能够根据实战需要随时联勤联动、协同作战。要进一步规范巡逻盘查、信息采集、规范执法等行为,完善日常勤务督查和考核奖惩机制,使巡防民警各项工作流程化、规范化。要健全完善情报导巡、四色预警、等级布警等工作机制,抓好警情研判与科学布警的衔接,使巡防民警准确压向案件多发、警情集中的重点时段、重点地段。

二是要推进社区防范工作社会化。要进一步建好用好红袖标、楼幢长等社区防范资源,探索实行积分制、星级制等群防群治运作新模式和评定奖励办法,真正依靠群众筑牢维护和谐稳定的铜墙铁壁。要积极壮大治安信息员队伍,在出租车司机、公共场所行业务工人员、外来流动人口等群体中物建一批高、深、尖的治安信息员,切实发挥其作用,为打击犯罪提供有力支撑。

三是要推进防范宣传工作常态化。要充分发挥电视、电台、报纸、杂志等传统新闻媒体权威性强、受众群体相对固定的优势,及时通报社会治安形势和违法犯罪规律特点,使群众切实掌握治安防范知识、做好自我防范工作。要大力拓展宣传阵地渠道,协调城管执法、交通运输、出租车公司等单位,利用街面电子广告屏、出租车流动字幕、单位内部电子幕墙等平台大张旗鼓地宣传防抢、防盗、防骗知识,进一步扩大防范宣传覆盖面。

要积极丰富宣传形式,采取开设 QQ 群、网络论坛、微博、手机短信等群众易于接受的方式,使防范宣传工作更富吸引力、更有针对性。要注重防范宣传的互动性和参与性,紧密结合入户调查、"大走访"、"警营开放日"等活动,开展安全防范现场咨询、模拟演练等警民互动活动,做到既愉悦感染群众,又教育启发群众。

四、要深入推进固本强基工程,进一步提升基础工作能力

公安机关要主动顺应当前信息警务的发展形势,把"大平台""大情报"系统深度应用作为当前提升公安整体战斗力,特别是基础工作能力的有效手段,推动信息化成果转化为核心战斗力。

一是要全面推进社区警务改革。要抓住党委政府高度重视城乡社区建设,推广"一委一居一站一办"管理模式的重大机遇,全面整合保安、物业、治安志愿者、社区工作者等力量,做好信息采集、人口管理、安全防范、服务群众等社区警务工作,促进公安工作与社会工作对接,社区警务与社区事务融合。要规范"三队两室"运行机制,积极推行社区警务、巡逻防范、先期处警"三位一体"的勤务模式,最大限度地把民警推向街面、沉入社区,实现社会管理阵地前移、重心下沉。要进一步充实加强社区警力,继续规范社区工作流程和要求,全面推行社区警务"一网考",并在考核、奖励、表彰、提拔等方面给予社区民警足够倾斜,真正把有经验、有能力的民警稳定在基层一线。

二是要全面加强源头信息采集。要经常性地组织开展重点人员信息核对清理工作,全面、及时、准确采集人、事、物、房屋、单位、场所等各类基础性、源头性信息要素,真正把基础工作、信息采集过程变成实战警务的过程。要确保各类信息数据源源不断进入平台数据库,实现各种基础信息的全面覆盖和治安要素的准确定位。要全面建立、落实源头信息采集质量终身负责制度,综合采取抽查、倒查等措施,严格执行数据质量管理办法和责任追究制度,促进基层单位和一线民警提高信息采集录入数量和质量。要加大信息资源整合力度,加快公共场所、特种行业等治安管理信息系统建设步伐,落实经营单位和业主基础信息、人员信息、交易信息采集录入责任,最大限度地获取整合各类信息资源,并充实平台数据库,使其为我所用、为实战服务。

三是要全面深化平台实战应用。要推进"大平台"深度应用和特色应用,规范情报研判与行动处置联动运作流程,进一步明晰并落实情报信

息中心、专业警种和派出所的职责任务,实现信息研判成果与经营打击、社区警务、街面巡防等实战行动的有效对接。要全面普及警务通应用工作,通过移动警务通系统与各主要信息系统的对接,实现信息快速采集、录入、查询、比对。要全面推进重点人员动态管控工作,完善签收、抓捕、经营、管控、关注等积分预警、分类处置流程,切实增强重点管控工作的科学性、针对性。要强化重大事件预警处置工作,利用"大平台"的强大功能,对不同类型事件的敏感时间节点、人员要素、发展趋势等进行评估预警,依照事件重大、紧急程度及时启动相应的应急处置预案,有效防范处置各类危害事件的发生。要分层次、分条线开展信息化应用培训和比武活动,及时总结推广各种信息技战法,评选奖励"大平台"应用先进典型,全面提升全警信息化应用能力。

五、要深入推进创新惠民工程,进一步提升社会管理能力

公安机关要充分履行社会管理和公共服务职能,按照民生优先、服务在先、基层为先的要求,围绕人的管理和服务这个核心,进一步推动理念思路、体制机制和方法手段的创新,不断提升管理服务水平。

一是在服务经济社会方面:要积极推动社会管理由防范控制型向服务型转变,继续推出一批符合民众需要、优化发展环境的便民利商新举措。要从维护公共安全和社会诚信的高度出发,严厉打击制假售假、收赃销赃、制售黄赌毒等违法犯罪活动的黑作坊、黑工厂、黑市场、黑窝点,切实保障人民群众的健康,维护企业合法利益。要主动服务镇江市润州区城市建设发展新需求,以拆迁社区、新建道路小区、已落成商业区和现有门牌重、错、漏等为重点,集中开展街巷门牌专项清理整顿工作,进一步完善户籍管理、方便群众生活、提升城市形象。要以"网上及时知民情,网下高效解民忧"为建设目标,全面拓展完善"网上公安"功能,打造网上信息公开和便民服务平台,凡是能网上提供服务的项目全部网上受理、查询、反馈,实行"一窗式受理""一站式服务"等工作模式,真正建成全天候服务群众的"警务直通车"和"便民高速路"。

二是在实有人口管理方面:要认真组织开展流动人口信息采集和出租房屋管控,全面采集、核准流动人口和出租房屋信息,为启动流动人口居住证制度提供数据支撑。要进一步推进"以证管人、以房管人、以业管人"服务管理机制,落实对旅馆、留宿洗浴场所、建筑工地等流动人口落脚点的清理整顿。要进一步推行"外管进社区"工作,按照"底数清、管得

住、服务好"的要求,全面将境外人员纳入实有人口管理,推进境外人员服务站和志愿者服务队试点建设工作,着力提高境外人员的服务管理水平。

三是在场所行业管理方面:要深化平安娱乐场所创建,进一步完善娱乐服务场所分级管理办法,全面评估治安状况,及时调整等级,落实动态升降,实现对场所行业的实时监控和科学管理。建立健全废旧金属收购业、机动车维修业、旅馆业等重点行业台账资料,加快推进公共场所治安管理信息系统和特种行业治安管理信息系统建设。要定期不定期地开展公开检查、突击抽查、交叉互查等治安检查,及时整改违规行为,并建立"黑名单"制度,对屡次违法违规和重大违法违规的场所行业要落实挂牌整治、重点督办、限期整改等措施,加大处罚力度。

四是在公共安全监管方面:要以落实社会消防安全责任、消防安全监督三级责任和企事业单位内部防火安全责任为重点,积极争取党委政府加大对防火灭火等基础设施的投入,打响"清剿火患"战役,全面提升灭火救援能力和社会消防安全管理水平。要严格落实涉危单位安全生产主体责任,大力推广应用危险物品单位远程视频监控和运输车 GPS 定位系统,全程监控危险品购买、运输、储存、使用等环节。要深化治爆缉枪专项行动,继续加大对散失社会的枪支弹药、管制刀具等危险物品的收缴力度,严防发生危险品丢失、被盗抢和爆炸等事故。

五是在虚拟社会管理方面:要按照虚拟社会现实化管理的要求,继续完善虚拟社会防控体系,全面构筑网上技术防线。要组织开展清理整治"网络黑市"等专项行动,全面清理各类违法有害信息,加大对网络违法犯罪的打击整治力度。要积极推进网上社区属地管理,建立实时动态更新的虚拟人口、虚拟社区等基础信息数据库,实现对各类网上重点对象的立体布控、触网报警、动态管控。要进一步完善网上舆情监测和危机应对机制,充实公安网评员队伍,培养一批能熟练运用"网言网语"开展工作的"网上意见领袖""网络推手",不断提高网上舆情导控水平。

六、要深入推进队伍建设工程,进一步提升队伍核心战斗力

要坚持把队伍建设作为有效推进社会管理创新的根本和保证,毫不动摇地坚持政治建警、素质强警、从严治警、文化育警和从优待警,不断提升队伍的执行力、凝聚力和战斗力。

一是要大力强化思想政治工作。要卓有成效地组织开展各项主题教育活动,引导广大民警始终做党和人民的忠诚卫士,在公安机关倡导形成

素质过硬、忠诚无畏、爱岗敬业、乐于奉献的职业风尚。要在基层所队和窗口服务单位广泛开展"党员先锋岗""示范服务窗口""巾帼文明岗""青年文明号"创建活动,充分发挥先进典型示范作用,大力选树表彰一批先进典型、标兵能手。

二是要大力规范执法执勤活动。要深入推进执法标准化管理,进一步健全完善执法刚性制度和行为标准,细化处置常见警情、办理常见案件的执法标准和现场执法、窗口服务等工作规范,从源头上减少、杜绝执法的随意性。要坚持以信息化推动和保障执法规范化,不断完善执法办案监督管理功能,有效规范执法行为、提高执法效能,进一步落实执法办案安全责任制。要进一步创新执法理念,切实保障公民合法权益。要强化执法教育培训工作,让民警扎实掌握基本法律知识和执法办案技能,不断提高执法水平。

三是要大力提升群众工作本领。要始终把做好新形势下群众工作作为公安工作的主线贯穿于执法服务全过程,不断创新联系群众、服务群众的方法和途径。要大力加强和谐警民关系建设,集中开展"三访三评"深化"大走访"开门评警活动,将"三个报告评议""政风行风评议""警民恳谈""警营开放日"等传统活动与"网上公安"、公安微博等新型警民互动平台有机结合,继续深入走访联系群众,广泛征求群众意见,主动听取群众需求,自觉接受群众监督,进一步加强和改进公安工作。要健全完善群众工作教育培训制度,提出并推广一批基层民警做群众工作的成功经验做法,努力培养更多做群众工作的行家里手,最大限度赢得社会各界对公安工作的理解和支持。

四是要大力整肃队伍纪律作风。要结合"坚持执法为民、树立良好警风"纪律作风主题教育和警示教育活动,进一步严明纪律、整肃作风,健全纪律作风状况分析评估、风险预警、重点对象结对帮教等长效管理机制。要进一步抓好权力节点监控,加大责任倒查追究力度,以"零容忍"的态度坚决查处各类违纪违规违法问题,真正把从严治警各项纪律要求落实到位。要加大执行力建设和监督检查力度,着眼于培养雷厉风行、令行禁止的工作作风,及时发现、通报和纠正有令不行、有禁不止、落实不力等问题。要牢固树立"大严就是大爱"的理念,本着对公安事业、民警及其家庭高度负责的态度,切实担负起"一岗双责"的责任,严格队伍教育管理,确保队伍不出问题。

五是要大力落实从优待警措施。要以更大的力度、花更多的精力去改善基层所队民警工作和生活环境,广泛开展丰富多彩的警体活动,充实民警业余生活、舒缓身心压力。要切实为基层减负增效,科学分解任务指标,做到有年度目标、季度安排、月度计划,每月点评反馈、每季交流总结、半年考核表彰。要健全完善科学的工作绩效考核体系,真正把工作责任逐级逐人落实到位,实现年度各项工作任务的目标化管理、实体化运作、项目化推进、整体化发展。要为基层一线民警配齐配足必备的警械装备,切实加大民警维权力度,全力维护公安执法权威和民警合法权益。要继续完善定期体检、公休度假、病困互助等保障体系,注重科学合理用警,有效提高队伍战斗力。

（征文获鼓励奖,作者系润州区副区长、公安分局局长）

应对危机，全面提升公共安全管理能力

王友春　　　　　　　　　　　　　　　　　　▶ ▶ ▶

　　通过改革开放三十多年来的发展建设，我国经济、社会出现了重大转型，而转型期也是矛盾多发期。特别是全球金融危机的爆发，也波及了中国的实体经济，部分企业，尤其是以出口为主的企业，都不同程度地受到了冲击和影响，部分单位出现了减产、停工甚至关闭的情况。由此产生的下岗失业、劳资纠纷、经济纠纷等矛盾已逐步显现，增加了维护稳定和公安管理工作的复杂性。加之近年又是政治敏感点较多的年份，这些潜在的风险因素共同对公安部门的应急处置能力提出更高的要求，提升公共安全管理能力的任务十分紧迫。

一、积极防范和应对公共危机，完善公共安全管理策略安排

　　新时期公共安全管理主要包括群体性事件管理、环境污染事件管理、恐怖犯罪事件管理等方面。公安部门通过制定各类应急预案（Emergency Plan）对公共安全事件管理做出全面的策略安排，全面性、科学性、可行性、真实性是预案制定的基本属性和要求。为此，我们认为当前公共安全管理策略应该有以下几个方面组成：

（一）防控体系一体化建设，实现事前防范与危机隔离

　　经验表明，公共安全事件的发生需要一定的过程和条件，当相关条件具备时，事件就可能发生。换言之，事件都有发生的可能即存在风险，而一旦发生风险就变成了事实，即出现公共危机。"风险—危机"的二元转化提示我们，作为公安部门不仅仅需要做到公共危机的事后治理，还应积极进行事前防范工作，收集信息并做好风险评估（Risk Assessment）工作。

　　从防控整体策略上看，强调以情报为主导，坚持"预防为主、教育疏导、依法处理、防止激化"的原则。从组织保障和管理机制上看，可以以监控指挥中心为龙头，充分整合巡防大队、派出所巡逻处警队、保安巡防队和社会防范资源，实现网格化布警、动态化巡防，完善覆盖防控区域的"大

巡防格局"。依托治安卡口、治安岗亭、应急卡点、社区（农村）警务室，不断完善治安防范屏障。以"七位一体"管控、精确情报掌控、整体联动管控，有效化解各类不稳定因素，在群体性、突发性事件处置上，力争做到事前防范与危机隔离。

（二）完善部门协调联动机制，增强公共安全管理效能

危机发生往往会波及比较大的社会范围，这就要求我们要集中力量，做好指挥协调工作，充分保障公共安全管理的效率性与协同性。公共危机出现后，公安部门的组织指挥和部门联动关系到整个事件处置的成败。因此，做好公安部门内部分工、协调、联动工作是保障应急预案顺利实施的基本保障。

在处置突发公共安全事件时，视情分别设立情报信息分析组、抢险救援组、交通秩序维护组、专家咨询组、事后调查组等。这些小组分工明确，分别对预警性情报信息、抢险救援、秩序维护、事故调查取证、新闻宣传、专家咨询等方面工作统筹安排，并有专门的部门负责，确保一旦发生紧急群体性事件能从容应对，不断提升公共安全管理的效率。

（三）重构与媒体、大众间关系，提高舆论引导能力

在危机事件的影响扩散传播的过程中，新闻媒体（包括网络媒体）起到了至关重要的作用。媒体会把公共危机事件作为新闻焦点，和公安机关争夺危机报道的话语权。二者之间谁拥有了话语权，谁就能控制舆论，获得同情和支持的社会环境。在以往的危机事件中，公安机关往往处于危机报道的舆论被动方，要想改变危机事件报道中的被动，公安机关必须改变以往缺乏媒体参与时的单方面的主观处理方式，学会及时发布相关信息，公开说明事件真相，回应社会的关切，消除谣言和恐慌，有的放矢，加强和改进对社会舆情的引导。

具体而言，首先树立正确的新闻媒体报道观念，相信只有尊重客观事实、尊重百姓的利益与诉求的报道才能更好地处理好危机事件，从根本上化解矛盾。公安机关要成立负责与新闻媒体沟通的专门宣传机构，培训优秀合格的新闻发言人，保证公共危机事件中公安机关声音传达的时效性和准确性；公安部门同新闻媒体之间要建立定期例会制度和新闻资源共享制度等，从以往单方面的自我宣传模式转变为为公安机关提供新闻资源、尊重社会新闻宣传规律的合作式宣传模式。另外，制定详细的可操作性的宣传报道危机处置预警方案，将危机事件处置中的理念原则、公安机关内部上下级之间的沟通联络制度、新闻报道发稿的审批制度、公安新闻责任人制度、快速处置负面报道的程序及措施等规范下来,确保公安机关在危机事件中能掌握舆论的主导权,主动引导媒体朝着积极的方向报道。

（四）突出公共安全管理的法治理念,实现依法处理冲突

在治理公共危机中,政府部门在极端状态下实施的戒严、宵禁、中止等法律行为,必须遵循合法性原则,不可滥用、误用相关法定权利。同时,公安部门在工作过程中还需要充分保障公民个人的权利。在危机中公民不单纯是政府应急管理及其权力的接受对象和服从者甚至旁观者,更是紧急权力的享有者、应急参与者和监督者。

因此,进一步提高警察队伍素质十分关键。警察机关是执法机关,警察应该学法、懂法,既要精通自身工作领域的法律、法规,也要熟悉和了解其他相关法律、法规,同时还要加强各专业学科和相关科学知识的学习,全面提高自身素质,从而提高自身的工作能力和执法水平,以便在工作中能依法办事,严格执法。

二、以科技强警建设为导向,完善公共安全管理基础工作

当前我国公安工作面临着境内因素与境外因素相互影响、传统安全因素与非传统安全因素相互交织、虚拟社会与现实社会相互作用的新特点。同时,随着科学技术的快速发展和信息化社会的日益形成,各种高科技、高智商的犯罪也呈现出高发状态。风险社会的各种危机事件都在不断考验公安机关的应对能力,增强科技强警意识,促进公安队伍信息化建设已刻不容缓。在实践中,基层公安机关在开展科技强警工作中,务必要把公安信息化建设置于基础性的重要位置,把全面提升公安信息化水平,即不断提高公安信息建设、应用、管理、培训作为基层公安机关科技强警工作的基础性工程抓紧抓好,这一基础性工程的建设是增强和提高基层公安机关战斗力的有效途径。

近几年来,基层公安机关为适应社会治安形势发展需要,不断加强公安信息化建设,并在实际工作中发挥了积极作用,取得了显著的效果,但与当前新时期、新形势下复杂的治安形势需要相比,仍然存在一些问题。具体表现在:

一是基层公安机关的信息化建设缺乏统一规划。

二是基层公安机关的信息化应用能力仍需加强。目前已经建成的一些科技项目、科技工程没有得到很好的利用,存在着重建设、轻使用问题,

系统或装备使用效率不高;同时还有一些科技建设在上项目时缺乏科学的调研和论证,致使这些科技设备、装备不能很好地适合和满足基层单位的实际需要。

三是基层公安机关的信息化培训工作亟待完善。基层公安机关的科技队伍状况还很不适应公安信息化建设的需要,突出的矛盾是人员数量很少,整体素质还有待于进一步提高,信息专业人员严重匮乏,已经影响了信息化工作在一线实战工作中的实施和落实。

三、科学规划建设公安信息网络,强化公共安全管理的技术保障

基于基层公安机关科技强警工作中存在的种种问题,必须理论联系实际,扎实做好公安信息应用、管理和培训工作,全面提升公安队伍信息化水平,需从以下几个方面抓紧抓好:

(一)要做好公安信息网络的科学规划

科学的规划就是要不断完善管理体制,理顺职能,把科技工程、装备建设和公安软科学的组织、实施纳入常规管理轨道,科学合理地配置资源,加速实现科技成果向警力、战斗力的转化,让公安科技发挥最大的效益。

(二)高标准建设公安信息网络

在高起点科学规划基础上,还要有高标准建设来保证公安信息化网络的质量。在网络建设上,要长远打算、统筹安排,建立统一的应用平台;要重组资产、整合资源、优化资质,避免重复建设、投入割据和人才流失;在软件开发上,以应用开路,要应用得体、应用方便、应用到位,要规范业务流程,简化工作环节,让广大民警真正享受到公安信息化建设带来的方便和快捷。

(三)抓好网络应用,切实提高基层公安战斗力

信息化在刑事侦查工作中的应用,创造了网上追逃、网上打拐、网上控制、指纹会战等侦查,侦破了大量按照常规侦查手段难以侦破的案件;在人口管理领域的应用,创造了人口查询等手段。从具体打击上来讲,科技信息化又发挥着人力所无法达到的巨大作用,用好现代科技装备,将大大提高基层公安机关的工作效率,达到事半功倍的效果。

（征文获鼓励奖,作者系镇江新区管委会副主任、公安分局局长）

浅析新的执法环境下
提高公安执法公信力的突破口

贺　文　　　　　　　　　　　　　　　　　　▶ ▶ ▶

当前,我国正处在社会变革的重要时期,随着国家经济建设和民主法治建设的逐步深入,社会信息化发展迅速,人们的经济生活、政治理念、价值观念发生了明显改变,公众对公安执法的期望值日益增强。近年来,镇江市丹徒公安分局准确把握经济社会发展引起的执法环境变化,充分认清新形势下提升执法公信力的重要性,认真贯彻落实公安部"南通会议"和"山东会议"精神,紧紧围绕省厅"双推双创""四级同创"活动要求,将规范执法作为推动"民生警务"工程的重点,把"以人为本、执法为民"贯彻落实到每一项工作、每一个执法环节,切实满足人民群众对公安工作的新期待和新要求。近年来,先后荣获"'法治丹徒'建设工作先进单位""全市执法示范县级公安机关""全省执法质量考评优秀单位"等诸多荣誉,2011年还被评为镇江市唯一的"全省执法示范县级公安机关",群众满意度持续保持在98%以上,执法公信力稳步攀升。

一、当前执法环境变化对公安执法的影响

当前我国正处于发展的重要战略机遇期,也处于人民内部矛盾的突发期、刑事犯罪的高发期和对敌斗争的复杂期。随着经济社会的快速发展,公安机关的执法环境也发生了重要变化:信息化时代的变革使得新型犯罪手法层出不穷、复杂多变,公安机关需熟知和掌控的领域不断扩大,执法压力进一步加大;新形势下公安机关维稳处突的任务十分艰巨,执法范围进一步扩大,在依法化解矛盾纠纷、处置群体性事件时,由于直接与公众交锋,往往成为社会矛盾冲突的转嫁点;网络的自由、开放、无界和高速传播等特性,加之部分媒体的哗众心态,将公安机关的执法行为甚至民警的日常行为全部置于"显微镜"下,稍有不慎就会被推上风口浪尖,执法形象受到损害;伴随着一系列法律、法规完善出台,从制度层面对公安

执法规范化提出更高的要求；随着依法治国理念的深入人心，人民群众的法制意识、权利意识不断增强，对公安机关严格、公正、文明、理性、人性化执法的期望值越来越高，对公安机关增强执法公信力提出新的更高要求。

二、影响公安执法公信力的主观问题

（一）专业意识不强，容易引发"木桶效应"

"木桶效应"是由美国管理学家彼得提出的，也可称为"短板效应"，是指一只水桶想盛满水，必须每块木板都一样平齐且无破损。即一只水桶无论有多高，它盛水的高度并不取决于最长的那块木板，而是取决于最短的那块木板。这就是说任何一个组织，可能面临的一个共同问题，即构成组织的各个部分往往是优劣不齐的，而劣势部分往往决定整个组织的水平。公安机关执法公信力首先取决于民警的执法能力和水平，而少数民警执法能力不强，执法水平不高，执法行为不规范，导致执法质量较低，执法问题反复出现，导致因为"一块短板"而拉低了整体队伍的执法水平，从而影响了公安执法公信力的整体提升。

（二）民本意识不强，容易引发负面"马太效应"

"马太效应"，是指好的愈好，坏的愈坏，多的愈多，少的愈少的一种现象。1968年，美国科学史研究者罗伯特·莫顿将"马太效应"归纳为：任何个体、群体或地区，一旦在某一个方面（如金钱、名誉、地位等）获得成功和进步，就会产生一种积累优势，就会有更多的机会取得更大的成功和进步。而"马太效应"负面影响，则是一旦在某一个方面产生消极和落后，就会扩大这种劣势阴影，从而不断蔓延到其他方面。当前，群众对公安工作的看法和评价往往很具体、很实在，他们通过发生在自身和周边的鲜活事件，对公安执法形象作出肯定或否定的评价。因此，民警的个体形象或某一具体执法活动，直接影响着公安机关的执法形象。当前，少数民警执法思想不端正，执法为民的宗旨意识模糊，以人为本的人性观念淡薄，只注重管理功能，忽视服务职能，对群众报案求助不及时认真处理，也未作好解释和回访工作，造成群众的不满，很容易将这种负面评价延伸至公安机关的其他工作和整体形象，从而使公安执法公信力大打折扣。

（三）风险意识不强，容易引发"蝴蝶效应"

"蝴蝶效应"是美国气象学家爱德华·洛伦兹于1963年提出来的。其大意为：一只生活在南美洲亚马孙河流域热带雨林中的蝴蝶，偶尔扇动几下翅膀，可能引起两周后美国德克萨斯的一场龙卷风。其原因在于：蝴蝶翅膀的运动,导致其身边的空气系统发生变化,并引起微弱气流的产生,而微弱气流的产生又会引起它四周空气或其他系统产生相应的变化,由此引起连锁反应,最终导致其他系统的极大变化。此效应说明,事物发展的结果,对初始条件具有极为敏感的依赖性,初始条件的极小偏差,将会引起结果的极大差异。当前,少数民警的执法风险意识薄弱,对规范执法未能真正从思想上、从行动上引起重视,执法活动带有随意性、主观性,而在高度透明、全面开放的执法环境下,民警的一句错话、一个违法行为便可能引发事端,可能导致败诉,甚至引发社会不稳定。例如影响甚广的贵州"瓮安事件"就是"蝴蝶效应"的结果。因此,民警只有学会算好执法成本账,真正知晓一个错误执法行为所付出的代价,对每一次执法活动都能做到慎之又慎、细之又细,才能防止执法公信力建设溃于蚁穴。

三、提升公安执法公信力的突破口

(一)坚持为民执法,树立群众观念,是有效提升执法公信力的根本宗旨

"执法为民"是公安机关执法工作的基石和灵魂,又是党的全心全意为人民服务宗旨在公安工作中的具体体现,更是贯彻落实科学发展观、构建和谐警民关系的基本要求。公安执法公信力的最终评判权是属于人民群众的,衡量公安执法工作的最高标准是群众的满意度。近年来,镇江市丹徒公安分局高度重视培养民警的群众宗旨意识,确保全警始终把人民放在心中的最高位置,把公安执法工作深深扎根于人民群众之中,努力使公安工作获得最广泛、最可靠、最牢固的群众基础和力量源泉。

一是积极开展社会主义法治理念教育。将社会主义法治理念教育与社会主义公民意识教育相结合、与人民警察核心价值观教育相结合、与法治实践相结合,通过集中讨论学习、民警论坛、读书会等形式,教育引导民警形成"人民公安为人民""理性、平和、文明、规范"执法的职业道德认同,形成"忠诚、奉献、务实、创新"的核心价值理念,进一步巩固政治意识、民本意识、服务意识和奉献意识。

二是不断加强执法思想建设。通过明确"为谁执法"的问题,对少数民警以管理者自居,把公权看作私权,把工作看成别人有求于自己的错误观念进行集中教育整顿,彻底摒弃陈旧的执法理念,牢固树立正确的执法思想,打牢规范执法的思想根基,真正把"以人为本、执法为民"和"公平用权、公正执法、公道处事"的理念根植到每一名民警的头脑中,落实到每一名民警的实际行动中,贯穿到每一项执法工作和每一个执法环节中,使民警自觉做到在思想上亲民、为民、爱民,行动上便民、利民、惠民,在执法工作中避免伤害群众感情、影响群众利益。

三是进一步加强反面警示教育。通过"以案析理""以案释法"等形式,对近年来发生的因公安执法背离群众而引发的重点案例和群体性事件进行深入剖析,引导民警切实尊重人民主体地位,切实弄清"为谁掌权、为谁执法、为谁服务"的问题,为规范、公正、文明执法提供强大思想支撑。

(二)坚持规范执法,维护公平正义,是有效提升执法公信力的关键所在

执法规范化建设是社会主义法治社会建设的本质要求,是公安机关落实科学发展观的必然要求,也是公安事业可持续发展的决定性因素。近年来,丹徒分局坚持将执法规范化建设作为公安工作的"生命线"和牵动全局的"牛鼻子",不断完善制度措施,努力破解新形势下公安执法规范化建设的难点问题,切实提升执法质量和水平,以此推动执法公信力的不断提升。

一是狠抓领导带头,以工程化促进规范化。成立了由"一把手"局长亲自抓、分管领导具体抓、班子成员合力抓的全区公安机关执法规范化建设领导小组,并自上而下建立了"一把手"责任制,真正赋予执法规范化建设是"一把手工程"的最高地位。建立完善了局长办公会、部门例会"四个一"的工作体制,即每周必须听取一次上周执法工作情况汇报、每月必须帮助协调解决1~2个执法难题、每季必须汇总一次执法中存在的共性问题并制定整改对策、每半年必须召开一次执法规范化建设推进会,切实加强对执法工作的整体指导。

二是狠抓主体建设,以专业化保障规范化。不断加强以法制室为主的执法指导和审核队伍建设,各执法单位均配备了具有3年以上一线执法办案经验、通过执法资格和实战能力双向考核的专职法制员,负责案件审核及执法监督工作,巩固了基层执法办案的业务防线。抓住竞争上岗、精简机关、社会化招考等时机,不断充实基层执法岗位警力,同时配齐治安大队执法小分队、刑警大队便衣中队等执法办案专门力量,促进一线执法队伍从"懂"向"专"、从"专"向"精"不断健康发展。大力实施"法律网校学法分级管理办法",把"强化学法"和"取得学分"作为民警竞争上岗、年度评先评优的前置条件,确保了全局民警学法任务和学分完成率均达到100%,人均积分位居全省前列。注重利用晨会、例会、集体通案等多种渠道,采取培训考试、旁听庭审、评析执法问题等多种形式,并充分利用"8 小时"以外时间,全面加强全警执法素质教育培训,确保人人参训、人人考核、人人过关。

三是狠抓过程控制,以科学化推动规范化。将零变更、零撤销、零败诉、零赔偿的"四零标准"作为检验执法效果和社会效果的重要尺度,采取"三化"方式确保执法办案工作无瑕疵运行。首先要坚持审批格式化。严格执行"一案四查"制度,对每一起案件都保持"一查前科劣迹和所有同案犯处理情况、二查卷宗和涉案财物扣押处理情况、三查进办案场所询(讯)问并同时上报同步刻录光盘的情况、四查法制员网上个案考评和签注'已审核'及姓名的情况",缺少任何一个环节的报审案件一律退回整改,以此不断提高办案质量和办案效率。其次要务求细节标准化。从最容易发生问题的环节入手,围绕语言、行为、程序等方面,结合实际制定了接处警、巡逻盘查、交通纠违、纠纷调处、群体性事件处置、窗口服务等重点环节的执法规范细则,包含 9 大类 114 个标准化条目,使每个执法环节、每一执法流程都有明确具体、易于操作的工作标准可依。最后是整体执法可视化。注重规范行使行政权力,将梳理出的 810 项行政权力全部录入丹徒区政府执法监督网络,扎实推进行政权力网上公开透明运行。根据执法岗位职责分工,科学设定每日必须完成的工作任务,实行可视化作业,每周一对各单位完成任务情况进行摇号抽检,实现执法工作从"粗放型"管理向"精细化"发展。

四是狠抓内外监督,以精细化支撑规范化。注重管理创新,建立健全"4E 巡控"监督机制,将执法过程中的"每一个岗位、每一个环节、每一个活动、每一个时刻"都列入执法监督的可控范围之内,以无缝衔接、滚动监管来提升执法透明度,确保规范执法、文明办案。

（三）坚持服务执法,创新社会管理,是有效提升执法公信力的重要支撑

公安执法工作的根本目标是服务经济社会发展、服务人民群众安居乐业。丹徒公安分局牢固树立"执法就是服务"的新理念,坚持把群众满意作为执法工作的第一标准,以社会管理服务创新为契机,紧紧抓住矛盾纠纷化解、社会治安防范、人口服务管理等重点工作,进一步增强人民群众的安全感和满意度,以实际行动取信于民。

一是在做强主业中保民安。打击刑事犯罪是公安工作的主业,公安机关受理查办案件的效能直接影响其整体形象和执法公信力。丹徒公安

分局始终对严重影响群众安全感的现行命案和大要恶性案件"零容忍"，实行"全警上案"和"限时侦破"机制，确保了2011年以来"八类"案件侦破率基本保持在90%以上。

二是在服务发展中惠民生。始终将服务经济社会发展摆在重要位置，紧紧围绕全区"加速提升、跨越发展"的主旋律，进一步优化企业投资环境和生产发展环境，全面提升公安机关服务经济社会发展效能。制定出台《丹徒区公安局服务建设创业型城市六条措施》《关于进一步优化经济发展环境工作的实施意见》，建立局领导挂钩联系制度、警企定期联系制度、辖区治安状况定期通报制度、定期上门服务制度、企业经营风险研判评估制度和重点行业主管部门服务企业协同共商制度，将被动服务转变为主动服务，将坐班服务转变为上门服务，将白天服务转变为24小时全天候服务。

三是在矛盾疏导中解民忧。引导民警牢固树立"调解就是执法"的理念，最大限度地把"调解优先"原则贯穿于执法办案全过程，充分发挥调解手段在案件查处和争端解决中的先导作用，尽可能将矛盾纠纷化解在初始阶段和源头地区。同时，注重人性化、文明、理性执法，总结提炼"以案释理""借力推理""认同前置""先听后说"等多种"说理执法"方式，最大限度化解执法矛盾，减少执法争议。

四是在网上平台互动中取民信。积极推进互联网公共执法服务平台建设，在建立网上公安局的基础上，又在全区建成了网上派出所、网上警务室和公安微博、QQ群等一系列服务群众的新平台，固化"咨询求助""举报报警""警情提示""线索征集""便民服务""失物招领"等栏目形式，对网民提出的咨询、求助、投诉、举报、建议等，属公安机关法定职权范围的诉求，在24小时内答复、限时办结；对不属于公安机关职权范围的诉求，及时告知依法反映诉求的渠道，切实做到民意网上访、民生网上听、民情网上察、民忧网上解。通过充分利用公安网络阵地，让广大人民群众切实感受到管理更人性、服务更贴心、办事更便利，从而增进对公安工作的理解、信任和支持。

（征文获鼓励奖，作者系丹徒区副区长、公安分局局长）

不断完善新形势下打击犯罪新机制

顾传先　　　　　　　　　　　　　　　　　　　　　　▶ ▶ ▶

近年来,镇江市公安刑侦部门按照市局党委和上级公安机关的部署要求,紧紧围绕打好合成战、科技战、信息战、证据战,提升镇江市公安机关侦查水平和办案水平的总目标,坚持以改革创新为动力,大力推进侦查方式转变创新,进一步建立和完善镇江市公安机关信息化条件下打击犯罪新机制,切实增强"网上作战"和信息化应用意识,全力提升镇江市公安机关的侦查水平和办案水平。但面对动态社会环境下违法犯罪的规律特点及广大人民群众对社会平安的新期待、新要求,我们在打击犯罪、刑侦基础等工作方面还面临着诸多难题,存在着诸多不容忽视的问题。特别是当前,现实斗争对公安基层基础等工作形成了反推倒逼之势,如何抓住信息化机遇革故鼎新、破解难题,是摆在各级刑侦部门面前重要而迫切的任务。

一是刑事犯罪总量仍有所增加,盗窃、诈骗等涉及民生的侵财性案件仍处于高位运行状态。2012 年以来,镇江市共立刑事案件 22340 起,虽同比略有下降,但侵财案件仍占全案比重达 91.2%。一方面,技术开锁入室盗窃案件发案势头较猛。2012 年以来,镇江市共发生技术开锁入室盗窃案件 473 起,同比上升 64.8%;另一方面,盗窃电动自行车等非机动车案件升幅明显。2012 年以来,镇江市发生盗窃电动自行车等非机动车案件 4666 起,同比上升 1.3%;居民住宅和街面成为发案的主要场所。同时,电话诈骗仍是诈骗案件中突出的发案动向。2012 年上半年,镇江市发生电话诈骗案件 564 起,同比上升 27%。呈现出发案区域城乡同步、受害群体涉众、财产损失加重的发案特点。

二是全警破案及合成作战机制仍需进一步完善。近年来,镇江市公安局先后建立健全了全警破案打击机制,对相关警种、部门破案打击工作定期进行考核通报;建立健全了刑侦、行动技术、网侦、图侦等部门的日常联动工作机制,通过简化工作手续、开辟绿色通道,实现三侦"无缝对接"，实施合成作战，尤其是在命案和有影响"八类"案件的侦破上建立了权威高效的组织指挥体系，确保了一旦发生命案等有广泛社会影响的案件，就能够在局领导的直接指挥下，第一时间组织"四侦"同步上案，快速侦破。但在实际工作中，对一些面广量大的侵财性案件，部分警种、部门还没有形成一套完善的工作机制，尚未建立常态化的合成作战布局。

三是刑侦基础工作还滞后于新形势的需要。一方面，由于刑事技术人员欠缺，导致现场勘查率、痕迹物证提取率偏低。2012年以来，镇江市共立"13类"案件7208起，现场勘查7859起，勘查率达到100％。从现场勘查质量看，镇江市现场指纹提取1548起，提取率为15％，现场DNA提取808起，提取率为10％，远远低于镇江市公安局要求的指纹、DNA提取率分别达到20％、15％的要求。另一方面，"人员管控"面临挑战。刑事类高危人群具有直接的现实危害性，管控任务更加复杂、难度更大。高危地区流窜人员，肺结核、艾滋病等传染病人员及犯罪前科人员大部分未被纳入视线。同时，"阵地控制"手段滞后。随着社会经济的发展，阵地控制的内涵和外延发生了较大的变化，对一些新兴领域如物流业、非邮政快递业、汽车租赁、房屋出租、金银加工、礼品回收等研究不够，远滞后于刑事犯罪侦查工作的需要。

针对上述存在问题，我们认为，要主动顺应人民群众对社会平安的新期待、新要求，实现公安机关"多破案、快破案、办好案"的目标，全力提升人民群众的安全感和满意度，必须在以下五个方面健全完善打击犯罪新机制。

一、进一步明确职能定位，明确破案责任

各级公安刑侦部门是打击犯罪的主要职能部门，要承担侦破系列侵财案件的任务，解决好派出所有责任无能力、辖市区有能力无责任的问题。各辖市区公安机关要整合警力资源，充实和加强打击多发性侵财犯罪的专业力量，具体负责信息研判、侦查控制和审查深挖等工作。对一般侵财案件实行首接责任制，110和基层所队一旦接到刑事类报警，无论是否达到立案标准，都要先行受理、先期处置，做好案件信息登记、制作笔录等工作，视情采取相应紧急措施，对不属本单位管辖的案件按照管辖分工移交处理。对系列侵财案件实行分级侦办责任制，在辖市、区范围内发生的系列侵财案件，由所在地刑警大队负责主办；在市范围内发生的系列侵财案件，由市局刑警支队负责牵头侦办。对跨市或跨省区的系列侵财案

件实行首串责任制,原则上由最先提出串并案件意见的刑侦部门优先侦办,承担主办责任;其他涉案地刑侦部门承担协办责任。对案情简单、对象明确的一般侵财案件,由所在地派出所负责主办,鼓励破案能力较强的派出所参与侦破系列侵财案件。

二、进一步整合信息资源,实现资源共享

要坚持信息主导警务、情报主导侦查,最大限度地整合各类情报信息资源,最大限度地发挥综合信息资源碰撞锁定犯罪的作用。各警种、部门和基层所队对接报的刑事类报警案件信息,都要录入大平台,为分析研判和串并案件创造条件。对盗窃、诈骗 5 万元以上,抢劫、抢夺 3 万元以上,以及系列性、团伙性和地域性侵财犯罪的涉案信息,要在 24 小时内入库,一般侵财案件要在 3 日内入库。全面落实"三个必须"的要求,不断提高侵财案件现场勘查率和痕迹物证提取率,所有勘查的侵财案件信息都要录入系统,确保涉案源头信息准确、客观、全面。收集整合高危人群信息,对盗、抢、骗及涉黑涉恶、涉枪涉爆人员建立"黑名单"库,对有流窜作案嫌疑、暂时没有掌握犯罪证据的人员建立"灰名单"库,落实跟踪管控措施,实行积累式打击。要在党委、政府领导下,主动牵头会同住建、工商、卫生、人力资源和社会保障等部门,充分整合房产、医保、社保、工商、中介、会员等社会信息资源,建立信息交流、共享、更新和联合应用机制,更好地服务于打防控工作。要充分依托镇江高校资源丰厚的优势,在专业器材设备有偿使用和专门人才聘用等方面闯出新路,以弥补专业侦查机构检验鉴定器材、人才的不足。由政法、综治部门牵头,密切重大案件侦破过程中公安与检察、法院、司法及律师事务所的沟通协调,不断提高执法质量和办案水平。

三、进一步完善"三项机制",切实增强运用多库联侦系统打击侵财犯罪等"小案"的水平

近年来,为充分发挥多库联侦服务侦查破案的效能,刑侦部门制定和完善了一系列相配套的工作机制,进一步明晰"网上作战"职责,严格考核奖励制度,努力使信息化建设成果转化为实际战斗力,并以此带动了镇江市刑侦工作运行质态的改善,更主动、精确和高效地打击了多发性侵财犯罪。要重点完善三项机制:

一是刑侦专业研判机制。强化市及辖市区情报专业研判机构建设,

把多库联侦系统作为重要的信息来源,进一步做强刑侦专业研判,以特定犯罪规律研究、苗头性问题跟踪研判、高危人群查控、系列案件串并等实战型研判为主要内容,建立信息报送、成果发布、指令执行、核查反馈等一整套研判流程和制度。

二是系列案件侦查机制。由刑侦部门承担系列侵财案件的侦查任务,对多库联侦系统查中、串并的系列案件,实行"谁首串、谁负责"和主侦协办、跟踪拓串制度,分层次组织挂牌督办和领导盯案。特别要组织刑事技术员直接参与案件串并侦查工作,综合应用现场痕迹物证检验、鉴定和查中信息,不断拓展串并侦查的广度和深度,严惩累犯、惯犯和职业犯,做到破一案、带一串、扫一片。

三是重点人员查控机制。把多库联侦系统与"大情报"系统对接,一方面,推动前科劣迹、审查未处理、地域性犯罪等高危人群列入管控对象,减少重点人员管控的盲区。另一方面,将多库联侦系统的比对结果纳入管控积分内容,更准确地开展积分预警、分类处置和主动侦控。

四、进一步密切协作配合,形成打击合力

全面提升打击多发性侵财犯罪效能,关键在于警种部门之间通力协作、区域之间整体联动、公检法之间统一执法尺度,形成打击犯罪的合力。

一是进一步密切警种部门协作。打击多发性侵财犯罪涉及公安工作全局。指挥中心、经文保、治安、交巡警、刑侦、经侦、行动技术、监管、网监、信通、法制等部门都要充分发挥职能作用,结合本部门实际制定具体工作意见,加强协同配合,实施合成作战,共同打击防范多发性侵财犯罪。

二是进一步密切区域协作。全面推广全国多发性侵财跨区域办案协作机制,每个地区确定 2 名联系人,从已破的系列侵财案件入手,依托网上平台发布协作信息,落实跨省、跨区域案件的核实和收集证据工作,并逐步拓展到网上侦查、网上跨区串并等深层次侦查协作,减少办案成本,提高办案效率。

三是进一步密切司法协作。主动加强与法院、检察院的协调沟通,统一执法办案的尺度和标准,提高执法办案质量,依法严厉打击侵财犯罪活动,实现法律效果和社会效果相统一。

五、进一步强化考核导向,完善奖惩激励机制

近年来,镇江市公安局坚持每月对各地破案打处工作情况每月通报

排序、半年分析研判、年终考核奖励等制度,有力地促进了镇江市破案打处绩效的稳步提升。下一步的重点是充分发挥绩效考核的导向作用,围绕侵财案件信息上报、现场勘查、研判串并案件、破获系列案件、打击犯罪质量、追缴返还赃款赃物、群众安全感等工作内容,制定科学的考核评估体系,把各类警务资源运用到打击多发性侵财犯罪上来。

一要突出考核重点。加强对上报入库信息总量增长幅度的考核,鼓励多报、快报、实报,对瞒报、漏报或不规范上报的予以扣分。加强对系列侵财案件串并侦查成效的考核,首串破案的予以加分,有条件能串并但未串的以及串并后侦查措施不落实的予以扣分。加强对涉案人员深挖审查的考核,挤清余罪、扩大战果的予以加分,漏案漏罪漏人的予以扣分。完善案件挂牌督办制度,变下级申请挂牌为上级指定挂牌,切实增强攻坚克难本领。

二是规范考核办法。按照"市考辖市区、辖市区考办案部门及派出所"等分级考核的原则,采取网上跟踪考核和实地检查、抽样调查等方法进行,并通过现场勘查、报警案件、执法办案、监管信息等信息系统,准确核查战果。

三是落实责任追究。对因工作不力造成系列案件成风成片、犯罪团伙坐大成势、群众对治安问题反映强烈的地方,建立相应的倒查程序和责任追究制度,严肃处理负有破案和防范责任的人员。

(征文获鼓励奖,作者系镇江市公安局刑警支队支队长)

镇江流动人口服务管理模式
与路径创新

王东琼　　　　　　　　　　　　　　　　▶ ▶ ▶

当前,流动人口已经成为镇江市社会经济生活中的重要组成部分,其生存与发展状况已成为影响社会经济发展的重要因素。同时,流动人口大量涌入城市,也对加强社会管理和维护治安秩序等工作提出了新的挑战。因此,必须坚持公平对待、强化合法权益保护,多元参与、党委政府主导,完善管理、创新服务管理制度和手段的基本思路,从涉及流动人口公共服务的社会经济政策改革创新、服务管理体制改革创新和服务管理方式方法改革创新等方面着手,扎实推进流动人口管理工作。

一、流动人口对社会生活产生的主要影响以及管理工作中存在的突出问题和薄弱环节

面对当前流动人口进城日益增多的大趋势,镇江市逐步建立了基于综合治理模式下众多部门参与的流动人口管理模式,建立了暂住登记管理、流动就业管理以及治安管理等诸多管理制度,取得了一定成效。但是,流动人口管理也暴露出综合治理难度大、服务措施不到位、管理基础薄弱等突出问题。

一是流动人口的稳定性进程步伐加快。主要表现为滞留时间延长、就业相对稳定、居住相对稳定。一些流动人口从原先的以在原籍务农为主、农闲时外出打工的短期式季节性流动,逐渐转变为以外出务工为主、以务工为主要收入来源的全年性流动。据统计,镇江市流动人口中,暂住半年以上的占33%,暂住1年以上的占55%,暂住三年以上的占23%。

二是流动人口违法犯罪现象日益突出。由于流动人口综合素质偏低,法制观念淡薄,缺乏专业劳动技能,易对贫富差距、文化不同等产生抵触、趋利、抗争和反社会心理,成为实施违法犯罪的主体。同时,因其所处的弱势地位,加上防范意识和技能缺乏,易遭受不法侵害。近年来,镇江市每年抓获的外来刑事作案人员均占抓获总数的 60% 以上。流动人口违法犯罪已经成为影响镇江市社会治安稳定的主要问题。

三是流动人口平等利益诉求不断增强。流动人口生存过程中遭遇社会歧视、贫富悬殊、拖欠工资、难以维权的现象屡见不鲜。特别是超强度的劳动、恶劣的工作环境、不公平的劳动保护条件、克扣或拖欠工资、随意侵犯人身自由等现象，在一些地区不同程度地存在。流动人口在城市生活中缺少话语权，难以融入主流社会，处于边缘化和贫困境地，其合法权益保障现状和其自身需求存在较大差异。在缺乏通过正常渠道争取自身权益、保护自身合法权益的情况下，一些流动人口就会采取以不合法对付不合法、以对抗方式讨回公道等非正常方式进行诉求，在一定程度上影响了人口流入地的社会治安稳定。

同时，在政府相关职能部门联合开展流动人口管理的实际工作中还存在一些突出问题和薄弱环节。主要表现在四个方面：首先是相关部门重视程度不统一。流动人口服务管理是一项多部门合作的系统工程。理念、思路上存在的差异，导致缺乏统筹解决流动人口问题的战略意识，少数部门认为流动人口服务管理就是治安管控和打防犯罪，忽视了对流动人口的服务。其次是齐抓共管机制还未健全。流动人口服务管理工作涉及发改委、财政、卫生、公安、民政、农业、建设等部门，由于管理主体多元分散、协调不力，导致服务管理效率不够高。再次是工作方式方法缺乏创新。工作方法缺乏创新吸引力，导致流动人口主动配合管理的积极性不高。最后是服务配套措施比较薄弱。与流动人口利益密切相关的就业、医疗、保险、子女上学等配套服务政策没有完全建立和落实到位，维护流动人口合法权益的有关工作还有待进一步改进和加强。

二、镇江市开展流动人口管理工作的基本现状和主要经验

近年来，镇江市公安机关和政府相关职能部门紧紧围绕社会管理创新和统筹城乡发展大局，坚持"公平对待、服务至上、合理引导、完善管理"的工作方针，进一步转变工作理念，改进工作方法，深入推进流动人口服务管理工作规范化、法制化、社会化和信息化建设，取得了明显成效。

一是夯实了流动人口服务管理基础。紧紧抓住镇江市开展"市民卡"工程建设这一有利机遇，切实发挥工程建设成员单位优势，就"市民卡"基础数据采集项目和标准提出了具体意见，在"市民卡"信息管理系统中增加了"人户状态"识别功能，通过内外网交换平台，将人户分离人

员信息自动推送到基础平台"空挂户"人员信息库,同步更新维护实际住址、通信地址、服务处所、固定电话、手机号码等基础信息。目前,通过已发的"市民卡"数据比对,自动登记录入"空挂户"人员3.2万余人,更新维护基础信息15.5万条。在公安"二代证"管理应用平台上创新研发了"人口信息采集"功能模块,设置了人户一致和人户分离两种状态,自动将人户分离人员信息导入基础平台"空挂户"人员信息库。按照"谁用人谁负责、谁受益谁负责"的原则,全面落实用工单位和房屋出租户采集信息的主体责任,并逐步向场所行业、出租房屋延伸,通过采集点自行采集录入单位内部从业人员和暂住人口信息26.6万条,比对抓获违法犯罪嫌疑人37名,其中包括网上逃犯10名。

二是提升了流动人口服务管理效能。及时制定出台了《关于深化户籍管理制度改革推进新市镇建设的实施意见》,在镇江市11个新市镇试点单位以及50个新社区范围内,建立了以合法固定住所、稳定职业为基本落户条件的新型户籍管理制度,并在全面推进实有人口、实有房屋等源头信息采集工作的基础上,扎实推进警用地理信息系统"人房图关联应用"建设,真正做到了以房找人、查人知房、人房合一、图上作业,破解了动态社会环境下人口服务管理工作的难题。通过该系统,镇江市已有337.9万余条实有人口和实有房屋信息实现了关联,人房关联度达93.9%。全面落实了用工单位和房屋出租户信息采集主体责任和治安管理责任,实现"以业管人""以房管人",有效降低流动人口违法犯罪率。以启用警务基础平台重点人员管控模块为抓手,把社区民警工作重点科学调整到重点人员信息采集维护、比对预警、查证核实、分级管控和指令处置等环节上来,及时发现列管前科劣迹等重点人员,准确采集录入管控类重点人员现实表现信息,做到经济、交往、活动状况以及携带物品"四个清楚",确保重点人员管得住、控得牢。积极创新流动人口服务管理模式,协助基层团组织建立以组织、引导、服务外来务工青年为主旨的"新镇江青年"团组织127个,吸纳管理外来务工团员6.8万余人。"新镇江青年"团建工作在加强和改进外来人口服务管理、构建和谐警民关系、深化平安建设等方面的效能逐步显现,受到了团中央的充分肯定。

三是以民本化为主导,依法保障流动人口合法权益。在编制城市发展规划、制定公共政策、建设公用设施等方面,统筹考虑在城市稳定就业和居住的流动人口的需要,进一步促进流动人口子女享有公平教育服务,将外来务工农民子女的入学逐步纳入公共教育事业发展计划,合理规划学校布局,积极推进教育公平和义务教育均衡发展。目前,镇江市各类义务教育阶段学校接受农民工子女就读人数达32022人,全部免除了学杂费、借读费。积极构建了城乡平等的就业体系,免费为进城农民工提供政策咨询、就业信息、职业指导和职业介绍服务。整合社会教育培训资源,评估认定40多家具有资质的就业培训基地,形成了以乡镇为主体,辖市、区为重点的农民就业培训体系。完善了农民工进城就业援助制度,每月两次以上为就业困难对象提供就业岗位信息。实施农民工参加工伤保险"平安计划",农民工工伤保险与养老保险实行一票征收等运作模式,实现人员应保尽保。

三、进一步推动镇江市流动人口管理工作的实施路径

镇江市各级公安机关和政府相关职能部门要进一步运用科学发展的思维,把握经济社会发展的规律,从服务和促进经济社会发展大局的高度,在工作理念、工作机制、工作方法等方面全面推进流动人口管理工作走向纵深。

一是加快建立健全服务管理组织网络。要认真贯彻落实中央关于人口工作的决策部署,把流动人口服务管理工作摆在更加突出的位置,切实加强组织领导。各级社会管理综合治理部门要参照市级模式,成立流动人口服务管理工作组,并抽调公安、发改、教育、民政、司法、人社等成员单位相关人员实体化运作。要定期召开工作组专题会议,听取各成员单位情况汇报,研究解决流动人口服务管理工作推进过程中的重要问题,提出工作建议,推动工作落实。同时,要积极推进社区(村)"网格 + 网络"管理服务体系建设,按照"每500名流动人口配备1名协管员,每个网格配备1名专职管理人员"的标准,切实增强流动人口服务管理专职力量,为推动镇江市流动人口服务管理工作创新发展提供基础保障。

二是加快建立健全服务管理责任体系。要进一步明确部门职责、服务范围、法律责任和处罚依据等基本标准,全面提升流动人口服务管理工作水平,不断推动流动人口服务管理步入制度化、法制化进程。要坚持"谁主管,谁负责""齐抓共管"的原则,明确有关职能管理部门的管理责任。其中,综治部门重点负责流动人口和出租房屋服务管理的综合协调、检查考核和表彰奖励等工作。公安部门负责流动人口和出租房屋信息登记采集、录入和应用,以及预防和打击流动人口和出租房屋中的违法犯罪活动。发展和改革部门负责涉及流动人口同城待遇综合服务体系建设规

划,科学制定实施办法。民政部门负责依法保障流动人口享有的民主政治权利,指导社区向流动人口提供全方位服务。司法部门负责镇江市流动人口法制宣传教育的组织协调和检查指导工作,建立并逐步完善流动人口法制教育网络。人社部门负责建立城乡统一的就业制度和社会保障制度,加强流动务工人员的职业技能培训,规划劳动力市场和用工行为。住建部门负责依法将建筑行业流动务工人员纳入工伤保险体系。卫生部门负责流动人口卫生防疫和公共卫生工作。人口计生部门负责做好流动人口计划生育管理和服务工作。工商部门负责对集贸市场内的流动人口监督管理,取缔非法交易市场。

三是加快建立健全服务管理保障机制。各级政府要将流动人口和出租房屋服务管理工作经费纳入政府年度财政预算,由同级财政予以保障。要按照"财政保障,分级负担"的原则,根据上年流动人口的实际登记数量,以每人每年不低于30元的标准落实,在次年第一个月拨付到位。根据各地实际情况,其中,镇江市京口区、润州区和新区流动人口和出租房屋管理工作经费应由市级和区级财政各承担;丹阳市、句容市、扬中市3个辖市和丹徒区应参照市区筹措办法,分别由市(区)级和镇(街道)两级财政共同承担。要建立和实行严格统一规范的经费管理制度,市和各辖市、区流动人口工作组办公室负责经费的统一管理,开设专门账户,并按所辖行政单位分别立账,实行收支两条线。流动人口服务管理经费必须用于机构工作人员和专职协管员的工资、福利、奖金以及服务管理工作所需的正常办公、会议、奖励等费用开支。

四是加快建立健全六项基础运行模式。第一,要建立均等化服务管理模式。积极稳妥推进户籍管理制度改革,进一步完善以合法稳定住所和合法稳定职业为基本条件的户口迁移制度,放宽城镇落户条件,引导人口合理流动、有序迁移。要逐步建立以居住证为载体的流动人口"一证通"制度,赋予流动人口享受更多更好公共服务的权利,推动流动人口融入当地,实现"以证管人"。要加快构建覆盖城乡的职业技能培训体系,提高流动人口的职业技能,提升流动人口的就业水平,努力实现以就业促稳定。第二,建立信息化服务管理模式。继续推进流动人口信息社会化采集,按照"谁用工、谁负责,谁出租、谁负责"的原则,全面落实流动人口集中的场所、单位和房屋出租户信息采集管理主体责任。第三,建立责任化服务管理模式。进一步强化用人单位服务管理责任和出租房主的治安管理责任,重点管好管实流动人口中的高危人员,有效压降违法犯罪案件,实现"以业管人""以房管人"。第四,要建立亲情化服务管理模式。积极做好人才引进服务保障工作,凡中小企业和非公有制企业招用非本地户籍的普通高校专科及以上学历的毕业生,取消落户限制,简化落户手续;对年度接收高校毕业生3人以上的各类企业,允许其在所在地设立集体户口。同时,完善住房保障、家属就业、子女就学等配套制度,积极为引进人才搭建创业平台。第五,要建立常态化服务管理模式。扎实做好对流动人口中境外人员的住宿登记、应急处置、安全保障、依法服务等工作,依托日常入户调查走访,定期汇总通报情况,及时发现问题、分析原因、制定对策,努力提升对境外人员的服务效能和管理效果,为镇江市深化对外开放创造持续良好的投资环境。第六,要建立人文化服务管理模式。逐步建立完善救助帮扶机制,切实解决流动人口中无业人员的居住、就业、维权等"三大问题",以防其因长期生活无着落而危害社会。要以救助管理站等级达标建设为契机,建立街头流浪乞讨人员的救助保护、教育矫治、预防干预、服务保障等救助处置工作机制,完善流浪老人、儿童、无民事行为能力等人员的救助保护政策措施,依法打击混迹其中的违法犯罪人员,提高救助工作实效。

(征文获鼓励奖,作者系镇江市公安局人口管理支队支队长)

提升虚拟社会管理水平之我见

张爱祥 ▶▶▶

党的十八大报告强调:"进一步加强和完善信息网络管理,提高对虚拟社会管理水平,健全网上舆情引导机制。"这三句话内容丰富,含意深刻,既指出了新形势下加强和完善信息网络管理的重要性和紧迫性,同时又为我们如何管理虚拟社会指明了方向。笔者作为公安机关信息网络安全管理职能部门的一名领导干部,提高对网络虚拟社会管理水平既是应尽职责,也是贯彻十八大精神必须认真研究的课题。经过近一阶段对十八大报告的认真学习、思考、调研,结合网络安全保卫工作实际,笔者就如何"提升虚拟社会管理水平"这一问题谈谈浅见。

一、正确把握新形势下互联网舆情发展规律、特点,是提高虚拟社会管理水平的前提

近年来,随着经济发展与社会进步,互联网用户迅猛发展,根据中国互联网络信息中心(CNNIC)第30次《中国互联网络发展状况统计报告》显示,截至2012年7月,中国网民规模达到5.38亿,互联网普及率达39.9%。电脑网民数量为3.80亿,而手机网民规模达到3.88亿;我国域名总数为873万个,其中CN域名数为398万个,网站总数升至250万个。可以说,互联网已经渗透到各个行业领域,已经成为人们工作、学习、生活的重要组成部分。互联网的不断发展形成了一种新的社会形态——"虚拟社会",同时也催生了一个新的课题,即如何管理虚拟社会。

虚拟社会是与现实社会并存的一种社会生活新形式,是现实社会主体以虚拟身份在互联网上开展活动、相互作用构成的社会关系体系。其主要特点一是空间虚拟性和跨地域性,不受传统的地界和国界的限制;二是具有高度开放性和交互性,且随着手机上网的普及以及微博等传播手段的出现,信息传播速度格外迅速。

现实社会的复杂性、多样性与虚拟社会的隐蔽性、开放性融于一体，使得包括公安机关网安部门在内的政府相关部门对虚拟社会的管理显得困难重重，目前面临的严峻形势主要包括以下几个方面：

一是敌对势力不断利用互联网对国内进行渗透破坏活动，直接危害国家安全。

二是网民对事关国计民生的社会热点、征地拆迁、反腐败、环境污染等方面问题的关注度空前高涨，此类网络舆情一旦处理失当，极易被别有用心者利用来进行网上炒作，抹黑党委政府形象，甚至诱发群体性事件，危害社会。

三是大量违法犯罪人员利用互联网进行违法犯罪活动，严重影响群众安全感。

四是互联网法律法规建设严重滞后于互联网发展速度，导致政府职能部门对虚拟社会出现的违法违规行为的打击处理缺乏相应的法律支撑。

五是大量淫秽、暴力有害信息通过互联网蔓延，误导民众，毒害青少年。

六是"黑客"、计算机病毒窃取、破坏信息系统等违法犯罪高发。这些问题不但对互联网安全构成了严重的威胁，也间接扰乱了现实社会的正常生活秩序。

各级党委、政府领导特别是互联网相关管理职能部门领导必须充分认识新形势下互联网舆情发展规律、特点，积极主动应对，切实做到对症下药，趋利避害。

二、正确运用"防、堵、疏、打"综合管理措施，是提升虚拟社会管理水平的关键

随着互联网技术的普及与发展，其"双刃剑效应"亦日趋显现。虽然在国家安全、社会管理、维护稳定等方面给我们带来了诸多难题，可一旦我们学好、用好、管好互联网，也就能充分利用其强大的功能，调动其广泛的资源为我所用。可以利用互联网的广泛性、时效性、普及性等特点为党委政府联系群众、服务群众、更加便捷地了解社情民意，宣传法律、法规、政策，宣扬优秀的文化等一系列工作提供支持。

笔者认为，要进一步提升虚拟社会管理水平，做到科学管网、用网，必须充分发挥好党委政府的组织领导作用，由政府牵头，组织公安、文化、宣

传、科技等相关部门形成合力，齐抓共管，通过采取法律、行政、技术等手段，构建起一整套虚拟社会"防、堵、疏、打"综合管理体系。

（一）"防"

"防"是指为完善互联网相关法律法规，提高互联网安全管理技术水平，相关部门制定互联网舆情预警处置方案，全方位构筑互联网安全防护体系。

一是针对互联网法律法规制定滞后与互联网发展的现状，及时制定、完善相关法律法规，努力推进互联网法治化管理进程，使得虚拟社会管理有法可依。

二是运用网络媒体、网民社区等各种手段进行法制宣传，向网民普及互联网相关法律法规知识，逐步提高互联网使用者自觉遵守法律法规的自律意识。

三是对网站、网吧、重点联网单位等互联网接入单位落实安全管理技术措施，建立健全安全管理制度，按"谁主管、谁负责""谁运营、谁负责""谁受益、谁负责"的要求落实相应的管理责任。

四是相关职能部门要加强网上舆情监控，落实24小时互联网巡查工作机制，确保第一时间发现、报告、处置负面信息。

五是加强"虚拟社会重点人"管控，必须掌握诸如意见领袖、网络推手、异见人士等虚拟社会重点人网上和现实身份标识，建立"虚拟社会重点人数据库"，为加强虚拟社会管理和打击虚拟社会的各种违法犯罪活动提供数据支持。

（二）"堵"

"堵"是指封堵有害信息在网络中的传播源。

一是对境外传播有害信息的色情、赌博、暴力类网站，建议国家相关部门及时进行封堵。

二是按照属地管理原则，各地充分发挥职能部门作用，对本地论坛、微博、博客的开设进行审批把关，严格执行先审后发制度，从源头开始过滤负面信息。

三是运营商对互联网家庭用户落实安全管理技术软件，通过技术手段对网络中的色情、赌博、暴力等有害信息进行封堵。

（三）"疏"

"疏"是指通过与网民采取网上交流、网下沟通、网上联系、网下服务等方式，及时组织网民对党委政府的重大决策事项进行讨论，充分听取网民意见。

一是各级领导干部要率先学网、懂网、用网，积极通过网络媒介与网民进行交流，通过交流树立党委政府的正面形象，融洽干群关系，改变部分领导干部恐网、拒网的现状。

二是党委政府通过对公安、宣传等部门加强组织领导，落实分工协作，建立互联网负面舆情协作处置机制。对发现的热点敏感舆情及时进行沟通、研判、评估，及时向党委政府汇报。党委政府第一时间通过新闻发言人及媒体发布官方正面信息，及时向全社会反馈调查处理结果，通过在信息发布中占据主动来稳控局面。

三是互联网管理部门运用自身优势积极引导网络群体，主动与网上舆情领袖、知名网民沟通联系，使其为我所用，利用其影响力对网络舆情发展发挥积极导向作用。

(四)"打"

"打"是指公安机关要对恶意散布谣言影响社会稳定、利用互联网进行违法犯罪活动的人员进行严厉打击。

一是公安机关要对人民群众反映强烈的网上传播色情、赌博、诈骗等违法犯罪活动适时开展专项行动，并把专项行动作为一项常态性工作持续开展。

二是对敌对势力危害国家安全，造谣惑众影响社会稳定的人员要及时查处。

三是公安机关要形成以网安部门为主导，多警种协同作战机制，提升打击网络违法犯罪的整体战斗力。提高情报信息共享率，汇总刑侦、治安、禁毒、派出所等警种摸排收集的虚拟社会信息，通过分析研判，整理出信息交叉点，获取侦查破案的重要线索。

三、健全网上舆论引导机制，是提升虚拟社会管理水平的保障

随着我国网络虚拟社会的不断壮大，如何加强网络虚拟社会的管理工作，成为我国在改革开放进程中面临的全新使命。党的十八大报告把对虚拟社会的管理工作纳入社会管理范畴，把网络虚拟社会与现实社会的管理统筹起来，充分体现了党中央对虚拟社会管理工作的高度重视。笔者认为，健全网上舆论引导机制应首先做到以下几点：

一是党委、政府及各职能部门领导干部应学习如何使用互联网与群众沟通交流。与传统的管理方式相比，虚拟社会管理从管理对象和运作

方式上都更趋复杂。网络的多元文化、各种价值观并存等,促使管理思想必须从封闭走向开放,从单向走向互动。各级领导干部必须注重网络社会理念的学习,树立人性化、柔性化的管理观念,加强与网民的沟通交流,方能保持网络舆情平稳可控。

二是应将党委政府作出重大决策前听取网民意见制度化。网络民意也是民意,应当予以足够的重视。如今互联网已成为群众行使知情权、监督权、利益保障权的重要领域,2012 年在什邡、启东等地,都曾发生过因建立可能导致环境污染企业未听取网民意见,最终引发大规模群体性抗议活动的事件,教训可谓深刻。如果将党委政府作出重大决策前听取网民意见这一举措制度化,提前将拟决策内容发布到网上,供各利益相关方展开充分的讨论,建立健全政府与民众对话协商机制,多层次、多渠道开展常态化对话协商,使普通群众有机会参与到决策过程中去,则更有利于化解矛盾。

三是应将网络新闻发言人制度常态化,及时应对突发重大舆情事件。应当公开网络新闻发言人的身份,欢迎网媒、网民与之公开对话。面对突发重大舆情事件,网络新闻发言人主动通过娴熟的公关技巧和翔实的官方数据来解释事件、说服民众,使得正面的声音占据主流,压缩谣言的生存空间,及时解答公众疑问并进行传播。

(征文获鼓励奖,作者系镇江市公安局网络安全保卫支队支队长)

浅议如何做好新形势下的公安内保工作

金家银

▶ ▶ ▶ ▶

近年来,各级内保部门紧紧围绕省厅和市局党委中心工作部署,充分发挥职能作用,全力以赴攻坚克难,在安保维稳、应急处突、情报收集、矛盾化解、内部防范等多条战线都取得了阶段性成效,这得益于上级的正确领导,得益于社会各界的关心支持,更得益于各级内保民警的辛勤付出和努力。

目前,新形势下的公安内保工作面临新的问题和挑战,结合日常工作,笔者感到当前内保工作存在的不足主要表现为以下"三个不到位":

一是情报信息不到位。新形势下的情报信息工作具有指导单位内部防范、引领维护稳定、服务领导决策三大功能作用,但目前我们不少同志对情报信息工作的重要性认识不足,情报信息的来源不广、渠道不宽,不是主动地去收集信息,而是在办公室坐等基层或单位报送信息上门。不少同志不会收集信息,不会分辨信息,不会利用现代传输手段报送信息,不会应用信息,这不仅造成许多有价值的情报信息流失,而且还给维稳工作、防范预警和领导决策带来很大的困扰。

二是信息化建设不到位。实现业务工作的信息化是公安机关顺应形势发展的必然选择,是发展方向,是"三项建设"的重要内容之一。目前,各级领导从上到下都高度重视公安信息化建设工作,但内保部门受警力配置、年龄老化等因素影响,信息化建设情况还很不理想,还处在初始阶段,更谈不上科学应用。

三是查办案件不到位。根据《内保条例》和省厅有关文件规定,内保部门承担着部门行政执法职能和10类刑事案件的侦办职能,但从实践操作来看,目前内保部门侦办案件数较少,与单位内部大量存在的治安隐患和频繁发生的安全事故相比不相称。究其原因,在于对行政案件查处和管辖刑事案件侦办的重要性认识不到位,没有摆上应有的位置,没有充分认识到行政执法案件的查处对于促进单位隐患整改、提升单位内部防控能力的重要性,没有高度认识积极查处管辖刑事案件对于有效遏制单位内部重大安全事故的重要性。

做好新形势下的公安内保工作,必须始终围绕经济文化单位持续稳定安全这一中心,突出做精做优情报信息品牌和健全完善内部防范网络"两项主业",扎实推进工作信息化、执法规范化、服务和谐化和队伍正规化"四项建设"。

一、做精做优情报信息品牌

一要充分发挥公秘结合的职能优势,建立情报信息维稳协调机制,通过推进信息员队伍建设,加强内保部门与经济、文化、教育、科研等主管部门之间的沟通联系,进一步拓宽信息来源,畅通信息渠道,着力健全覆盖广、触角深、反应快的内保情报信息网络。

二要从当前维稳现实斗争出发,以受金融危机影响波及的中小企业、因改革改制导致利益调整的行业系统,以及高校、社科、文化等涉及意识形态领域的单位为重点,定期组织开展不稳定、不安定因素滚动排查,同时以不同敏感时间节点可能出现的各类突发事件的性质、严重程度、可控性和影响范围为要素,以单位内部的人员、组织、群体、事端以及各类警情为目标,建立健全维稳工作常态化机制。

三要在深入调查排摸、强化初始信息和源头信息搜集的基础上,着力抓好情报信息的综合分析研判,力求把各类零散琐碎的信息转化为服务维稳预警的有效信息,不断提升情报信息的实战效益和应用价值。

四要从抓主要矛盾和矛盾的主要方面出发,坚持把诉求群体以及重点人头的排查管控工作置于重要位置,围绕其思想动态、性格特征、活动范围及可能造成的现实危害等,逐一开展专项调查和风险评估,加强情况追踪和预测研判,确保将各类人头对象纳入工作视线,列入管控范围。

二、健全完善内部防范网络

一要健全完善内部单位"三级管理"机制。针对单位面广量大、个体差异不同、重要程度迥异以及公安工作现行体制机制特点,以《企业事业单位内部治安保卫条例》为依据,按照"重点单位重点保护"和"属地管理"相结合的原则,明确各级内保部门和基层派出所对单位治安保卫工作的监督检查指导职责,努力形成"突出重点、分级负责、问责有人"的管理责任机制。

二要健全完善日常监督检查指导机制。围绕当前工作中暴露出的监督不规范、指导不到位等问题，抓紧研究制定公安机关监督检查指导单位内部治安保卫工作规范，进一步增强监督检查指导工作的规范性和可操作性，同时在继续抓好明查、暗访等常规监督检查工作的基础上，针对动态治安特点和单位内部防范存在的隐性问题，通过开展"红蓝对抗"活动，不断提升内部单位治安防控水平。

三要健全完善可防性案件发案倒查机制。以省、市两级治安保卫重点单位发生的可防性刑事案件、直接经济损失万元以上的案件以及撬盗保险箱等案件为重点，紧扣发案原因对单位内部存在的治安隐患和责任民警存在的有关问题分别开展倒查，通过加大倒查结果的运用，督促单位落实隐患整改措施，激励民警认真履行检查指导职责。

四要健全完善单位内部安全防范预警机制。借助内保工作信息化建设的有效载体，依托刑侦、治安部门的案件信息资源，加强涉及单位治安的方面性、倾向性问题的分析研判，在此基础上通过发布预警信息、通报分析案情、传授防范技能、提出工作要求，进一步提升单位安全防范指导的针对性和实效性。

三、扎实推进工作信息化建设

一方面，针对当前单位源头信息采集不全、数据质量不高的实际情况，按照客观、全面、准确的要求，突出抓好初始信息的采集工作，注重加强数据入库前的审核把关，确保所录信息能够客观记录单位基本概况，全面反映治安保卫工作现状。同时做好警务信息平台的更新维护，对各类动态情况及时进行增删改，确保各类数据信息的鲜活、即时。另一方面，在数据信息采集录入和实时更新的基础上，开展以关联数据为要素的分类检索查询、综合统计分析和网上碰撞比对，运用信息化手段对单位涉稳因素和治安情况进行全覆盖、多角度、动态化的分析，为有针对性地开展维稳实战、加强安全管理和落实防范措施提供指导依据。

四、深入开展执法规范化建设

坚持把行政执法和重大责任事故等案件查处工作作为内保部门依法履行职能的客观要求和推进单位防范工作的重要手段，通过推进执法规范化建设，不断增强检查监督指导的效能，为构筑单位内部安全屏障提供法制保障。一方面，要按照规范程序、细化标准的要求，抓紧研究制定行政执法规程和实体依据,进一步明确公安机关在发现隐患、督促整改、实施处罚和推动防范等各个环节的具体要求,为规范监督指导行为、落实行政执法责任提供支撑。另一方面,要把加强重大责任事故等案件侦办作为内保部门实战强警的突破口,从有效压降单位各类安全事故的实际需要出发,对有关规范进行深入调研并逐步细化完善,全面推进案件侦办工作的制度化、规范化建设。

五、积极促进服务和谐化建设

始终把构建和谐警民关系作为新形势下内保部门服务单位发展的内在要求和做好单位内部治安保卫工作的根本保证,紧紧围绕工作大局,始终紧扣自身职能,通过扎实开展涉稳矛盾纠纷的疏导化解,切实加强内部安全防范的监督指导,着力深化单位周边治安的专项整治,建立健全"大走访"长效机制,努力把工作成效更多、更直接地体现在促进单位和谐和保障内部平安上,不断提升内保民警的群众工作能力和服务水平。

六、大力加强队伍正规化建设

明确把内保专业队伍、基层派出所队伍和单位治安保卫队伍作为维护单位稳定安全的重要力量,通过开展业务培训、加强实战锻炼、提高整体素质,使之成为内保工作实现可持续发展的有力支撑。

一要采取多种形式,围绕情报信息搜集研判、矛盾纠纷排查化解、内部防范监督指导以及行政执法办案,组织不同层级、不同岗位的民警苦练基本功,切实提高胜任岗位、履行职责所必需的基本能力和水平。

二要顺应公安机制变革要求,把内保工作的落脚点和支撑点植根于基层派出所,通过加大业务培训和指导力度,及时将各项目标要求纳入派出所日常警务之中,使其切实担负起收集掌握辖区单位社情民意、防范化解涉稳事端、监督指导内部治安保卫工作以及源头信息采集维护等内保业务职责。

三要按照抓教育、抓管理、抓培训的要求,及时发现、总结和归纳单位内部治安保卫工作的经验做法,通过加强培育引导,树立典型示范,及时表彰奖励,进一步调动广大治安保卫人员的积极性和创造性,充分发挥其在维护单位稳定安全方面的重要作用。

(征文获鼓励奖,作者系镇江市公安局内保支队支队长)

着力打造平安建设的尖刀精兵

赵福民　　　　　　　　　　　　　　　　▶ ▶ ▶

　　自 2006 年镇江市组建公安特警队以来,全体公安特警按照"拉得出、动得快、打得赢"的要求,遵循"边建设、边规范、边训练、边参战"的原则,坚持"以正规化的管理内强素质,以规范化的勤务外树形象",立足打造品牌,不断强化职能,在组织机构、警力配备、装备保障、营房建设、专业训练和整体战斗力等方面都取得了长足发展,成为镇江市反恐防暴、维稳处突、打击犯罪、抢险救灾等方面的"尖刀"队伍。同时,必须深刻地认识到,随着社会治安形势的日益严峻和镇江市经济的跨越发展,刑事犯罪频发、群体性事件和暴力活动突出的趋势有所加剧,在处置过程中也暴露出特警队伍自身的弱项和不足。面对存在的问题,必须坚持走正规化建设路线,全面总结经验教训,深入剖析问题和不足,不断推进公安特警队伍发展迈向一个新的台阶。

一、深刻认识公安特警队伍正规化建设的重要性和紧迫性

　　切实提高新形势下公安机关反恐、防暴和处置突发事件的能力,进一步加强公安特警队伍正规化建设,是公安部、江苏省公安厅党委在准确判断、深度把握当前维护稳定工作面临形势的基础上,积极借鉴世界先进警务发展理念,主动适应新形势、新任务、新要求而作出的一项长期性、坚决性的重大战略决策,必须围绕中心工作严格落实、常抓不懈。

　　(一)进一步加强和推进公安特警正规化建设是积极应对严峻维稳形势的迫切需要

　　当前,随着经济全球化、社会信息化的不断发展,受来自国内外政治、经济、文化等多领域影响,重、特大暴力犯罪案件屡有发生,个人极端主义犯罪形势日益加剧,从群体性突发事件形势看,因人民内部矛盾引发的群体性上访事件一直呈上升趋势,群体上访规模不断扩大,行为方式激烈,危害程度加剧,有的群体性事件被别有用心的人插手利用,加上境外媒体

恶意炒作,使问题更加复杂,处置难度加大,这都加重了公安机关的维稳压力。总体上讲,进一步加强公安特警队正规化建设,建立健全反恐防暴应急指挥机制和工作预案,不断提高队伍和装备建设水平,提高特警队伍整体素质和实战能力,全面落实各项防范措施,是适应当前维稳形势的实际需要。

(二)进一步加强和推进公安特警正规化建设是妥善处置重大突发事件的迫切需要

近年来,国内发生多起重大突发事件,来势迅猛,规模较大,波及面广,严重扰乱社会正常的生活秩序和局部地区的和谐安定,尤其是拉萨"3.14"事件以来,全国公安特警在公安部的统一领导下共6次跨区域联合执行抗震救灾和维稳处突任务,镇江市特警支队先后参加了汶川"5.12"抗震抢险救援、乌鲁木齐"7.5"事件维稳等重大任务。江苏省内,2010年苏州通安事件、2011年灌南"2.14"堵路事件发生后,镇江市特警支队迅速调集警力紧急增援,并在处置工作中发挥了积极作用。

(三)进一步加强和推进公安特警正规化建设是不断提升队伍综合素质的迫切需要

公安特警综合素质的高低体现在应急调动、现场处置、活动安保、巡逻执勤、人员配置、内务管理和后勤保障等多个方面,其中人员结构和教育训练是提升综合素质的关键因素,装备力量和运行机制是促进整体战斗力发挥的重要保障。由于镇江市特警队伍处于初期建设阶段,工作重点在于基础要素的累加扩充,各组成要素内在联系还没有得到充分挖掘,综合实力有待进一步提升。只有将特警队员和装备相结合的组织状况、结构质量的延伸性、纽带性加强,形成整体效应,才能有效地生成和提高战斗力。进一步加强和推进公安特警正规化建设,就是要充分挖掘特警队员和物质装备相结合的内在潜力,走提高质量效益的内涵发展之路,通过加强对队员的严格训练以及对勤务的规范管理,并通过一定的规程和机制,将特警队员和装备有机地结合起来,使最小的投入产出最大的效益,有效增强整体素质。

(四)进一步加强和推进公安特警正规化建设是推动队伍建设可持续发展的迫切需要

正规化建设是队伍高层次、高水平、高效益管理的体现。镇江市特警队伍组建仅有6年时间,在制度、训练、勤务、指挥、管理等方面还存在着不少薄弱环节,如果不及时解决,势必影响队伍的发展和战斗力的发挥。

进一步加强和推进公安特警正规化建设是按照"统一指挥、机动灵活、布局合理、精干实战"的原则，走"从严管理、从严训练、从严要求"的科学发展之路，从而努力把特警队伍建设成为有过硬的思想基础、严明的纪律作风、严密的组织指挥、规范的勤务管理，具有一流人员、一流装备、一流战术水平，有较强威慑力和战斗力的机动"拳头"力量，成为公安机关反恐怖的专业队、打击暴力犯罪的突击队和处置群体性事件的特殊工作队。

二、阻碍镇江公安特警队伍正规化建设的瓶颈与问题

近年来，镇江公安特警队多次跨区域、长时间、整建制调动，成功参与完成抗震救灾、新疆维稳、建党九十周年和奥运安保等重大任务，以实际行动践行了公安特警的神圣职责，得到了江苏省公安厅和镇江市委、市政府的充分肯定，赢得了社会各界和广大人民群众的普遍赞誉。但从当前维稳形势看，公安特警队建设仍有较大的差距，一些发展上的瓶颈问题还亟待解决。

（一）在完善处突机制方面

公安特警应对突发事件时，可以在第一时间快速赶赴现场，在维护稳定、打击犯罪、抢险救灾中起到"拳头"和"尖兵"作用。但应急工作实质是一项包含多部门、多环节的工作，需要建立多部门情报的会商、指挥的辅助、预案的演练、应急备勤等多项常态性的工作机制。而当前对反恐处突工作的理解普遍还停留在特警一家处置的基础上，忽视了反恐处突工作的基础性、整体性与联动性。相关的反恐处突常态化工作机制还不够健全，重大活动或保卫工作期间涉恐安全风险评估机制、情报会商和核查机制、重点地区区域性反恐协作交流机制、反恐宣传和督导检查机制建设还不够有力。辖市区和各部门反恐应急工作责任制、日常协商交流机制还未成形，反恐工作的实战化训练机制还需进一步完善和提高，建立健全镇江市范围内多种力量辅助，有层次、有结构、紧密联系且互相配合的应急救援联动机制已成为公安特警机制建设的突出问题。

（二）在反恐力量建设方面

根据江苏省公安厅《关于进一步加强公安特警队正规化建设的意见》（苏公厅〔2011〕321号）的要求，各市特警警力（含县级公安机关应急处突力量）配置不少于100人。目前，镇江市特警支队共75人，受处置人员年龄、结构弱化，定期警力轮岗交流的影响，距离省厅要求还具有一定差距，表现在：第一，拴心留人的氛围没有形成。特警队员中的狙击手、排

爆手、突击手等岗位专业性强、危险性高,人员相对稳定,且随着时间的推移,处置复杂警情经验将更加丰富。相比刑侦、技侦等部门,这类专业技术人员缺少相关技术职称和非领导职务,相关待遇和人身安全保障问题未能得到进一步改善,这在一定程度上影响了专业特警队员训练和工作的积极性。第二,人员交流制度不够健全。根据江苏省厅关于特警队员的交流轮岗的有关要求,特警队员工作3~5年,应当进行交流轮岗,但由于目前镇江特警支队的总人数还没有到达省厅要求的100人的编制要求,部分特警队员长期在单位工作,得不到交流轮岗的机会,年轻队伍又无法及时补充,不能满足高强度训练工作的要求,造成了特警队伍阶梯式的发展模式出现了不同程度的脱节。同时,狙击、战术、谈判等方面的训练"尖子"匮乏,这也严重影响了特警队伍整体战斗力以及攻坚克难能力的有效发挥。

(三)在维稳处置训练方面

受体制、机制等多种因素的影响,公安特警的反恐实战训练效果还不够明显,存在着实战与训练脱节、与反恐斗争需求不符等问题,突出表现在训练内容仍然比较狭窄。全面反映城市特点的相关反暴力恐怖事件的战术科目,犯罪心理、临战心理、对峙心理等科目的训练仍然较为匮乏。另外,根据公安部"公安特警五项"训练科目要求,在必需的训练地场地建设方面还存在薄弱环节,特别是用于训练体能的障碍场、用于突击攻坚训练的轮胎房、用于训练队员协同配合的攀登墙等基础建设有待进一步改善和加强。目前,开展射击、战术、攀登、游泳等训练项目时仍需借助其他单位、部门场地,严重影响了特警队员实战水平的提高。实战训练不到位、基础设施不完善的问题,对于特警队员处置愈演愈烈的多发性、群体性、突发性事件和暴力犯罪,以及参加全国、全省比武竞赛都产生了不利影响。

(四)在强化武器装备方面

存在缺乏高新技术装备、部分装备已陈旧老化等问题,加之一些装备缺乏设计的标准化、配套的专业化、衔接的变通化,不同程度上影响了整体实战水平发挥。按照公安部和江苏省厅有关特警队武器装备的配备标准要求,目前,支队各种单兵装备存在技术含量偏低、人机结合功能偏差、实战检验偏少等问题。按规定必备的非杀伤性武器和特殊武器配备还不到位,特别是性能良好、设施精良的涉爆现场的排爆车、排爆机器人等的排爆装备以及水炮车、突击车、特警运兵车、装备车等特种车辆的缺乏已成为阻碍支队妥善处置各类突发事件的最突出问题之一。

三、镇江公安特警步入正规化轨道的必由之路

加强特警队正规化建设必须树立科学管理理念，强化效益意识，正确处理好"硬件"建设与"软件"建设、正规建设与创新发展、长期战略与短期目标、特警职责与中心工作的关系。围绕管理、训练、保障三个环节，重点在以下四个方面狠下功夫：

（一）在政治建警上狠下功夫，着力夯实正规化建设的思想组织基础

特警队伍的最基本要求就是政治可靠、纪律严明、作风优良。没有铁的纪律、较高的政治觉悟和坚强的组织基础，就不可能完成艰巨的政治任务。因此，走正规化建设之路的首要任务是坚持政治建警、组织强警和制度保警。

一是扎实开展理念教育和忠诚育警。特警队伍担负的是情况复杂、时间性强的紧急任务，这就要求队员必须具备良好的政治素养、吃苦耐劳的奋斗精神、身手敏捷的强健体魄、坚忍不拔的心理素质等基本条件。必须进一步坚持以忠诚、尽责、勇敢、奉献为内涵的特警精神，切实加强形势政策教育，引导特警队员善于从政治上观察和分析问题，在事关全局、事关政治方向、事关根本原则的重大问题上，始终做到头脑清醒、立场坚定、旗帜鲜明。要倡导全体民警"掌握一门技能、精通一项专业"，通过采取深化"社会主义法治理念""珍惜职业、把握人生"等教育实践活动，定期组织开展政治理论学习，牢固树立政权意识、忧患意识，全力打造"精锐善战、威武文明、亲民爱民"之师。要充分发挥党团组织的积极作用，进一步深化支队党支部、团支部和工会组织的建设工作，并注重文化养成和氛围养成的软实力提升，制定相应章程，形成长效机制，同时要树立标杆、推选先进，广泛开展向"镇江最帅警察"学习等为主题的讨论活动，以及在青年党员和团员中开展"我为特警增光彩""争做学习型民警"为主题的征文和演讲比赛活动，不断增强广大民警爱岗敬业、做好本职工作的光荣感、责任感和使命感。

二是不断优化警力资源和选拔调配。镇江市公安特警的招录选拔主要有警校毕业生、转业军官和社会招考几个方面来源，从近年来的队员素质组成上看，选拔机制和转岗交流的人才任用制度已经不能完全满足特警队伍正规化建设的需要。要建立严格、科学的招录和淘汰工作机制。其中，特警队员招录应从具有专业技战术能力的警校生、经过正规军事化

训练的退伍军人或掌握信息技术、爆破技术等专业技能的人才中选拔。遴选过程中应在人事部门的指导下根据特警的发展需要，通过逐级把关推荐、全面考核初选、高强度训练考查等程序严格、公正选择，以此保障队伍的基本素质组成。

三是建立健全优待制度和保障机制。要建立特警队各级领导干部和特警队员动态考察、考核的长效机制，加大对领导班子和组织成员考核力度；以核准的最小作战单元为单位，采取竞争上岗等形式，建立后备干部资源库和竞争上岗机制，为特警的长远发展提供后备力量；健全内务管理机制，全面落实特警队《内务卫生车辆装备管理达标标准》《加强和规范训练工作的意见》等一系列制度规定，重点在内务管理、教育训练和勤务指挥方面开展达标示范工程建设，采取"达标挂牌、退步摘牌"等奖惩措施，评选一批先进单位和岗位标兵、业务能手，努力在特警队内形成团结向上、比学赶超的和谐竞争氛围；健全完善从优待警机制，建立特殊岗位人员医疗、人身保险制度，协调相关部门，通过投保"政策险"、提高投保费用和扩大投保面等方法使特殊岗位人才参保；建立非领导职务晋升、专业技术职称评定等特殊政策的长效机制，不断激发队伍活力；建立民警健康档案，定期进行心理健康知识讲座；建立特困民警家庭情况基础台账，及时做好受伤和困难民警的探望、慰问工作，使队伍的凝聚力和向心力不断增强。

（二）在勤务规范上狠下功夫，着力夯实正规化建设的实战应用基础

特警是公安机关防暴处突的"拳头"力量和"尖刀"力量，经常处置重大、特殊、敏感警情，必须有一套完整健全的处置工作机制。

一是健全完善勤务指挥和应急处置机制。要结合日常勤务实际，充分设想可能发生的各种突发情况，根据不同类别、不同性质、不同规模、不同级别制定完善"支队、大队、最小作战单元"三个级别的勤务指挥预案，在预案中明确勤务级别、处置原则、出动警力、携带装备、协同行动、通信保障、处置措施、移交工作等具体内容及程序，按照勤务级别明确指挥层级关系、领导职责、任务分工、流程步骤、通信联络的具体程序和标准，并在实战中进一步调整完善，使特警执行勤务的每一个环节都做到有据可依。要进一步健全完善紧急调警机制，探索建立一线作战队"日常白天保证三分之二警力备勤、夜间三分之一警力备勤、节假日二分之一警力备勤、重大临时勤务全员备勤"的警力备勤模式。在接处警机制上实行"扁平化"指挥，保证快速反应；在现场指挥上做到快速畅通、衔接有力；在现场处置和指挥主体上做到职责明确、分工具体；在处置手段上做到严格依法、灵活果断、多措并举；在处置机制上做到多警种多部门联动、配合默契、规范有序，充分发挥整体效能。

二是健全完善预警研判和实战处置机制。在反恐处突方面：重点强化预警、防范、协同机制，提高综合反恐能力。在处置群体性事件方面：组织专门力量研究处置预案，针对群体性事件的不同规模、不同性质、不同参与群体，制定若干个具体处置方法，并下发全体队员组织学习；拍摄现场处置教学片，组织各级领导和全体特警队员认真学习；组织一线指挥员培训班，使各级指挥员熟悉方案预案，熟悉指挥程序，熟悉各种处置措施，成为"熟法律、敢指挥、能对话、会处置"的合格一线指挥员。在排爆安检方面：要进一步明确加强排爆安检工作的指导思想，进一步明确组织领导和职能划分，进一步严密排爆安检勤务和防范处置措施，进一步加强排爆安检器材的配备使用和管理工作，进一步强化排爆安检业务培训和考核工作，形成职责明确、指挥统一、措施完善的排爆安检处置工作机制。

三是健全完善业务绩效和日常考评机制。健全勤务监督检查相关规章制度，通过勤务报备、电台抽点、实地检查等多种手段，根据勤务指挥和工作预案、方案具体要求，对各单位演练及勤务的组织、领导到位、指挥程序、命令下达、通信联络、到位时间、携带装备、工作措施、打击战果等情况进行全方位检查、考核，确保"以训为主、以战为辅"和各大队"以战为主、以训为辅"的"平战结合"工作思路得到深入贯彻落实，以此激发一线民警的工作积极性，促进特警队伍打防协作工作机制趋于规范。

（三）在刻苦训练上狠下功夫，着力夯实正规化建设的素质能力基础

圆满完成各项勤务任务的基础来自于日常艰苦的训练，实践中要根据特警队的性质量化训练时间、内容和标准，在单兵和整体素质提高、常规和高端装备应用、训练和实现效果统一等方面狠下功夫，做到"组织、措施、责任"三落实。

一是强化专业能力训练。要组织一线队员重点学习与特警执法执勤密切相关的《人民警察法》《治安管理处罚法》《刑法》《人民警察使用武器和警械条例》《公务员法》《集会游行示威法》等法规，开办毒品辨识、查缉战术、枪械勤务使用等警务技能专题培训，并邀请专家统一授课，有效提升特警队员的理论素养。同时，坚持逢训必考原则，切实提高民警在执行各种勤务和反恐防暴处置过程中的依法处置能力，提高民警的法律素质和执法水平。要强化集中教育训练，举办最小作战单元培训班，将一线作战队员全部逐期轮训,使民警的专业技能有明显提高;举办专业技能培训班,以培养特等射手、狙击手为主,兼顾培养一批攀登、抓捕、特种装备使用的人才,力争培养选拔一批专业人才和尖子能手。要针对特殊活动的安保等重要任务开展专业培训,制定相关实施方案计划,指导、组织反恐防暴和排爆安检处置力量开展专项技能培训,促进不同情形下的应急力量建设。

二是强化应用技能训练。根据公安部"特警五项"的具体要求,重点要抓好体能训练和技能训练两大方面:首先是体能训练,要通过集中的、强化的和持续不断的越障、攀登、武装越野、武装泅渡、野外生存以及各种超负荷体能训练等形式,不断培养队员非凡的体魄、意志、毅力和强烈的自主意识。要坚持"以训练备比武,以比武促训练"的原则,以江苏省厅关于特警队员的体能训练的相关要求为标准,建立与江苏省比武相配套的良性衔接机制,通过进一步强化日常基础项目训练,确保特警队员综合体能素质得到有效提升。其次是技能训练,要制定全面、细致的训练方案,通过不断强化督导考核和系统的训练,使队员熟练地掌握各种武器、警械的使用,掌握在各种复杂地形和环境下的驾驶、通信和爆破等技术,能熟练地使用各种侦查器材和设备,熟练掌握快速射击、精确射击、擒敌、攀登、潜水、识图等技能,掌握化学物品防护、现场急救、野外生存、危险物品处置等技术。训练中,还应注重打造专家型特警队伍,善于发现队员的专业特长,有意识地培养谈判专家、爆破专家、武器专家、防化专家、通讯专家等专家队伍,不断提高队伍的综合应用能力。

三是强化模拟实战演习。模拟实战演习既是综合能力的训练,又是检验作战方案和作战能力的最好形式。要积极研究各种形式的突发事件的规律特点,完善各项工作预案,开展不同时间、不同科目、不同地域、不同警力配置的演习和演练,强调突发性和对抗性。将定期拉动、随时拉动和事前通知、事前不通知等方式有机结合进行演练。实战训练中要重点加强反劫船、劫车,解救人质,排除爆炸物,围捕犯罪分子,反骚乱和城市搜救等各方面的实战演练,不断提高组成成员整体联动、协同作战能力。在演习科目的安排上,要强化实战意识,开展"以战为本、战训合一"的专业训练和演习工作,演习项目、训练器材、演习方法、演习场地及后勤保障等都应围绕实际工作中遇到的各种情况和问题进行。此外,还要不断地开拓特警训练新思路、创新方法,充分利用现代化的训练设施和手段,创造实战训练的新途径,探索和研究特警队伍训练科学长远发展机制。

（四）在装备力量上狠下功夫，着力夯实正规化建设的后勤保障基础

装备力量是处置突发事件，控制紧急局势，减少危害和损失，保障人民群众和特警队员自身安全，保持、发挥和提高公安特警队伍战斗力的物质基础，其中最重要的是加强经费和警用技术装备的保障。

一是强化高端武器配备。"SWAT"的含义就是一支拥有特殊武器和技战术的精英队伍。在日益严峻和复杂多变的治安环境下，特殊武器装备的作用越来越重要，在各类防暴处突中，往往也会起到关键性作用。因此，特警必须拥有应对突发事件的特殊装备，能在一定范围内快速到达任务地点并妥善处置事件。这就要求特警有能够快速移动的机动车辆，包括在特殊装备上急需解决用于处置各类排爆现场的排爆车、排爆机器人、水炮车等必要的排爆装备。

二是强化传统装备配备。要发展精确打击的致命性应急武器装备，要求特警队员必须熟练掌握常规武器的使用和保养常识，并不定期地开展训练考核工作，使常规武器在日常执勤执法活动中发挥应有的效能。应着力配备网枪、防暴枪、催泪弹、麻醉武器等警用非致命性应急武器装备。另外，穿墙雷达、5.8毫米微声手枪、头盔式微光夜视仪等装备已被国内多地特警广泛应用，尤其是公安部为部分城市特警配发的"七九"轻冲战术导轨系统等能快速瞄准、快速射击的装备，实战中能在夜间、昏暗条件下的射击精度和命中率达到100%，真正做到了"指哪打哪"，有效地提高了特警队员的快速反应和特殊环境处置事件的能力，在条件允许的情况下，这些传统装备都应配齐配强。

三是强化基础建设配备。要严格按照江苏省财政厅、省公安厅《关于进一步加强公安特警队经费保障工作的通知》（苏财行〔2006〕52号）要求，争取党委、政府和上级公安机关支持，切实把特警训练、装备、基础建设等经费纳入地方财政预算，并按实际需要予以足额保障。根据公安部"公安特警五项训练纲要"的有关规定，要加大综合体能训练场地、特警搏击训练场馆、战术射击训练靶场、突击攻坚训练轮胎房以及群体性事件处置战术训练的模拟场景的模拟街区等特警训练场地建设投入力度，并注重在综合楼、宿舍楼等生活设施建设上予以财力和物力倾斜，做到各项配套训练和生活设施一应俱全，为进一步提升特警队员的整体综合素质与能力奠定坚实的基础。

（征文获鼓励奖，作者系镇江市公安局特警支队支队长）

从严治警与从优待警并重
最大限度激发队伍生机活力

陈丙科　　　　　　　　　　　　　　　　　▶ ▶ ▶

围绕江苏省厅"如何严警与优警并重,做到对民警政治上关心、思想上关爱、生活上关怀,最大限度激发队伍生机活力"调研课题,镇江市公安局高度重视,立即组织专门力量成立专题调研组深入基层,结合实际,有针对性地展开调研活动,现将调研情况归纳如下。

一、在落实严警与优警并重方面的主要做法

(一) 以警为本,打牢队伍思想根基

我们坚持"以人为本",从抓民警基本职业素养入手,深入开展全警职业道德建设,增强民警职业道德认同感、归属感、荣誉感,激发民警积极性的内在动力。

一是塑警风。我们积极组织公务员职业道德主题教育和人民警察核心价值观教育实践活动,通过学习讨论、演讲比赛等,调动民警积极参与,树立"热爱祖国、忠于人民,求真务实、开拓创新,顾全大局、团结协作,恪尽职守、廉洁奉公"的公务员精神,使广大民警始终保持忠于党、忠于祖国、忠于人民、忠于法律的政治本色,铸就和弘扬忠诚的警魂。镇江市公安局新区分局结合与警察职业相关的 7 个节日,以从警一生 7 个节点为载体,深入开展警营文化建设,并形成自己特色,省内外多家兄弟单位来参观学习交流。

二是振警威。镇江市公安局交巡警支队从维护民警合法权益、规范执法办案出发,把保障和维护民警的执法权益放在重要位置,树立警察威信。他们专门成立了民警正当执法权益委员会,聘请新闻媒体记者、司法工作人员和特殊群体参与民警维权活动,为树立民警形象起到较大的作用。

三是聚警心。我们深入开展"在警营建功,为党旗添彩"的主题教育

活动,坚持典型引路,及时总结宣传模范人物鲜活生动的事迹,用身边人、身边事鼓舞、引导和激励民警,调动民警进取心,激发队伍活力。

(二)注重考核,严格规范管理队伍

一是建立系统考核体系。按照下考一级基本要求,围绕各自主业,由镇江市公安局业务部门以辖市局、分局为单位进行考核,考核以平台数据为主,直接从平台中调取相关数据,每月上网公布考核明细加扣分项目和考核结果排名,做到"以月保季,以季保年",确保全年绩效落到实处。

二是科学制定考核目标。通过系统的考核办法,把全局工作分解为若干可以量化和定性的目标,落实到具体部门、单位和民警。

三是强化考评结果应用。为充分发挥考核的杠杆作用,考评结果应用是关键。镇江市公安局京口分局结合绩效考核,推行队伍等级化管理。主要做法是:从单位和民警两个层面分别开展评定考核管理,单位等级评定分为一、二、三、四级,民警等级评定分为一、二、三级,依据《镇江市公安局京口分局各单位工作绩效考核办法》,每月定期网上通报评定具体情况和评定结果。对民警每月由各单位根据等级化管理自评自定,结果报分局政治处,所队领导由分局考核办根据《考核办法》直接考核,与单位考核评定情况同时网上通报。等级管理结果每月与民警岗位津贴直接挂钩,同时是民警评先评优的直接依据。对连续两个月被评定为三级民警以下的领导干部,分局对其进行谈话诫勉;对连续两个月被评定为三级民警以下的普通民警,分局发出黄牌警告提示单。申报表彰奖励的,必须从一、二级民警中产生。

(三)关爱民警,落实优警各项措施

坚持把体恤民警、关爱民警作为凝聚警心的一项重要工作来抓,从政治上、生活上、工作上关心民警,实实在在地帮助民警解决实际问题,增强队伍的凝聚力和向心力,最大限度激发民警的工作热情和创造力。

一是不折不扣落实民警休假制度。能认真执行国务院《职工带薪年休假条例》和人事部《机关事业单位工作人员带薪年休假实施办法》,在镇江市公安局的统筹安排下,分期分批组织民警旅游休假,确保全体民警应休尽休。相继组织优秀民警、立功人员、队伍骨干和岗位能手分批开展学习交流活动,保证民警始终保持愉悦的心理状态投入工作,有效激发了民警工作积极性。

二是切实关心民警办公生活环境。以基层所队为基本单位积极改建完善了小食堂、小浴室、小图书馆、小活动室、小洗衣房等"五小工程",确保民警加班、值班有热饭吃、有热水澡洗,实施了办公区和生活区功能分离,保证民警用餐卫生营养、休息舒适充分。

三是提高民警抚恤互助能力。加大民警抚恤互助协会规范建设力度,保证协会运作资金,提升互助能力,不断将抚恤互助工作对象从单一、特定的群体扩展延伸向全警,将抚恤互助工作内容从单纯慰问过渡到建立系统规范的职业保障体系。积极建立民警健康档案,每年组织民警体检,及时组织安排个别患病民警进行复查等跟踪服务,定期开展民警健康分析研究,从生活的最基准点上关爱每一位民警。自2011年抚恤协会成立以来,共为58名民警及家属累计发放各类抚恤补助金48.43万元。

(四) 竞聘上岗,激发队伍兴奋点

镇江市公安局先后制定了《镇江市公安局干部选拔任用管理规定》《镇江市公安局干部选拔任用重要权力节点监控实施办法》《镇江市区公安机关加强和完善从基层一线选拔干部的工作方案》等一系列选人用人制度,积极搭建市局、分局层面上的用人平台,彰显"能者上,平者让,庸者下"的用人机制,把传统的"伯乐相马"变为现在的"赛场选马"用人模式,从而大大激发了民警的工作积极性。2006年以来,镇江市公安局共组织了7次科职领导干部竞争上岗,提拔科职领导190名,占任用科职领导总数的97.4%,通过竞争上岗,有效地实现了"搭建平台,赛场选马"的目标,取得了良好的效果。

二、队伍缺乏生机活力成因探析

虽然我们不断创新严警和优警措施,但是当前有部分民警心理状态仍然欠佳,主流思想缺乏进取意识、上进意识,缺乏工作激情,积极性不高。主要表现有:

一是随遇而安。对什么都满不在乎,只求得过且过。

二是自由散漫。缺乏团队精神、大局意识,做事以自我为中心,一意孤行,处理不好就蛮干,经常引发群众投诉。

三是消极怠工。遇事消极应付,你急我不急,不讲不干、不推不动、不说不做,没有主动性。

四是遇事"谦让"。总有一种"多一事,不如少一事"的心理,怕接手问题,个别能力差的民警遇到一些疑难问题,常常是还没有到现场就开始向单位求援。

（一）外部大环境对内部小环境的冲击

市场经济和社会转型时期固有的一些负面作用,让部分民警的理想价值取向出现错位。在多种思想观念的相互碰撞中,以自我利益为中心、自我心理为源泉、自我需要为动力的心理结构被一些民警所认同。于是有部分民警出现了思想上的困惑,学无内容,胸无理想,干无目标,失去志向理念,誓死追求个人物质利益,滋生了"以权谋私""权钱交易"等不良观念和行为。

（二）指挥系统缺乏科学性

在基层派出所座谈中,民警反映最强烈的问题之一就是"多头指挥"。"上面千根线,下面一根针",表面上各单位、各部门对基层工作都很重视、很关心,给基层提出的方法太多、太全面,而对于上级的指示基层又无法推脱,只好表面应付,没有实效,实际上浪费警力,民警的主观能动性得不到发挥。另外,民警还反映频繁的考核任务和专项整治让他们经常处于疲劳状态,滋生厌战情绪,造成了一批"只想搞专项,不善抓业务,只愿忙指标,不肯做基础,喜好搞形式,做表面文章"的基层领导,让民警"看不上",在队伍中失去威信。

（三）思想政治工作缺乏动态化

联合国卫生组织指出,"21世纪是精神、心理疾病的时代"。可见加强思想政治工作对调整民警的世界观、人生观、价值观,改变民警精神风貌,具有积极推动的影响。但目前我们思想政治工作运用并不理想,缺乏动态化实时管理水平,这主要表现为,思想政治工作针对性不强,很少能够根据民警的思想特点开展有针对性的教育;思想政治工作普遍流于形式,内容上"假、大、空",单纯强调奉献精神的多,解决实际问题的少;思想政治工作重精神方面忽视了文化性教育,强调的是规章制度的严肃性,让民警随时提高警惕,对民警"充电"少,民警生活情趣低,致使一部分民警工作积极性不高。

（四）自身素质不适应日趋规范的执法体系要求

近年来,与公安职能相关的法律法规有了较大的修改与调整,对公安机关的执法程序、执法标准、执法责任做了进一步的明确和规范,对公安民警的执法能力和执法质量提出了更高的要求,虽然开展了"大练兵"、法律网校、专题讲座等大范围的教育培训,但由于年龄、岗位要求等参差不齐,再加上日常工作任务繁重,导致一些民警存在着法律业务知识掌握不够全面、岗位技能发展不平衡、对执法环境的变化表现出极不适应等情况,这些方面都制约着民警积极性的发挥,影响了工作效能。

三、激发队伍生机活力的对策和建议

调动民警积极性、提高警力效能,这不是一项单向、孤立的工作,而是一个涉及各种力量和因素的综合系统工程,在实施这项工程中,需要我们做到"两个坚持",落实"四项激励措施"。

(一) 两个坚持

1. 坚持"一警多能"

当前,一线民警不仅工作任务繁重而且繁琐,还要懂群众心理、懂群众语言、懂沟通技巧、会化解矛盾、会调解纠纷、会主动服务、会宣传。这要求我们通过加强培训教育和岗位轮训,让民警学会多岗位技能,使得民警"一警多能",让民警能"一警多用"。这样,既增强了警力调配的弹性和单警使用效率,又有助于激发警员的工作热情,提高民警工作积极性,警力效能必定成倍增长。

2. 坚持"科学用警"

讲效能必然是降低成本、追求高效益。警力资源是我们最大的成本,也是最大的效益。我们必须用"成本效益"理念指导警务工作,解决用警不当、警力资源浪费的问题,从更高层次上发掘和保护民警积极性,学会科学用警。主要途径有:

一是决策要有科学性。

二是用警要有适度性。

三是工作要有预见性。

(二) 四项激励措施

1. 政治激励

强化政治育警,确保队伍建设的正确方向和政治导向,深入开展践行"江苏公安精神"为主题的忠诚教育,着力增强广大民警的核心价值观和警察职业自豪感。忠诚,是公安机关在苦与乐的交织、血与火的洗礼和生与死的考验中,生生不息、传承至今且永远不倒的旗帜,是永远不断的血脉和永不磨灭的魂魄。面对新形势、新任务,公安机关必须进一步加强忠诚教育,使广大民警始终保持忠诚的政治本色,忠诚、忠心问题解决好了,民警的责任感自然就提高了,为之奉献的意识也就增强了,积极性也就上来了。

2. 典型激励

强化典型引警,使民警"学有榜样,做有示范,赶有目标"。要在典型

选树上下功夫,推选各警种岗位、各层面的先进典型,让民警学习对照。做到既有老典型,也有新典型;既有领导干部典型,又有普通民警典型;既有破案攻坚典型,又有做好基础工作典型;既有"冲锋陷阵"式的典型,又有"老黄牛"式的典型,从多角度、多方位总结民警身上的闪光点,不断保持民警的工作激情。

3．目标激励

强化业务强警,不断提升民警的警务效能。民警的素质培训既是队伍建设的要求,更是警务效能建设的要求,我们要把民警教育培训工作放在基础性、先导性的位置来抓。要以法律法规、实战技能、计算机、网络信息知识等为重点,增强训练工作的实效性。要强力推进"大平台"系统普及应用,运用信息化手段来破解社会管理创新难题,将"大平台"系统建设作为牵动公安机关社会管理创新的龙头项目,以平台应用解决警务信息资源分散、警务基础工作薄弱、警务运行效能偏低等问题,形成"机制常态化、运作精细化、实战动态化、考核规范化"的警务工作新格局。

4．情感激励

一是关心民警的身心健康。每年定期组织民警体检,对健康状况较差的民警,及时安排休整,防止小病拖成大病。由镇江市公安局医务室建立民警个人医疗档案,及时向民警提供预警信息和治疗建议。加强民警抚恤互助协会建设,确保该基金在救助伤病民警方面发挥最大的效能。

二是加大解决民警政治待遇的力度。按照民主推荐、综合考察、公平公正的原则,力争在解决科级以上领导和非领导职务待遇问题上取得突破,通过竞争上岗等手段,解决一批符合晋升条件民警的职务待遇问题。

三是多形式多渠道解决民警家庭困难。从关心民警子女就学、家庭分居、家属下岗再就业等实际困难入手,通过组织出面,使民警在相关政策上得到倾斜,解决好民警后顾之忧。

四是深化干部人事制度改革。完善选贤任能、优胜劣汰用人机制,积极探索领导干部既能"上"又能"下"的工作机制,淘汰一些碌碌无为、起不到表率作用的"庸官",营造一个广纳群贤、人尽其才、充满活力的用人环境。

（征文获鼓励奖,作者系市委 601 办公室秘书处处长）

从细微处把牢事故预防主动权

——以镇江市 2012 年上半年事故情况为例

吴兴春　　　　　　　　　　　　　　　　　▶ ▶ ▶

　　道路交通事故是在特定的交通环境影响下,由于人、车、路、环境、管理诸要素配合失调偶然发生的事故。各类事故的发生是在一定条件下发生的动态过程,具有很大的随机性和偶然性,并且往往不是人、车、路、环境、管理等因素中某一因素单独所致,而是各因素相互作用的结果。预防交通事故,提高车辆运行的安全性是一项系统工程。

　　作为道路交通安全管理职能部门,预防和压降交通事故、维护和保障人民群众出行安全是交巡警部门的首要任务,群众参与道路交通首先需要的也是安全感,随后才是畅通感、舒适感。

　　2012 年上半年,镇江市道路交通事故四项指数呈现出全面下降的良好态势,起数、死亡数、伤人数、直接经济损失数同比分别下降 19.61%、20%、21.15% 和 10.96%,事故压降和预防工作取得明显成效。

　　预防交通事故需要政府主导、部门协调、社会联动等宏观方面的因素发生作用,这些因素的影响具有长期性、复杂性、稳定性,实现并发挥这些因素的影响需要一个较长时间。作为道路交通安全职能部门,交巡警部门在着眼宏观因素的同时,更要着眼当前、着眼现实、着眼自身,从内部挖潜,以事故为引领,认真开展事故分析和研判,把每一起事故的处理作为完善管理措施、适应安全需求的起点,把每一起事故的教训转化为管理的基石,只有这样才能把牢事故压降和预防工作的主动权,实现交通安全形势的平稳。

一、规范施工路段管理

(一)事故案例

　　2012 年 4 月 30 日 23 时 26 分许,袁某某驾驶苏 LM8×××小型轿车沿长江路由东向西行驶,至"金桥花园"北入口门前路段时,与驾驶电动自行车从道路缺口处由北向南横过机动车道的周某某发生碰撞,致周某某摔倒后坐在长江路由西向东方向的车道内;尔后,孙某某驾驶苏L31×××轿车沿长江路由西向东行至此处撞击周某,致周某某当场死亡,三车不同程度损坏。

经调查:如图1所示,位于事故现场南北两侧的绿化隔离带缺口,均为"金桥花园"项目承建方镇江轻纺城置业有限公司,在未经有关部门批准的情况下,擅自挖掘道路而形成的,致使在已建成通车的道路两侧增设了平面通道。

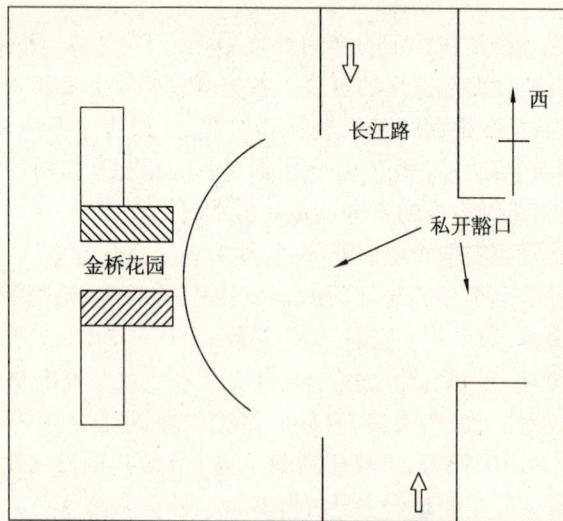

图1　事故发生地示意图

责任认定情况:镇江轻纺城置业有限公司在未经有关部门批准的情况下,擅自挖掘道路,致使在已建成通车的道路两侧增设了平面通道,系影响道路交通安全的行为,违反了《中华人民共和国道路交通安全法》第三十二条第一款:"因工程建设需要占用、挖掘道路,或者跨越、穿越道路架设、增设管线设施,应当事先征得道路主管部门的同意;影响交通安全的,还应当征得公安机关交通管理部门的同意"及《江苏省道路交通安全条例》第二十七条第二款:"未经有关部门批准,不得在已建成通车的道路两侧增设或者封闭平面交叉口、通道、出入口",这是引发交通事故的原因之一。认定:镇江轻纺城置业有限公司与袁某某、孙某某、周某某三人共同承担事故的同等责任。

（二）事故分析与点评

由于施工方未按法律规定且未经相关部门批准,擅自挖掘道路、开设豁口,且无任何安全防护或提示设施,造成重大安全隐患。交巡警部门依法认定施工方与其他各方当事人共同承担事故的同等责任,这在事故处理工作中尚属首次。《中华人民共和国道路交通安全法》不仅规定了每一位自然人的法律权利、义务和责任,也规定了各级人民政府、相关部门以及每一家参加道路交通建设单位的法律义务和责任,但由于追责比较困难,长期以来,对单位的法律责任强调不多,甚至淡化,直接导致一些单位和部门在参加道路交通过程中,不懂或者根本想不到与交通安全相关的法律法规,从"一己私利"出发,在道路上"恣意妄为",擅自开掘道路、形成豁口,严重影响和干扰了正常交通,如图2、图3所示。交巡警部门根据施工方的过错行为以及对事故的实际影响,作出承担同等责任的事故认定,维护了法律的权威,保障了公民的合法权益。

图2　由北向南拍摄

图3　由南向北拍摄

（三）事故预防举措

首先,针对近年来镇江市城乡建设大发展、道路施工多、道路沿线工地多的实际情况,交巡警部门将此案例作为典型,分别联合住建部门、交通运输部门向各施工单位作了通报,开展一次全面教育,以期取得警示作用。

其次,联合相关部门对施工路段和施工场地开展一次检查。在检查中发现某些工地使用的遮挡板高度为2米,对驾驶人观察路面交通动态有较大影响。通过工作,已经将所有工地遮挡板的高度降为1.2米。对于有条件的工地,其遮挡板全部作镂空处理,确保交通参与各方能够有效观察道路情况,注意车辆和行人动态,及时采取有效措施,避免事故发生。

再次,加大施工路段交通注意事项的宣传。镇江市部分路段的建设和改造,不具备全封闭施工条件。在施工的同时,仍有车辆和行人通行。

由于交通设施缺失,且施工路段不在交巡警部门管理范畴,易引发事故。据此,交巡警部门通过报纸、电台、电视台、网络、手机短信、沿街商铺 LED 显示屏等方式,在第一时间向社会发布公告,提醒广大市民途经施工路段时的注意事项。同时,加大与施工方的沟通协调,尽量完善安全设施,以避免和减少事故的发生。如 2012 年 5 月,交巡警部门积极服务官塘桥路改造工程,细化施工期间的交通组织工作,在前期充分调查、统计、分析的基础上,主动与施工方进行对接,落实了施工期间交通管理措施。加大交通设施巡查,及时发现交通安全隐患 120 处,并全部整改完毕。

二、调整交通信号灯运行相位和周期,对交叉路口进行适度改造

(一)事故案例

2012 年 4 月 5 日 21 时 20 分许,李某某驾驶超载的鲁 Q4××××中型厢式货车沿长江路由西向东行驶,至长江路与跃进桥路的交叉路口东侧人行横道时,与行人李某某相撞。该事故致李某某受伤,经抢救无效于当日死亡。

(二)事故分析与点评

该路口自 2012 年以来相继发生 2 起死亡事故,除去当事人、车辆等因素,在实地勘查中,发现该路口交通信号设置的运行相位和周期对安全有一定影响。

该路口东西向为长江路(原名金桥大道),机动车道双向六车道,机动车与非机动车道之间由绿化隔离带分隔,沥青路面,道路条件好,车速也较快。路口南北两侧为混合型道路,路幅不宽,北侧为跃进路,南侧为进入金山中学的乡间小道。南北两侧的交通信号灯均为满屏灯(俗称'圆饼灯',右转不控),南北向之间几乎没有交通流,主要是从两个路口左转进入长江路。而路口东西两侧均设有方向指示型交通信号灯,右转均为黄闪。该路口的通行顺序为:东西两侧路口左转放行—东西两侧路口直行放行—南北两侧路口左转放行,如图 4 所示。

由于路口较大,当东西方向直行车辆尚没有完全通过路口时,南北两侧左转的车辆和行人就有可能已经进入路口,如果再不注意观察和避让,就容易引发交通事故。因此,通过将路口东西两侧交通信号灯运行顺序作一调整,如图 5 所示,先放直行,次放左转,再放南北两侧左转。由于长江路往南北两侧左转的车辆稀少,从而为直行车辆与南北两侧人、车之间筑起一道"安全坝",消除了道路上的安全隐患,避免了事故的发生。

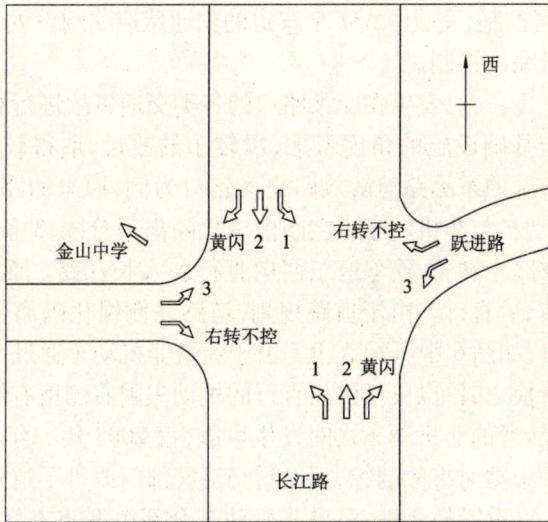

图 4 事故发生地示意图

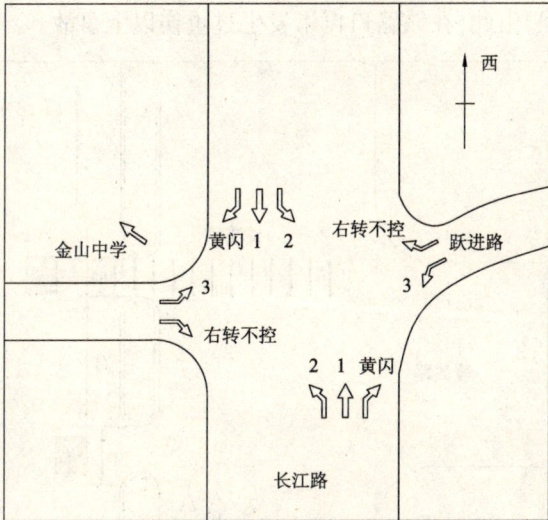

图 5 事故发生地示意图

（三）事故预防举措

一是根据道路实际，不断完善交通信号灯的配时和运行周期，即提高了路口的通行能力，也可以通过调整车辆通过顺序，避免事故冲突点的形成、产生。如2012年5月，交巡警部门就对镇江市区14处信号灯进行了重新优化和配时，完成交通信号系统51个路口的升级改造工作，对市区

77 个路口联网控制,完成了437 个车道的交通感应线圈设置,实现了9 条道路交通信号绿波控制。

　　二是举一反三,对发生在交叉路口的各类交通事故进行综合分析,着重从交通安全基础设施的角度考虑,以较小的改进,取得较为明显的效果。以镇江市区的东吴路与解放路交叉路口为例,原来的路口如图6 所示,东吴路机动车与非机动车道之间由绿化隔离带分隔,3 条机动车道、1 条车道向解放路左转,2 条车道东西向直行驶入长江路。而路口放行顺序也是先左转、后直行。由于道路规划,道路北侧绿化隔离带分为三段,留有2 个豁口,如图6 中所示A、B。由于大量非机动车通过A 点左转,在交通信号灯转换之时抢灯行驶,而直行的机动车因右侧植有绿化带,不易观察,常与左转弯的非机动车之间发生事故,仅2008 年一年,就发生了3 起死亡事故。根据对事故的综合分析,交巡警部门改进了道路规划,如图7 所示。在A 点设置隔离桩,引导非机动车全部由B 点左转弯进入解放路,使得左转弯的非机动车与直行的机动车之间都留有足够的观察和采取措施的时间,由此,在该路口再未发生过重伤以上事故。

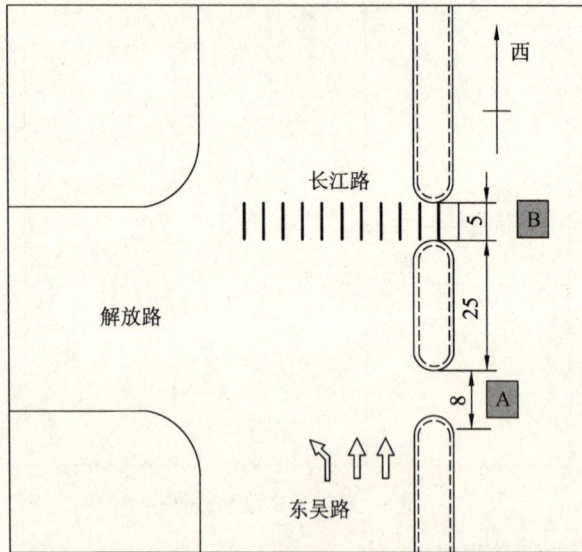

图6　事故发生地示意图

　　三是交叉路口是不同方向交通流的汇集之处,是道路系统的重要组成部分,也是道路交通事故的集中发生地。近年来随着机动车的不断增加,各城市平交路口普遍存在交通流量密集、交通混乱、交通阻塞、道路交通事故频发等众多交通问题,且很多问题是由于交叉路口交通干扰严重及交叉路口交通安全基础设施缺失所导致的。作为交巡警部门,在提请政府和相关部门对一些设置不合理的路口进行放行之时,更应发挥主观职能作用,应用技术手段,加强安全保障。要进一步优化道路交通组织,对道路交叉口进行重新规化,提高道路通行能力,减少交通事故发生。要合理应用单向和变向交通、交通信号协调控制等措施,优化重点区域交通组织,提高道路时空资源利用率。要按照国家标准规范设置交通标志、标线、信号灯,提高协调性、系统性、一致性。要加强交通流信息采集和研判,提高交通控制水平,重点要做好多相位情况下方向指示信号灯的组合和排列顺序,解决信号灯指示意义不清晰的问题。

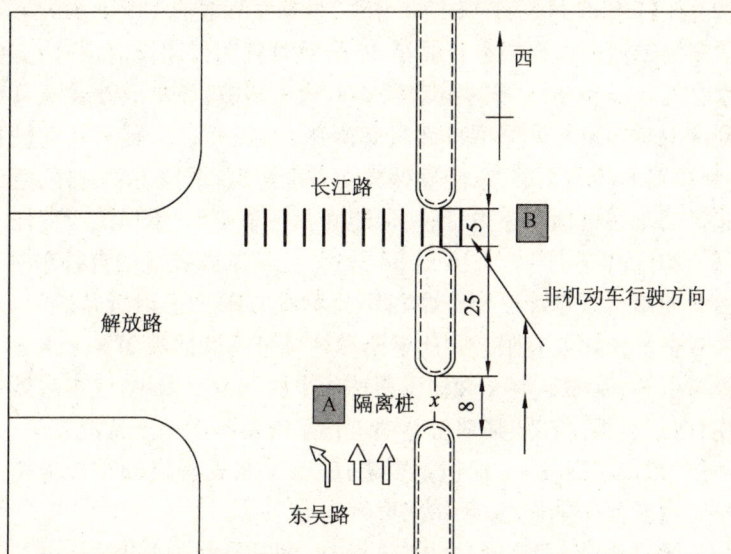

图7　事故发生地示意图

三、加强交通执法,把握管理重点(以谏壁地区为例)

　　谏壁镇位于镇江市东郊,距市中心13公里,北依长江,南与辛丰镇接壤,东邻镇江新区,西靠象山镇,素有镇江"东大门"之称。全镇总面积31.89平方公里,金港大道、镇澄公路贯穿而过,京杭大运河和长江在此交汇,码头众多,再加上谏壁电厂等大型企业云集,使谏壁地区成为重要货运集散地。由于不堪重载车辆的常年碾压,道路出现了大面积的损坏,镇区尘土飞扬,环境恶劣,并且事故多发,群众出行困难,意见较多。2011

年,该镇发生死亡事故6起,致6人死亡。2012年以来,通过严格重点管理、科学划定货车禁行区域,不但极大地改善了道路环境,更确保了群众出行的安全,1~7月,没有发生死亡事故,交通安全形势和面貌有了根本的改观。

(一) 2011年发生的四起典型事故案例

(1) 2011年2月15日21时50分许,杨某某驾驶苏LCU×××普通二轮摩托车沿镇澄线由西向东行驶至谏壁船闸西侧附近,与同向闫某驾驶的停于道路南侧皖KB×××重型半挂牵引车、皖KL×××挂重型平板半挂车发生碰撞,致杨某某死亡。杨某某未取得机动车驾驶证,且为醉酒后驾驶机动车,承担主要责任;闫某在距离桥梁50米以内的路段临时停车,妨碍其他车辆通行,承担次要责任。

(2) 2011年6月3日7时30分许,姚某某驾驶皖D××××重型自卸货车沿越河街由西向东行驶至30号路灯杆附近路段时,与同方向龚某某驾驶的00××××号牌电动自行车发生刮擦,该事故致龚某某倒地后受到皖D××××重型自卸货车碾压,当场死亡。姚某某驾驶机动车时,观察路面动态不够,未能确保横向安全距离,承担主要责任;龚某某驾驶非机动车在机动车道内行驶,未能确保行车安全,承担次要责任。

(3) 2011年7月14日16时57分许,江某某驾驶电动自行车沿谏辛公路由北向南行驶至谏壁镇李华村恒伟物流有限公司附近路段时,与同方向停放在恒伟物业有限公司附近路段张某某驾驶的皖M××××重型半挂牵引车、皖M××××挂重型普通半挂车发生追尾,该事故致江某某受伤,两车受损。江某某驾驶电动自行车观察路面动态情况不够,采取措施不及,未能确保安全,承担主要责任;张某某驾驶机动车在道路上临时停车妨碍其他车辆通行,承担次要责任。

(4) 2011年10月24日9时12分许,刘某某驾驶苏L××××重型自卸货车沿镇澄线由东向西行驶至谏辛公路交叉路口,与在此路口由北向南横过机动车道的行人王某某发生碰撞后碾压。该事故致王某某当场死亡。刘某某驾驶机动车未有效观察路面交通动态,没有采取有效措施,承担主要责任;行人王某某通过路口未走人行横道,承担次要责任。

(二) 事故分析与点评

一是四起事故中,均涉及重型货车,其中两起事故因货车驾驶人观察不力(承担事故的主要责任),碾压电动车驾驶人或行人,致对方当事人当场身亡,现场尤为惨烈,此类事故对群众的负面影响极大,使得群众出行的安全感急剧下降,如图8所示。

(a)

(a)

图8　事故现场

二是另两起死、伤者承担主要责任的事故中,货车方承担次要责任的原因就在于违法临时停车,妨碍其他车辆通行。

三是谏壁北临长江,岸线长约4.3公里,由于其特殊的水陆路地理位置,在该地区水系沿岸建有8个码头(1个在建),京杭大运河和翻水河自西向东环绕街区,岸线长约7公里,有码头10个(1个在建)。主要在这些码头从事砂石、危化品装卸运输作业,这使谏壁地区成为镇江市最大的砂石集散地,导致地区内运输量十分巨大。据初步统

图9　路面交通情况

计,每天途经谏壁镇地区的大型运输车辆约400～500辆,如图9所示。

四是谏壁街道的道路由于不堪重载车辆的常年碾压,出现了大面积的损毁,虽然当地政府也曾多次对路面进行修补,但在大量大型运输车辆长期辗压下,每次只能起到短期作用,对交通安全的影响尤其严重,如图10所示。

(a)

(b)

（c）　　　　　　　　　　　　　　　　（d）

图 10　整治前路面情况

（三）事故预防和道路环境整治举措

针对谏壁地区存在的交通秩序乱、交通环境差、安全隐患多、群众意见大的情况,交巡警部门一方面主动对接和协调京口区委、区政府的相关部门,主动联合交通、城管、派出所等部门在谏壁地区开展联合执法行动,每天出动 8 名警力,设立长岗红绿灯路口、6904 油库、燕舞桥南侧三个临时整治点,另外的警力分成 2 个组,启用两台皮卡警车,不间断亮警灯巡逻。通过广泛宣传、严厉整治等强有力的措施,重点整治车辆超限超载等道路交通违法行为,全力营造安全畅通、和谐有序的道路交通环境,真正做到"还道于行,还路于民"。通过集中整治一个月,共处罚抛洒车辆 98 台,查扣超载车辆 6 辆,采集违法停车信息 1190 起,取得了阶段性成效。另一方面,在谏壁地区强势设立推行三桥(船闸桥、莺歌桥、燕舞桥)内闭合区域货车限行交通管理措施。期间,交巡警部门多次深入谏壁街道开展前期调研工作,充分考虑群众的反映、对码头厂企运输业的影响、限行标志的设立、交通诱导、交通提示、交通分流等多个方面的因素,拟出前期限行方案。谏壁地区货车限行交通管理措施于 2012 年 6 月 9 日生效,监控安装工作也已结束。经过 10 日、11 日两天的宣传教育,11 日下午,交巡警支队从镇江市区抽调精干警力 10 名与谏壁中队警力一起组成整治小组,对违反禁令标志的除小型货车以外的其他货车、拖拉机以及乱停乱放车辆进行集中整治。当天,共查处违反禁令标志货车、拖拉机 16 起,劝导闭合区域违停车辆 52 辆,采集违法停车信息 35 起。目前,谏壁街道中心区域已基本无大型车辆通行,受到了谏壁当地群众的一致称赞,如图 11、图 12 所示。

图 11　当地群众赠锦旗

（a）

（b）

图 12　整治后路面情况

　　总而言之，交通安全管理和事故预防工作千头万绪，只有把握当下、立足实际、扎实措施，才能有所成效。积跬步以至千里，积小流以成江海，只要从细微处入手，注重细节，就能逐步实现交通安全形势的全面好转。

（征文获鼓励奖，作者系镇江市公安局交巡警支队副支队长）

关于镇江市老旧机动车
淘汰报废工作的几点思考

蒋国林　　　　　　　　　　　　　　　　　　▶ ▶ ▶

随着经济社会的快速发展和人民生活水平的日益提升,近年来镇江市机动车保有量逐年激增,导致废旧机动车安全隐患和尾气污染问题日益突显。政府相关职能部门必须认真履行工作职责,采取扎实有效措施,深入推进老旧机动车淘汰报废工作,努力改善城市环境形象、提升公众生活质量、保障群众出行安全,为把镇江打造成生态城市、卫生城市、文明城市作出应有贡献。

一、加强和推动老旧机动车淘汰报废工作的重要意义

老旧机动车、黄标车、重型车、柴油车等一些排放高、污染重、隐患多的车辆已经成为影响空气质量指数、威胁公众生命安全的重要因素,对大气环境和人体健康带来了巨大危害,因此,必须进一步加强老旧机动车淘汰报废工作的紧迫性和重要性认识,将此项工作抓好、抓实,不断推进落实。

(一)加强和推动老旧机动车淘汰报废工作,是落实上级重要指示精神的必然要求

"十二五"规划中指出,我国经济快速增长,各项建设取得巨大成就,但也付出了巨大的资源和环境代价,经济发展与环境资源的矛盾日趋尖锐,群众对环境污染问题反应强烈,尤其是温室气体排放引起的全球气候变暖,备受国际社会广泛关注。各有关单位要结合本职工作,勇于承担责任,落实有效措施,扎实推进节能减排工作。2011 年,江苏省公安厅、环保厅、交通运输厅、财政厅、商务厅联合出台《江苏省机动车减排工作意见》,对老旧机动车淘汰报废和落实机动车污染物减排工作提出要求。公安机关加强和推动老旧机动车淘汰报废工作,是深入贯彻落实上级指示

部署,进一步推进环境保护和节能减排的必由之路。

（二）加强和推动老旧机动车淘汰报废工作,是有效改善大气环境质量的重要途径

镇江市机动车数量多且呈高增长态势,分布广又不断移动,因此治理难度相对较大。其中,老旧机动车占机动车保有量的比例虽不高,但却是空气污染的重要因素。例如,废旧机动车由于汽油燃烧不充分、机械工作效能低等因素导致影响空气质量指数的 ph10、二氧化硫、二氧化氮等物质排放比正常汽车要高出 3～5 倍。根据气象部门报告,镇江市空气质量除工厂废气、生活废气等污染气体外,机动车排放的一氧化碳、碳氢化合物和氮氧化物的分担率分别达到了 84.2%、27.6% 和 55.9%。目前,镇江市机动车保有量已经达到 53.6 万辆。研究表明,使用 8 年以上的车辆仅占全市机动车总量的 26.6%,但其污染物排放量占到全市机动车排放总量的 65%。因此,进一步加强废旧机动车报废淘汰工作,将有效优化镇江市机动车排放结构,进而削减机动车排放污染存量,最终达到持续改善空气质量、保障公众健康的目的。

（三）加强和推动老旧机动车淘汰报废工作,是强力保障群众生命健康的有效措施

老旧机动车由于年久失修、性能下降等因素产生了许多安全隐患。刹车失灵、转向及发电机等机件失灵,会造成行驶中车辆难以掌控;车厢、车架经过长时间的使用会发生变形,其转向及稳定性将大大下降,在行驶过程中极容易出现"跑偏"现象。特别是重要机件受到磨损和轮胎老化的影响,一旦装载过重,转弯时巨大的向心力会使车辆出现侧翻和爆胎现象,严重威胁到群众的生命安全。

二、当前镇江市开展老旧机动车淘汰报废工作基本现状及存在问题

根据节能减排任务目标要求,截止到 2014 年,全市 2000 年以前注册登记的 12985 辆微、轻型客车要淘汰 50%;2000 年以前注册登记的 134 辆中、重型汽油车和 2007 年以前注册登记的 7509 辆中、重型柴油车要全部淘汰,合计"十二五"期间需淘汰车辆 14136 辆。按序时进度,每年需要淘汰总数的 20%,但就目前情况看,镇江市共淘汰应报废车辆 490 辆,仅占淘汰总数的 3.47%。其中,2000 年以前注册登记的微、轻型客车 386 辆,占应报废数的 5.94%;2000 年前登记的中、重型汽油车 17 辆,占应报废数的 12.69%;2007 年前登记的中、重型柴油车 87 辆,占应报废数的

1.16%。虽然近年来,各级公安机关开展老旧机动车淘汰报废工作取得了一定成效,但工作中也暴露出了许多问题,导致淘汰总量和报废率距离既定目标还存在较大差距,究其原因主要表现在以下几个方面:

(一)缺乏法律法规和市场支撑

根据有关法律规定,各类机动车报废年限分别为 10 年、15 年或 20 年,而镇江市拟定的淘汰报废老旧机动车多数没有达到法定报废年限,公安机关只能通过采取严格报废标准、强化社会面宣传、严把车辆买卖程序等措施鼓励车主提前报废,但缺乏强制性手段和措施,对车主没有约束力。另外,存在报废市场价格严重失衡和现行报废汽车回收企业收购价格普遍偏低的问题。相比市场废旧金属每吨 3000 元的回收价格,正规回收企业仍执行计划经济时代标准,即每吨回收价格仅为 230 元。由于利润差距悬殊,导致部分单位和个人在车辆临近报废年限时,宁可违法转让到建筑工地、沿江码头、用车厂企或将车辆卖到外地农村的偏远地区或不具有资质的企业作废旧金属处理,也不愿走正规合法途径进行报废淘汰。

(二)配套鼓励政策跟进缓慢

根据省政府相关文件规定,各地财政部门要及时制定老旧机动车淘汰奖补政策及老旧机动车专项资金使用管理办法,合理安排专项资金年度预算,加强老旧机动车淘汰专项资金财政财务管理,做好专项资金申报、审核、拨付、监管及财务档案管理和补贴发放工作。但镇江市出台相关政策较晚,目前较有效力的文件为 2012 年 7 月 4 日由镇江市商务局、财政局联合出台的《关于发放 2012 年老旧汽车报废更新补贴资金的公告》,其中仅对每台提前报废的农村客运车辆、城市公交车、重型载货汽车补贴 1.1~1.8 万元,而对其他类型车辆没有任何补贴。同时,加之相关政策法规的宣传广度和力度不够,市民知晓率不高,不能有效调动和激发车主主动淘汰报废机动车的积极性,导致正规申请报废量不高。

(三)报废处理组织缺乏和技术保障薄弱

与欧美等发达国家相比,我国再制造的概念虽然引进较早,但直到 2009 年才通过《循环经济法》,再制造业刚刚起步。目前,国内大多数报废车辆下落不明,国内违法汽车拆借行为十分普遍,利用报废车辆拼装汽车的案件也时有发生,老旧车辆的出路已经成为一个亟待解决的大问题,需要政府相关部门及时出台相关政策,创新工作思路,加强淘汰老旧车辆回收利用工作,不断提高环保水平。同时,相关部门合力推动力度不够,与国内多地政府专门成立了老旧机动车淘汰报废工作领导小组,明确政府相关职能部门负责实施推进的局面相比,镇江市各辖市区政府对老旧机动车报废工作重视力度不够,尚无专门的组织协调机构,各相关部门也没有建立一套高效互动的协作机制,合力推进力度明显不足,对顺利开展工作产生了较大阻碍。

三、实现老旧机动车淘汰工作目标的有效对策

面对开展老旧机动车淘汰工作中的问题,要坚持以机动车排放污染物总量和由老旧机动车安全隐患引发交通事故总量"双下降"为目标,通过采取健全组织、完善机制、经济鼓励、宣传引导、强化监管等有效措施,最大限度地实现机动车污染减排和保障公众安全目的。

(一)明晰工作职能,建立组织架构

要建立起由政府主导,环保部门牵头,公安、财政、交通、商务等各职能部门共同参与、同步开展的整体工作格局,在镇江市生态办设立专项工作小组办公室,负责日常工作。各成员单位要在领导小组的统一领导、协调下,按各自分工开展工作。其中,环保部门负责协调、督导工作,并制定老旧机动车淘汰年度计划,及时对工作进度开展督察考核;公安部门负责提供车辆信息,按时办理报废车辆注销登记,并按国标减排考核要求提供相关证明材料;财政部门依据"国补"与"地补"相结合的办法科学实施老旧机动车淘汰奖补措施,积极会同有关部门发放补贴资金,做到简化程序、方便群众,有效鼓励车主主动淘汰老旧机动车;商务部门负责老旧机动车回收拆解工作,建立拆解车辆档案,对回收拆解企业进行监督管理。

(二)健全工作机制,推动长效开展

坚持立足实际、针对开展的原则,明确工作思路、创新完善机制,做到有效优化机动车存量,不断促进老旧机动车淘汰更新。要建立专项工作领导小组联席会议制度,定期研究存在问题、通报工作进度。要建立老旧车辆信息告知通报制度。公安机关要对照现行的机动车报废标准,对即将达到报废年限以及逾期两年以上的未检车辆,按规定时间及时告知应报废车辆车主,并将上述车辆的所有人及其联系电话、车辆型号、使用性质、注册登记和报废日期等信息,定期抄送当地环保、交通运输、财政、商务部门,以便共同督促车主及时办理车辆报废手续。同时,要着重加强老旧车辆使用状况摸底调查和信息库建设工作,把老旧机动车淘汰报废工作任务逐辆分解到各辖市区和业务主管部门,落实各地区、部门信息收集任务,并及时录入、报备老旧车辆信息,为信息查询、流转和通报提供

保障。

（三）广泛宣传发动，加强教育引导

各成员单位要充分利用广播、电视、报纸、网络等媒体，针对机动车减排工作的有关政策、奖励措施，在社会面开展大张旗鼓的宣传，让广大群众了解此项工作的目的、意义和要求以及有关优惠政策，在全社会营造浓厚的宣传氛围，从而引导车主自觉支持和参与老旧机动车淘汰报废工作。公安机关要把报废淘汰范围内车辆信息及时提供给回收企业，并督促企业主动联系车主，依法做好报废淘汰工作。同时，要进一步发挥职能作用，强化逾期未检和强制报废车辆管控工作。充分发挥"3·20"工程优势，定期将逾期未检车辆和未办理注销登记的报废车辆信息录入"黑名单"系统，利用卡口拦截系统和警务通，加大对逾期未检和报废车辆的检查比对力度，一经发现立即查扣，严格依法处理并督促车辆及时办理补检或报废手续，做到教育在先、惩罚在后，努力形成机动车驾驶人自觉、主动参与老旧车辆报废淘汰工作的良好的氛围。

（四）积极征言纳谏，高效落实举措

老旧机动车报废工作关系到单位和群众切身利益，要在最广泛范围内征求和采纳社会各界和人民群众的意见。一方面，要满足企业需求。在经济增长放缓的背景下，应适当延续实施政策，进一步拉动新车消费；要在二手车外迁受限后，加大报废补助力度，缩小报废与转出车主获取收益的差距，促进10年以上、残值少的车辆尽快报废；要细化补助车辆使用年限，扩大补助范围，逐步增加对使用6年以下的老旧机动车给予补助。另一方面，要满足群众需求。目前，镇江市有近7000辆需要报废的轻、微型客车没有任何补贴，严重影响了车辆单位和人民群众提前报废的积极性和热情，不愿意报废、更新的情绪十分普遍，从根本上影响了此项工作的深入推进。对此，政府以及相关部门应当从调动群众积极性入手，尽快出台所有老旧车报废补贴政策，确保这项惠民工程做实、做好。

（五）学习先进经验，创新工作举措

进一步加强老旧机动车淘汰更新工作，可以有效促进汽车企业新车销售，给市民带来经济实惠，实现政府、企业、车主多方共赢的良好局面。要将老旧车辆的回收利用提上政府议事日程，学习和借鉴国外先进经验，要求汽车制造商和进口商必须履行回收废旧车义务，并明确规定无法通过TUEV检查的车辆，或维修费用超过车辆自身价值的车辆必须报废处理。同时，进一步加大废旧汽车接收站、回收站和废车压扁厂的建设和扶

植力度,实现废旧车辆有企业回收利用且有报废技术保障。要深入学习并广泛应用"逆物流"理论,导入产源减量、物料替代、再生物料的使用等项目,减少汽车制造过程中废弃物品的产生,并运用废旧汽车再利用、再处理与再制的程序,延长使用的生命周期,不断为环境保护提供保障,进一步将老旧机动车淘汰报废工作推向纵深。

（征文获鼓励奖,作者系镇江市公安局交巡警支队副支队长）

建构交通事故纠纷处理机制之路径探索

——能动执法下预防与处理的良性互动

何志斌　　　　　　　　　　　　　　　　　　　▶ ▶ ▶

　　坚持能动执法,是新的社会历史条件赋予公安机关交巡警部门的神圣使命,是交巡警部门更好地履行事故处理职能的必然选择。在现有的道路交通安全法律法规体系的框架下,交巡警部门能动执法,就是要在正确履行法律职能、严格适用法律和公正执法的前提下,根据社会主义法律制度人民性的要求,充分发挥行政执法的能动作用,有效地"为大局服务、为人民执法"。镇江市各级公安交巡警事故处理部门针对交通事故案件不断上升,特别是重特大交通事故案件上升明显,事故处理呈现复杂性、多样性的特点,以及人民群众反映较大的状况,不断探索交通事故纠纷处理的路径,取得预防与处理良性互动的效果。

一、现状:"一升两难"的困境不容忽视

　　一是案件数量不断上升。近年来,社会经济快速发展,社会车辆持有量大幅上升,但群众交通安全意识淡薄,交通事故频发。根据《道路交通安全法》的规定,行政调解前置程序取消,对交通事故损害赔偿的争议,当事人可以请求公安机关交管部门调解,也可以直接向人民法院提起民事诉讼。但由于受到传统文化的影响,"耻于讼"的思想在一些群众的头脑中根深蒂固,现实中高昂的诉讼费用也让很多人望而却步。据统计,2012年以来,镇江交巡警部门受理各类交通事故 18727 起,同比上升 14.23%,其中进入人民法院诉讼程序的不过 1027 起,其余的事故都通过事故处理部门以及交巡警主导下的人民调解机制予以处理。

　　二是调解难度大。随着人们价值取向的多元化,部分当事人对于责任认定划分认识不足或者不考虑对方的实际履行能力,对于交通事故调解所得赔偿期望值偏高,一旦不能达到目的,就无休止地上访、滋事,也不愿意通过正常的途径解决问题,而是重复要求交巡警来调解,以压事故对

方满足其无理要求。同时,交通事故通常会造成人员伤亡等重大损失,受害人一方对肇事方存在怨恨心理,因此在心理和感情上均不愿做出较大让步。

三是赔偿难度大。保险公司参与交巡警部门与事故双方大调解的积极性不高,甚至根本不愿意参加调解,影响了事故赔偿的即时赔付率,造成部分案件在程序上已经调解结案,但实际赔偿不到位,当事人仍然不断寻求交巡警部门的帮助。从法律意义上讲,交巡警部门的工作已经结束,再参与追讨实际赔偿,并不切合法律程序,也耗费了大量的时间和精力。以 2012 年 1 月份发生在镇江市学府路的一起事故为例。一辆轿车在人行横道线上撞倒一名行人,驾驶人承担事故的全部责任,该车投保了交强险和 50 万的三责险。在事故处理过程中,轿车方支付了行人的医疗费约 7 万余元。经调解,轿车方还需要赔偿行人 16 万元。应该说,在交巡警的居中调解下,事故双方还是能够互相理解和体谅的,但赔偿款的支付成了一个大问题。保险公司要求驾驶人先行支付赔偿后再到保险公司理赔,而轿车驾驶人一时根本拿不出十多万。虽然交巡警部门要求保险公司提前介入、直接参加理赔,一次性解决问题。但该保险公司总以不合规定为由,拒绝配合,导致该事故虽已调解,但长时间未能实际履行。虽然后来在有关领导和相关部门的介入下,问题得以解决,但个案不能代替普遍现象,实际上因为保险公司拒绝介入交巡警部门和人民调解机制而导致实际赔偿不到位的现象比较常见,由此也引发多起社会矛盾。

二、探索:建立"一原则、二措施、三结合"的工作方法

为了更好地处理交通事故案件,同时兼顾各方利益,让群众的损失及时得到赔偿,有效化解社会矛盾,镇江市公安交巡警部门主要采取了"一原则、两措施、三结合"的工作方法。

一是一个原则。在交通事故纠纷处理中,提出了要掌握一个基本原则,即要真正从当事人需求出发,既保证受害方当事人的合法权益得到保障,又防止其"漫天要价"。交通事故受害一方因为身体或财产受到损害,往往情绪激动,在行为上可能表现过激,在要求上不切执法实际。支队要求事故处理民警在感情上要始终贴近民众需求,真心为民。对受害一方,民警在事故调查一开始就要做好解释、说明,耐心细致地向当事人讲解相关法律条文和计算依据,这样有利于事故调查的开展、事故责任的认定和调解结果的履行,通过情理的沟通、交流,消除当事人的隔阂与猜

忌,引导他们从感性的"漫天要价"回归到理性的合理诉求中。

二是两项措施。在程序和便民服务方面,镇江交巡警部门采取了两项措施。一是关口前移。全面实施人民大调解机制,协调司法部门,在各个事故处理部门设立人民调解员,利用社会资源,协助警方调解各类交通事故。商请各级基层法院在所有的事故处理部门设立"交通事故巡回审判法庭",方便当事人采取诉讼手段维护自身合法权益。二是协调镇江市各大医院建立绿色通道,对事故伤者先予救治。如遇当事人亏欠医疗费,则及时告知医院方事故处理的流程和进度,第一时间通知医院采取诉讼手段,以维护医院方的合法权益,确保绿色通道持续运作的可能性。

三是三个结合。民警在事故案件的实体处理过程中,做到三个结合。一是结合被告承受能力和本地发展水平确定精神损害赔偿标准。交通事故案件当事人伤残情况比较普遍,对精神损害的赔偿数额,要根据精神损害程度、加害人的过错程度、侵权行为情节的轻重、其他情节以及地区之间差别等诸多方面的因素来确定不同赔偿的范围、幅度、标准等,并考虑以法定因素为主,酌定因素为辅,两者互相结合,不可偏废,做到公平合理。各级事故处理部门在实际工作中积累了丰富的经验,并及时与法院沟通,制定了规范性文件,统一了执法尺度,统一了调解口径,防止或轻或重,防止损害公正执法现象的发生。二是结合交通事故认定书对责任的划分,客观合理地确定民事赔偿责任的承担。事故责任认定书是公安交巡警部门根据交通事故现场勘验、检查、调查情况和有关的检验、鉴定结论作出的载明交通事故的基本事实、成因和当事人责任的交通事故的证据,其认定的当事人责任并不等同于赔偿义务主体应承担的民事责任,要综合各方面的因素,既不忽视,也不照搬,既要保护弱者,又要公平合理。三是结合"调解优先"的原则,坚持"调判结合",坚持把问题解决在最基层,把矛盾解决在萌芽状态。鉴于交巡警接手事故后,与当事人之间接触比较多、沟通比较密切的实际状况,对于有调解可能性的案件主动作为,在征得各方当事人同意后,主动对接人民大调解机制,交巡警和人民调解员互相配合、共同工作,做好事故的调解和善后工作。同时,也注意防止"久调不结",对调解不成,或者调解后受害人不能得到及时赔偿的,全面告知当事人诉讼的途径和方法。对于一些因年龄、身体或者知识原因,不懂得如何上诉的群众,及时提供司法帮助,主动对接各个基层法院交通事故巡回法庭,把群众"送上一程",做到事故处理工作与司法工作的"无缝对接"。

三、路径:建立"预防、控制、调处、救济"的良性互动机制模式

在今后一定时期内,交通事故仍将处于高发态势,如何有效应付高发的交通事故,如何有效地化解社会矛盾,需要建立一个集"预防、控制、调处、救济"于一体的良性互动的机制,做到在事前能防范,在事中能控制和管理,在事后能得到调处与救济。

一是预防。事故发生的主要原因是群众的交通安全意识淡薄,其次才是交通设施及管理制度的欠缺。因此,交通事故的预防主要是交通安全意识的培养。应当建立起交通安全教育宣传社会化机制,对交通安全的教育与宣传常抓不懈,并形成制度化。首先,教育行政部门应当积极、主动履职,将交通安全教育正式纳入各级学校教学内容;交巡警部门要根据不同年龄层学生的特点,会同教育部门共同编制交通安全常识读本,组织开展教学,增强大中小学生的交通安全意识。同时,将交通安全宣传教育工作纳入精神文明建设和全民普法教育范畴,真正做到全社会齐抓共管,使道路交通安全法规深入人心。其次,强化警示教育,通过血淋淋的教训,发挥新闻媒体"声、屏、报"的优势,紧密追踪道路交通安全管理的新问题和发展趋势,利用多种形式,通过生动形象、群众喜闻乐见的方式,广泛宣传道路交通安全,让群众时刻紧绷安全这根弦,真正树立起交通安全意识。

二是控制。控制手段需要通过严格管理来实现。首先,从机动车驾驶人培训和考试入手,严格把握对驾驶学员道路交通安全法律、法规、驾驶技能的培训。对影响交通安全的严重违法行为,要加大严管力度,坚决从严查处,并通过经济杠杆来制约驾驶人的交通违法行为,减少交通事故的发生。通过与保险公司协作,对交通违法和肇事者实行保险费浮动制,建立信息交换渠道和公共信息平台,对交通违法多、事故多的驾驶员每年按一定比例提高保险费额度,对没有交通违法和发生事故的驾驶员减免部分保险费,使社会单位主动参与交通事故防控工作。其次,加强交通规划,加大科技管理力度。建立集区域控制、交通诱导、新闻发布、电子监控、违章抓拍于一体的交通指挥中心,提高指挥中心科技管理功能。最后,完善监督机制,加强证照的登记、管理。严格管理车辆的入户,特别是应严格依法办理机动车驾驶人的证照,加大对车辆的保险范围力度,充分发挥保险公司的职能作用。

三是调处。交通事故的调处不能仅限于交巡警和法院两家,要不断健全和完善"大调解"格局,实现"多调联动",充分发挥诉讼调解、行政调

解和人民调解合力化解矛盾的优势。交巡警部门对事故责任作出认定后,应逐步把调解的任务传递到人民调解员身上,通过大调解来减轻交巡警部门的工作重负,确保广大民警以足够的时间和旺盛的精力从事事故现场勘查、调查走访、物证提取以及事故认定等工作,确保事故办案质量。交巡警部门要发挥主导作用,积极协调人民法院和人民调解机构共同合力调解,避免不必要的诉讼。在各方组织的调解中,保险机构应当始终介入,让双方当事人心中有底,提高调解率。对不能调解的案件,要建立诉讼的绿色通道,法院应当做到早立案、早调解、早审理、早判决、早解决。对于在行政机关、人民调解组织及其他调解组织主持下达成的民事赔偿调解协议,人民法院以非诉讼调解司法确认程序确认其效力,赋予民事调解协议以强制执行权力,减少进入诉讼的案件。

四是救济。现代社会中执法的宗旨在于保障人权,因为"没有救济的权利就不是权利",救济的途径多种多样,有私立救济、社会救济和国家救济等。在一般情况下,受害人都能得到来自加害人或保险机构的赔偿,但加害人无履行能力,又未投保,或加害人肇事后逃逸不能确定责任人时,需要来自社会和国家的救济。要用足用好社会救助基金,对于确有困难的,甚至因为事故赔偿不到位或者无法赔偿而影响社会稳定的事故当事人,要特事特办,在严格审批程序、严格法律手续的前提下,及早介入,实施救济,避免更大的不良影响。

（征文获鼓励奖,作者系镇江市公安局交巡警支队办公室副主任）

道路交通事故认定复核工作机制创新的思考与实践

朱银坤　　　　　　　　　　　　　　　▶ ▶ ▶

道路交通事故认定复核（《道路交通安全法》实施前的事故责任重新认定）是依据公安机关规章的授权，由设区的市公安机关交通管理部门对县级公安机关交通管理部门作出的事故认定进行的审查，通过对案卷材料的评价，作出事实是否清楚、证据是否确实、适用法律是否正确、责任划分是否公正、调查程序是否合法的结论。这是一种公安机关内部具有层级行政监督意义的救济行为，具有程序启动的被动性、证据获取的间接性、评判过程的内部性、评价结果的效力性等性质。如同事故认定的法律属性一直以来都存在争议一样，能否以内部监督来评判一个证据的适当性，认定复核同样倍受关注。

长期以来，事故当事人认为事故复核反正是公安机关内部的行为，"官官相护"，提出的异议不可能被采纳，缺少公信力；原交通管理部门认为"官大一级压死人"，缺少基层执法单位的参与性，缺少透明性。如何提高事故复核的公信力是一项事关做好新时期群众工作的新课题。为此，镇江市公安局交巡警支队认为事故认定复核工作作为提高事故处理公开、公信、公平、公正的重要环节，必须创新机制。2012 年年初，作为负责事故复核工作的支队法制部门在市、区两级事故处理部门的大力支持下，对改进复核工作的机制进行了认真的思考与实践。

思考一：缺乏复核公开性

长期以来，事故复核部门对案件进行复核时，是对原事故处理部门提交的案件材料进行审查，当然也会根据当事人提交的材料、线索进行必要的调查，与原事故处理部门沟通、复勘现场等工作，但主要还是依据办案单位收集的案件原始材料。这种闭门审案的方式缺乏公开性。

思考二：缺乏复核权威性

复核部门在复核过程中，对案件的审查仅是少数几个人的参与，作出结论也是少数几个人的意见。长期以来,在复核结论送达后基层单位颇有微词,甚至个别同志提出复核决策的人缺少对事故现场的直观印象,对事故形成的原因、过程判断不全面,复核的权威性受到了质疑。

思考三:缺乏当事人的参与

复核部门对当事人提供的线索可能进行必要的调查,而这些线索往往是当事人道听途说的,甚至是个人的猜想。但不进行调查,不仅是对当事人的不尊重,而且还会给当事人提供很多假想的空间。

思考四:缺乏复核后的解释

一张复核决定书、原则性的法律用语,并不能把复核机关对案件的全部判断、分析表达出来。虽然复核部门也在复核结论书中尽可能地说理释法,但不可能针对当事人的全部疑虑——进行解释。

针对上述思考,镇江市公安局交巡警支队提出要以"贯彻新时期加强和改进新的形势下公安群众工作"为契机,在创新实践事故复核工作机制上下功夫、取实效。事故复核工作要实现法律效果、政治效果和社会效果的有机统一,就要提高其公正性、准确性和透明度。为此,镇江交巡警部门进行了有益探索和实践:

实践一:实行部门负责与专家论证相结合的机制

2012年初,镇江市公安局交巡警支队制定了《关于加强和改进道路交通事故工作的意见》,建立道路交通事故处理专家论证制度。由支队法制大队负责全市道路交通事故认定复核的具体组织工作,实行部门负责与专家论证相结合的工作机制。这一工作机制可以进一步增强复核的透明、公正性,提高公信力;也可以集思广益,增强复核的准确性。专家论证的范围不宜过大,其职责确定为疑难案件的会诊、敏感案件的会商、争议案件的会办。支队明确对媒体关注、领导批示的敏感事件、涉外交通事故、社会有影响的案件、有多次上访迹象或存在上访可能的疑难复杂案件,以及复核部门与办案单位意见相异且经沟通未能达成一致的案件,或由支队领导指定的其他案件等,提交专家论证。其他案件由支队法制大队直接具体办理,提出意见,报支队分管领导审批。专家论证会议由支队法制大队主持,办案单位民警介绍案件调查过程,获取的证据和得到的事实,说明责任认定的理由和依据;复核人员对案件卷宗所收集的事实证据是否充分、程序是否合法、适用法律是否正确、量责是否恰当提出公正的意见,就案件复核中发现的疑点、难点和其他问题进行研究,对专门性问题请有关专家做出说明或解释;对信访等特殊案件,请信访、纪检督察人员发表观点和看法;与会人员对案件事实、证据提出质疑并发表意见;无记名投票表决;按少数服从多数的原则当场公布票决情况;确定复核结论。专家论证制度确立以来,共组织论证6场11件。所有案件结论送达后,原事故处理单位再无异议,认为这种形式既总结了办案的成功之处,也客观分析了不足的方面,尤其是事故当事人心服口服。

实践二:建立技术和法律咨询保障机制

在事故处理和复核过程中,有些汽车在性能安全技术、刑事民事法律的适用等方面并不是交巡警部门能够全面熟练运用的,因此通过第三方的理论更有说服力。为此,支队聘请了江苏大学汽车与交通工程学院党委书记、交通安全研究所所长葛如海教授等为车辆制造与技术鉴定专家,江苏大学司法鉴定所副所长、副教授王永忠博士为法医学方面的专家,长期从事交通事故赔偿案件审判的镇江市中级人民法院审判员李守斌、长期从事刑事案件诉讼研究的镇江市人民检察院公诉处副处长金庆华等人为其提供法律方面的支持,刑警支队刑科所痕迹室仲博主任提供痕迹方面的支持。由于这些专家的大力支持,一些长期困扰交巡警部门的难题迎刃而解。

实践三:实行当事人约谈制度、阐释制度

工作中,交巡警部门全面实行约谈制度、阐释制度。

一是复核部门与申请人、原事故处理部门一起沟通,真正做到开诚布公、无话不谈,并虚心地进行自我批评。

二是复核部门直接参与调解化解矛盾。

三是举案释案。很多当事人对事故提出的异议都是以其他相似的案件作参考,甚至以违反法律法规行为的多少为定责的天平。为此,复核部门就把相同类型的案件拿出来进行解析,从事故形成的基本机理、法律规定等方面进行解释,从根本上打消其疑问。

实践四:开通与法检沟通会商机制

事故处理工作离不开法院、检察院的支持。镇江公安交巡警部门在2011年和镇江市中级人民法院、镇江市保险协会联合印发了《关于加强和完善交通事故损害赔偿案件联动调处工作机制的意见》,成立了工作领导小组。2012年以来,在此基础上加强了案件受理信息的沟通,以及对一些敏感案件的会商。同时,还与镇江市人民检察院就交通肇事刑事案件的诉讼中的争议达成了协商机制。一般情况下,由原事故处理部门与区(市)检察院进行沟通,之后由支队与市检察院商讨。

实践五:提高执法技能的好方法

专家论证制度不仅解决了争议,而且也全面总结了案件的成功与不足。在论证中,与会人员从案件的现场勘查、车辆检验、调查取证、物证鉴定、强制措施等方面进行全面的得失分析,并对案件承办人进行质询。不留情面的质询往往使民警感触很深。开论证会时,一些单位要求民警全部旁听。参加过会议的同志表示这样的论证比任何培训都有效,同时办案中一些好的做法也被借鉴、推广。

(征文获鼓励奖,作者系镇江市公安局交巡警支队法制科科长)

探索情报信息引领社区
警务转型升级路径的思考

蒋锡宇　　　　　　　　　　　　　　　▶ ▶ ▶

镇江市公安局京口分局大市口派出所辖区有各类企事业单位 75 家，公共场所 38 家，特种行业 69 家，涉危单位 1 家，现有民警 38 人、保安队员 74 名。2011 年，镇江市公安局部署推进派出所"大情报"工作以来，派出所从基层实际出发，结合社区"两网"（网上居委会、社区网格化管理）建设，围绕社区民警"下得去""做什么""做得了"和"有能力做"四个难题，以"大情报"工作为龙头，以实行中心警务室运作模式为保障，进一步规范和夯实社区警务工作，取得了阶段性成效。本文主要是笔者在担任大市口派出所所长期间的一些心得体会，希望得到同仁指正。

一、围绕"社区民警下得去"这个难题，在健全机制上想办法，务求既有保障又有倒逼

"大情报"工作必须靠社区民警下社区采集源头信息，落实重点人员管控指令来支撑。如果社区民警"下不去"，信息数据"上不来"，那么"大情报"系统数据必将空转。为确保社区民警能真正下得去，我们主要抓了三件事：

一是让社区民警有积极性下社区。试点前，由于地缘个体差异、社区资源分配不均等因素，导致社区民警忙闲不均，甚至干得多的民警反而考核扣分多、得分低，在一定程度上影响了部分民警下社区工作的积极性。中心警务室运行以来，各社区警务资源得到充分整合，警务工作实现了优势互补，使得原本各个社区之间存在的个体差异、忙闲不均等情况趋于均衡；中心警务区内各项警务工作相互协调和协作，发挥了骨干民警、老民警"传、帮、带"的示范作用，彰显了"一加一大于二"的警务效能，拉近了派出所与人民群众的距离，实现了警务工作与人民群众"零距离"接触，提高了见警率。

二是让社区民警有时间下社区。试点以前,社区民警既要值班,又要破案,一周下社区的时间十分有限。为破解这个难题,派出所建立了为社区民警减负工作机制,明确对社区民警不下达破案和抓获违法犯罪人员工作指标;按照"公调对接"的要求,社区日常纠纷处理及咨询由街道派出的专职调解员负责;社区民警在工作日内不参加白天值班,保证社区民警每周有足够的时间扎根社区。

三是让社区民警有责任下社区。为了确保社区民警真正沉入社区,有效开展社区警务工作,试点中,派出所采取了如下工作举措:实行中心警务室警长负责制,对各项社区警务作出明确规范,列出序时进度,以制度保证各项警务工作的完成,使社区民警的工作能够跟进信息化条件下的警务需求,防止中心警务室变成"第二个派出所";推行社区民警先期处警模式,明确一般警情指令由社区民警在社区先期处警,对不能在规定时间内赶到警情发生地处置的,反查其是否在社区,以此牢牢将社区民警"钉"在社区;坚持把源头信息采集作为社区民警的硬任务,依托社区网格成立社区信息采集队,明确数据专管员一名,其构成为"3 + X"模式:"3"为社区民警、社区保安、网格长,"X"为网格长助理、网格志愿者、治安积极分子、流动人口协管员等社会力量。除涉及社区警务秘密的信息由民警采集外,其他各类信息均由信息采集队人员负责采集。

二、围绕"社区民警做什么"这个难题,在明确任务上想办法,务求既突出重点又兼顾全面

围绕源头信息采集和重点人员管控两大主要任务,以各中心警务室为作战单元,着重抓好以下几个方面工作。

一是重点人员动态管控。根据大市口地区试点工作要求,对原列管重点人员进行"兜底翻"。试点前,辖区共有重点人员2059人。试点工作以来,共排查出符合省厅列管条件的重点人员285人;按列管来源分,公安部下发18人,本地列控267人;按属性分,涉毒人员206人,重大刑事犯罪前科人员19人,社区矫正对象17人,肇事肇祸精神病人42人,重点上访人员1人。通过二次"兜底翻",新列管14人,撤管1774人,级别上升176人,级别下降21人,共登记现实表现采集998条。按纳入情报平台进行管控,平均每名社区民警管控24人。在日常管控工作中,规定社区民警对公安部确定的七类重点人员和治安危险分子,根据不同情况及其社会危害程度实行三级管理,以周期性上门入户、调查走访为主,根据

管控级别采取不同的管控措施,对重点人员的现实表现进行综合评估,并及时录入基础警务平台。

二是源头信息采集及维护。试点工作期间,大市口地区共核实注销暂住人口3148人、房屋出租户648户、寄住人口333人、空挂户1379人,共新增暂住人口877人、房屋出租户449户、寄住人口640人、空挂户3443人。大市口派出所还对辖区内38家公共场所、69家特种行业、5家网吧、30家娱乐场所的1036名人员信息全面采集,并对辖区列管一、二、三级重点单位、一般单位和其他单位共171家单位信息全部录入工作平台,务求信息齐全、准确。

三是社区巡防工作。按照"社巡合一"的模式,社区民警以中心警务室为依托,承担警务协作区的巡防工作。在日常社会面巡防工作中,根据刑事警情研判指令高度重视高发案时段、高发案区域、高发案类型,随时调整巡防措施,提高巡防控工作的针对性、主动性和有效性。各中心警务室合理安排,在交通要道、重点路口强化临检盘查,提高民警的"盘查率""信息采集率"和平台数据的"碰撞率"。作为与4个警务协作区有机对接互补,派出所专门配置2台警用四轮电瓶车,分别在人员密集的城市客厅广场和第一楼街步行街动态巡察,及时收集各类源头信息,有效维护社会面治安秩序。

三、围绕"社区民警做得了"这一难题,在创新手段上想办法,务求既有内部激活又有外部驱动

一是健全考核奖惩机制,激发民警工作动力。在依托镇江市公安局"社区民警工作网上考核平台"考核社区民警工作的基础上,进一步明确对社区民警的奖惩措施。根据市局对社区民警的考核得分排名,对当月排名第一的社区民警,直接定为一级民警;对年度总分进入全分局前六名的社区民警,报请分局、市局给予记功、嘉奖;对当月排名末位的社区民警,直接定为三级民警;对连续两个月排名末位的社区民警,由派出所主要领导诚勉谈话;对年度在全市排名后十位的社区民警,由派出所对其工作进行调整,当年不参加评先评优。对月考核排名第一的中心警务室,由派出所报请分局实施奖励;对连续排名末位的中心警务室,由所领导对相关责任民警诚勉谈话;对年度考核排名第一的中心警务室,报请市局予以高等级命名。由于实行社区民警与所在中心警务室捆绑考核,缩小了社区之间的个体差异,避免了社区民警之间忙闲不均的问题,促使民警切身

感受到"不动不得分,乱动必扣分,真动得高分"的工作压力,真正扎根社区踏实工作。

二是充分依靠和发动群众,提升民警工作效能。派出所工作扎根基层,基层工作离不开群众。为进一步获取源头信息、管控好重点人员,结合社区工作的特点,充分依托社区网格化的新模式,发动网格长等社会力量,协助社区民警做好信息采集、社情民意联络、矛盾纠纷调解等工作。试点中,大市口派出所还重新整合了9支共174人的"红袖标"义务巡逻队,由社区民警进行业务指导,在社区开展治安巡逻,有效实现了社区治安的群防群治。

三是建立网上警民联系桥梁,增强民警工作活力。依托"0511镇江网友之家"网上警务专栏,分别在新浪、腾讯建立了派出所微博,并与大市口街道"网上居委会"建立互通机制,为群众提供咨询服务。截至目前,大市口派出所已发布贴文100余条,浏览量接近10万次。通过网上、网下与警民互动交流,激发了群众参与维护社会治安的热情,21名网民自觉加入红袖标义务巡防队伍,主动提供线索30余条、协助破案10余起。

四、围绕"社区民警有能力做"这个难题,在教育培训上想办法,务求既重内容又讲形式

随着"大情报"系统应用不断深化,社区警务模块数量逐渐增多,功能逐步完善,对社区民警掌握基础业务、熟练应用平台的能力提出新的要求。一些对计算机应用不熟练的老民警普遍感到比较吃力,甚至产生厌烦、抵触情绪,难以达到"基础工作信息化,信息工作基础化"的要求。为破解这类难题,大市口派出所在教育培训上着重抓好三个环节:

一是抓好模块应用专题培训。在参加市局、分局组织的社区警务相关业务模块培训、社区民警轮训等培训的同时,市局专班成员单位按照试点工作总体要求,组织开展多批次"点对点"培训。

二是抓好业务技能培养。针对社区民警年龄结构、文化差异和信息化应用技能水平参差不齐的具体情况,充分发挥分管所领导和"小教员"的作用。合理安排培训时间,由所领导带头参训,与民警共同学习,确保人员到位、效果到位;"小教员"充分发挥作用,随时解答民警操作应用方面的问题,及时发现并提交"大情报"系统各相关模块在功能设置上存在的问题,配合市局、分局专班相关部门解决;全体民警坚持"学中干、干中学",及时求解,整体应用水平显著提高。

三是抓好日常检查指导。通过经常检查民警工作日志、召开工作例会、开展网上巡查，从中发现概念不清、信息数据录入不及时、不规范等问题，及时纠错整改，确保各项平台信息数据能够准确鲜活。每个工作日17时，由分管所长召开信息质量点评会，对每个社区民警采集信息的质和量进行通报，及时发现问题及时整改；每周五下午召开数据质量分析会，强调序时进度；每月20号对全月数据质量进行考核排名。为了保证平台数据质量，各中心警务室设数据专管员一名，加强了对平台数据质量的监管。

（征文获鼓励奖，作者系镇江市公安局京口分局副局长）

监所人性化管理浅析

汤正明

▶ ▶ ▶

公安监管场所作为教育人、改造人的特殊管理场所,推行人性化管理,对于维护监管秩序、保障监所安全、保障刑事诉讼和行政执法活动的顺利进行,具有积极的现实意义和社会意义。在现实情况下,随着保护在押人员合法权益呼声的不断提高,推行人性化管理、改进执法管理模式,也是实现公安监所管理创新的必由之路。

一、推行人性化管理的重要性和必要性

近年来,随着形势的发展和上级管理要求的不断提高,监所管理的文明程度不断提升,对在押人员实行人性化管理日益成为当前监所管理的重要内容,大力推行人性化管理对于构建监所内外和谐、促进社会和谐具有现实而重要的意义。

(一)监所管理不够规范的现状迫切要求我们必须改进执法方式,切实推行人性化管理

一方面,受特权思想等传统思维惯性的影响,少数监管场所领导和监管民警对依法治监、规范执法的认识仍然不足,管人者自居的思想依然存在,受此影响,监所管理刚性执法偏重,柔性管理较缺乏,粗暴执法等不文明现象也有一定程度的存在,导致在押人员的合理诉求得不到伸张,合法权益得不到有效保障,监管与被监管之间的关系过于紧张、严肃,给监所安全埋下了隐患,对此,有必要加强对监管民警的"立警为公,执法为民"的社会主义法治理念教育和人权保障意识教育。另一方面,现有的监所人性化管理形式举措不多、形式单一、内容不够丰富,有着进一步拓展的必要和广阔的工作空间,深入推进人性化管理能够使监所管理工作走向更加规范和文明,有利于提升监所管理的质态和效能。

（二）客观形势的发展和上级的要求,迫使我们必须大力推进监所人性化管理

近年来,构建和谐社会、构建和谐警民关系、创新社会管理,日益成为社会各领域和公安机关工作的主旋律,强化人本意识,改进管理教育模式,保障在押人员合法权益,服务内部和谐,服务社会矛盾化解,已成为公安监管工作发展改革的大势所趋。改革管理教育模式,推行人性化的说理管教模式,有利于减少抗管抗教等现象的发生,增进管理与被管理之间的和谐,从根本上促进在押人员思想转化,防止自杀等非正常事件的发生,保持监室的稳定,保障监所的安全。改革管理教育模式,大力推进监所管理教育形式的多样化,组织在押人员开展喜闻乐见的文化娱乐活动,有利于稳定在押人员的情绪,构建和谐、活泼的监管局面。改革管理教育模式,推行亲民式的人性化,对患病在押人员及困难在押人员给予亲人般的特殊关怀和照顾,有利于唤醒在押人员的良知,促进在押人员幡然悔悟,弃恶从善,重新做人,有利于增进教育改造成果与社会的和谐稳定。

（三）打造公安监管部门自身文明良好形象的现实需要,迫切要求我们推行人性化管理

近年来,由于受方方面面负面事件的影响,公安监管部门的执法管理活动被置于社会的聚光灯下,监管工作稍有不慎,即会成为社会舆论关注的焦点。推进人性化管理,推进社会开放,把监管执法主动置于公众面前,有利于进一步增进社会各界对公安监管场所的了解和理解,从而消除认识的偏见和误区,进而树立公安监管部门的良好形象。

二、开展人性化管理的优越性

监所人性化管理具有多方面的特点,其主要优越性有以下几个方面:

一是投入少,适用性强。人性化管理建立在"以人为本"的理念上,注重对在押人员合法权益的有效保障,实施对在押人员的人文关怀,投入的是关爱,倾注的是真情,体现的是文明,突出的是监所管理的形式多样化,这种管理方式往往无须大的物质投入,因而对客观情况不同、经济状况不一的监所具有广泛的适用性。

二是方法活,操作性强。监所人性化管理没有具体的工作模式、没有一定的框框,可以开展谈话教育,正确引导;可以通过生活上的关心照顾,及时给在押人员以真切关怀;可以组织在押人员开展一系列有意义的活动,缓解在押人员的紧张心理;可以通过亲情电话满足在押人员对亲人的

思念;可以通过宣讲法律法规,帮助在押人员强化法律意识,提高遵守法律的自觉性等。

三是效果好,针对性强。人性化管理在实际工作中运用得好,可以起到其他管理方式难以达到的特殊功效。特别是对那些情况特殊的在押人员,通过因人施策,往往能够起到打消其对立抵触情绪,突破其心理防线,保障和促进监管工作有效开展的作用。

三、推行人性化管理的具体措施

为确保对在押人员的人性化管理的有效推行,必须从以下几个方面去着手深化和拓展具体措施。

(一)立足日常工作把握切入点,推行"常规式"管理,确保人性化管理常态化

监所实行人性化管理要贯穿于日常工作之中,使之成为一项经常性的管理行为,于潜移默化中彰显监所管理的文明、规范,体现监所对在押人员的人文关怀。

一是实行"娱乐引导型"管理。可通过组织开展文艺表演、打篮球、乒乓球、拔河等文体活动及观看电视、录像等,丰富在押人员的日常生活,调动在押人员的情绪,激发他们的内在活力、对美好监外生活的向往和精神追求,促使他们在娱乐中增强弃恶从善的念头,坚定走向新生的信念。

二是实行"亲情操作型"管理。通过组织开展亲情会见、打亲情电话等形式,缓解在押人员的思亲情绪,排解在押人员的心中郁闷,利用亲情激起在押人员的内疚感、羞愧感,促使在押人员认罪服法,自觉接受教育改造,走悔过之路,积极表现,争取早日走出高墙与亲人团聚。

三是实行"日常照顾型"管理。在日常管理中注意了解掌握需要对在押人员进行照顾的几种情形,把握契机,及时给予相关在押人员以必要的照顾。如在押人员过生日,可以为其煮鸡蛋、煮长寿面、送蛋糕等,体现监所对在押人员的特别关心;在押人员生病时,要及时给予治疗,安排进行适当休息,伙食上给予特殊照顾,为其适当增加营养,对特殊病人要予以重点照顾,体现监所关怀的细致周到;在押人员腿有残疾,可以安排坐班;对有父子或母女、夫妻等特殊关系的在押人员,可以在适当时机安排他(她)们进行监内会见,让他们互相安慰、勉励,享受亲情,鼓起重新做人的勇气。

四是实行"考核激励型"管理。在监所管理上积极引进考核激励机制,推行积分考核,将在押人员的日常表现与对在押人员的奖惩紧密挂钩,通过考核,实行奖勤罚懒,体现监所管理的合理、公平和公正。表现好的及时予以奖励,符合减刑等条件的及时兑现政策;表现不好的给予必要的惩戒,促其向好的方向转化。

（二）立足特殊群体把握结合点,推行"关爱式"管理,确保人性化管理针对化

公安监所关押着形形色色的在押人员,尽管各自的违法犯罪情形不一定相同,但通过对他们的基本情况及违法犯罪种类的分析,可以发现,他们在某一方面往往具有一定的共同属性。为更好地实施对他们的针对性管理,我们可以依据这些共性,把他们作为特殊的群体进行对待,以发挥管理的群体性效应,提升监所管理的效能。

一是对待青少年在押人员实行"集中授课型"管理。被关进监所的青少年在押人员正处在人生的特殊时期,由于年龄等特殊原因,他们在生理的发育、知识的掌握、是非的辨别及心理的完善等方面还很欠缺。对于这些人员的教育管理必须针对其特点来进行,不能以管理普通在押人员的方法来对待,应采用"集中授课型"管理对他们进行教育感化。所谓"集中授课型"管理,就是对青少年在押人员实行集中管理、集中授课、集中训练,促进他们心智的发育和适应社会能力的增强。采用"集中授课型"管理,一方面能使他们及时补上在学校应学的知识,使他们的学业不至荒废,同时能使他们养成遵章守纪的良好行为习惯;另一方面能使他们更好地接受法制教育,强化法制观念,为他们今后踏上社会打下坚实基础;此外能使他们接受系统的心理矫治,帮助他们树立正确的世界观、人生观和价值观,增强他们明辨是非的能力,使他们重新确立人生目标和追求,成为对社会的有用之人。

二是对待女性在押人员实行"性别顺应型"管理。针对女性的特点,从促进管理需要出发,通过组织开展一些有意义的活动,让她们感受到监所对她们的特别照顾和社会对她们的关心,唤醒她们的良知,促使她们走出人生的误区,告别过去,走向新生。可以通过有计划地组织在押人员子女到监所会见等方式,缓解女性在押人员对子女的思念,帮助她们增进与子女的感情,营造温馨氛围,以细微的举措换取她们对监所的感恩,增强教育改造的效果。

三是对待涉毒在押人员实行"医、教结合型"管理。采取灵活多样的行之有效的举措,帮助涉毒在押人员戒除毒瘾、康复身体。抓住"6.26"

国际禁毒日等有利契机,引进社会力量到监所开展针对性的法制教育、心理咨询或与禁毒有关的文娱活动,提高他们的参与性,增强他们与社会的互动性,促使他们进一步坚定摈弃恶习的信念。

四是对待特困在押人员实行"重点帮扶型"管理。尽管这部分在押人员做了违法犯罪的事,但他们的家庭却十分贫穷,贫困的家庭经济状况往往使他们不能安心关押在监所,要切实做好对他们的重点排摸工作,抓住公安机关"春风行动"等有利契机,及时将他们纳入重点帮扶对象,积极向他们或其家庭献上爱心、送上温暖,体现公安监所良好用心,促使他们幡然悔悟、改过自新。

(三)立足教育多样化,把握着力点,推行"节日式"管理,确保人性化管理的灵活化

一是在春节期间实行"氛围熏陶型"管理。春节是中华民族古老而传统的节日。千百年来中华民族形成的浓郁而深厚的年文化,给每个炎黄子孙打下了深深的烙印,一年一度的春节已成为每个华夏儿女永远的美好回忆和向往。在押人员和每个普通人一样,每临春节也都会在心中激起美好的期盼。各监所要充分利用好在押人员春节期间的良好心态,通过组织开展各种有意义的活动,活跃监管氛围,稳定在押人员情绪,使他们在节日的浓厚氛围熏陶下淡忘不光彩的昨天,以积极的心态迎接新一年的曙光。节前,可以组织在押人员与民警一起集中开展联欢活动,让他们在联欢中获得快乐、释放心情、受到感化,使身心得到一次荡涤净化。

二是在清明节期间实行"革命教育型"管理。无数革命先烈为了人民的利益英勇牺牲了,新中国的成立来之不易,吃水不忘挖井人。每到清明节,监所都必须把握这个机会,有计划分批次地组织在押人员前往革命烈士墓,瞻仰烈士遗迹,缅怀革命先烈,对他们加强爱国主义教育,使他们在教育中净化心灵,在忏悔中增强对社会、对国家的责任感,并逐步落实到积极转化的行动中。

三是在"五一"国际劳动节期间实行"技能比赛型"管理。"五一"国际劳动节,是全世界劳动者的节日,为迎接这一节日的到来,各监所在节前均可通过组织在押人员开展劳动技能比赛等形式,促进他们掌握必要技能,以实际行动迎接和纪念这个光荣的节日。

四是在中秋、国庆节期间实行"主题教育型"管理。以"话中秋、迎国庆"等为主题策划一系列主题教育活动,如组织各监室进行板报比赛,看谁设计的板报内容丰富质量高,看谁设计的版面新颖有创意,看谁做的板报更联系实际等；又如组织在押人员撰写心得体会，谈自己、谈他人、谈家庭、谈社会，通过回忆、忏悔和表达美好心愿等，表明他们的心迹，表达他们盼望早日走出高墙与亲人团聚及为社会尽上微薄之力的心情，增强他们相互之间的感染力；再如由监所确定宣传主题，在此期间及时组织制作反映祖国和社会变化的展牌，置放在监区，组织在押人员集中进行观看，让他们知道祖国的强大和社会的繁荣，激发他们的爱国热情和对社会的热爱，产生良好的教育效果。

（四）立足季节特点把握关键点，推行"因时式"管理，确保人性化管理的合理化

一年四季由于气候变化，客观导致监所在各季的管理上有所不同。各监所必须紧紧抓住季节特点，因时因情制宜，抓住工作的要点，落实针对性的关键措施，推进人性化管理的有序有效展开，力求人性化管理效应的最佳化。

一是在春、秋季要着重抓好易发性传染病的预防工作。医生要加强巡诊，对在押人员的疾病要做到及时发现及时治疗，对传染性疾病要及时采取措施控制，防治疾病传播蔓延，同时加强对在押人员疾病预防知识的教育，增强在押人员的自我防护意识，提高其自防能力。因伙食堂要注意搞好食品卫生，防止发生在押人员集体中毒事件的发生。秋季，还要随时根据天气变化，控制在押人员的洗澡，防止因受凉而引发疾病。

二是在夏季要着重做好防暑降温工作。高温季节，所里要备齐备足并及时发放仁丹、十滴水等防暑降温药品；加强监室通风换气，必要时在监室放置冰块降温；保证开水供应充足，并每天供应适当的盐开水，有条件的所，要供应绿豆汤、冷饮等防暑降温饮品，防止中暑等事件发生，确保被监管人员安全平稳度夏。

三是在冬季要着重做好在押人员的防寒保暖工作。冬季，由于天气寒冷，要要求监管民警经常深入监室了解在押人员的思想状况和生活状况，合理安排好他们的一日生活，有效解决他们生活中存在的困难。没有衣被的，所里要及时设法帮助解决，防止冻伤冻死事件的发生。伙食上，要让在押人员吃熟、吃热，吃得卫生。

四、推行人性化管理应注意的问题

监所管理的对象毕竟不是普通的人民群众，而是违法犯罪嫌疑人，因而对他们的人性化管理必须在法律和各种管理规定的范围内稳妥实施。要严格把握好管理的"度",分清管理者和被管理者的界限,不能违反法律规定,更不能徇私枉法。要严格按章办事,坚持原则,决不能借口人性化管理而放松对在押人员的严格管理,造成脱管失控。要主动加强和社会有关方面的联系与协作,切实把社会帮教引进监所,配合监所搞好对在押人员的管理,致力形成社会联动的管理协作机制,促进监所人性化管理进一步社会化。此外,要正确处理好人性化管理和监所其他工作的关系。

一是要正确处理人性化管理和监所安全工作的关系。监所安全是监所工作的根本和核心,监所人性化管理的各项工作都必须以确保监所安全为前提和立足点,确保万无一失;

二是要正确处理人性化管理和监所深挖犯罪工作的关系。要充分认识人性化管理对监所深挖犯罪的促进作用,加大对在押人员的教育感化力度,促使他们坦白交代、检举揭发,切实为公安现实斗争提供有效服务;

三是要正确处理人性化管理和监所等级创建工作的关系。人性化管理是监所等级创建的重要内容,要通过积极推行监所人性化管理,改进和纠正监管工作的不足方面,丰富监所等级化管理的内涵,促进监所工作规范化。

(征文获鼓励奖,作者系镇江市公安局监管支队办公室主任)

看守所犯罪嫌疑人会见权之研究

笪洪杉

▶ ▶ ▶

所谓会见权,是指犯罪嫌疑人被羁押后有获得家属、监护人、朋友或律师探视的权利,它是犯罪嫌疑人的一项基本权利。尊重并保障被羁押犯罪嫌疑人的会见权,既是履行我国加入的国际公约的一项应尽义务,也是保护公民基本人权、促进司法进步的必然要求。然而,在司法实践中,这一基本权利和合理诉求并没有在侦查办案和监所管理工作中体现出来,除了律师自侦查阶段开始可以会见犯罪嫌疑人外,家属或亲友要想探视被羁押的犯罪嫌疑人往往要等到法院判决、法律生效后。自侦查阶段起至法院开庭审理阶段的几个月时间内,由于家属无法探视,加上通信受到严格的限制,被羁押犯罪嫌疑人往往处于"信息封闭"和"人身自由受到限制"的双重压力下,在刑事诉讼活动中处于一种不平等地位,不利于被羁押犯罪嫌疑人维护自身合法权益。因此,加强对被羁押犯罪嫌疑人会见权之研究,对于促进司法体制改革,具有重要的现实意义。

一、会见权是法律规定的被羁押犯罪嫌疑人的基本权利

犯罪嫌疑人被羁押后有获得家属、亲友探视的权利,是我国履行国际公约的一项应尽义务,这项义务既反映在有关国际公约中,又体现在《中华人民共和国看守所条例》及其实施细则中,是有充分法律依据的。联合国《囚犯待遇最低限度标准规则》第37条规定:"囚犯应准在必要监视之下,以通信或接见方式,经常同家属和有信誉的朋友联络";第42条规定:"在只受司法行政、监狱安全及良好限制和监督之下,未经审讯的囚犯应准将他被拘留的事立刻通知亲属,并应给予同亲友通讯和接见亲友的一切合理便利"。联合国《囚犯待遇基本原则》第4条规定:"监狱履行其关押囚犯和保护社会防止犯罪的责任时,应符合国家的其他社会目标及其促进社会全体成员幸福和发展的基本责任"。《联合国保护被剥夺自由少年规则》第59条规定:"应提供一切手段确保所内少年与外界充分接

触。这是他们有权享有的公正人道待遇的一个组成部分,对使青少年做好准备重返社会来说也极其重要。应允许所内少年与其家人、朋友以及外界有信誉组织的人员或代表接触,允许他们离开拘留所回家探视,并应特准由于教育、职业或者其他重要原因而外出,如系服刑少年,则其离拘留所外出时间应计入服刑时间";第60条规定:"所内少年均应有权经常定期地接受探访,原则上每周一次,至少每月一次,探访的环境应尊重少年的隐私及其与家人和律师接触并进行无约束交谈的需要。"《联合国少年司法最低限度标准规则》第26条第5项规定:"为了被监禁少年犯的利益和福祉,父母或监护人应有权探望他们。"联合国《保护所有遭受任何形式拘留或监禁的人的原则》第19条规定:"除须遵守法律或合法条例具有的合理条件和限制外,被拘留人或被监禁人应有权接受特别是其家属的探访,并与家庭通信,同时应获得充分机会同外界联络。"

综上所述,国际刑事司法准则对被羁押者应享有待遇作了明确的规定,主要反映在以下几个方面:第一,反对断绝与外界接触的拘禁。被拘禁者有权接触他的家庭成员。被拘禁者与外界的联系,特别是与其家庭和律师的联系不能被拒绝超过若干天。第二,享有接触家庭成员及其他人的权利。被拘禁者有权要求在其被逮捕或羁押后迅速通知其家庭成员或他选择的其他人;通知羁押的地点;在被转移时得到及时的通知。被羁押者享有会见家庭成员并与之通讯联络的基本权利,这种接触应该在一个较早的阶段。第三,禁止刑讯和非法待遇。绝对禁止刑讯和其他残酷、不人道待遇或惩罚。这种禁止须有各种保护措施,如禁止任何使用刑讯得到的陈述作为证据使用。被拘禁者有权控告实施刑讯或者非法待遇的行为。必须由拘禁机关以外的机关迅速、公正地对控告进行审查,等等。由于国际刑事司法准则具有普适性,能为各国普遍使用,且为多数国家所公认,具有进步性、开放性等特点,是人类诉讼文明的共同成果,反映了刑事司法的发展方向和基本要求,因而得到各成员国、参与国的普遍遵守,并被一些国家的国内法所吸收采纳。1990年,我国制定并实施的《看守所条例》对被羁押犯罪嫌疑人的会见权问题,也作了制度性安排。《看守所条例》第6章第28条规定:人犯在羁押期间,经办案机关同意,并经公安机关批准,可以与近亲属通信、会见。因此,保障被羁押犯罪嫌疑人的会见权符合规定。

二、会见权的实施与我国立法精神一致

我国刑法实行的是无罪推定原则、重证据轻口供原则和罪刑法定原

则。基于这些原则,犯罪嫌疑人在被审判机关定罪判刑之前,只是作为一名犯罪嫌疑人而被临时羁押,其可能是有罪的,也可能是无罪的,因而,在未被剥夺或限制相应权利之前,其合法权益也应受到法律保护。然而,在司法实践中,一些侦查机关或以妨碍侦查、泄露案情为由阻碍会见权的行使;或以限制性条款为由拒绝批准;一些监管场所也以程序上的理由予以抵制,真正能够获准会见的极少。其根本原因,既有办案人员长期以来所受陈旧执法理念的影响,又因受破案的指标压力使然。侦查机关为了破案而滥用公权力,间接地牺牲了公民的基本人权;而侦查权与羁押权合而为一,致使监管场所无法有效地行使监督权,也是会见权不能落到实处的重要原因。从短期看,允许被羁押的犯罪嫌疑人与外界接触,特别是会见家属、亲友等,可能会给破案工作带来难度,造成破案率的下降;但从长远看,外部监督力度的加大,有助于解决长期以来困扰侦查机关的刑讯逼供等突出问题,使侦查机关更加注重证据特别是物证的收集,从而提高办案质量,防止冤假错案的发生。阻碍会见权的行使,实际上是与我国刑法的立法精神相悖的。

三、会见权是保障被羁押犯罪嫌疑人基本人权的重要途径

犯罪嫌疑人被羁押后,由于自由受约束,处于与外界隔绝的一个相对封闭环境内,受知识和信息缺乏的影响,在刑事诉讼中处于弱势地位,不利于控辩平衡,其合法权利也极易受到侵害。虽然律师在维护被羁押犯罪嫌疑人合法权益方面正发挥越来越大的作用,但由于国民法律意识淡薄,以及受经济因素的制约等,许多家庭请不起律师或不愿委托律师。据调查,2006 年,句容市看守所关押的在押人员中委托律师的犯罪嫌疑人和被告人仅占关押总数的 25.37%;2007 年仅占 23.49%;2008 年仅占 21.68%,呈逐步下降趋势。其中,委托律师的人员中城市人要明显高于农村人,本地人明显高于外地人。由于不能够与犯罪嫌疑人会见,加上看守所通信限制较多,家人不知有无必要委托律师;相当一部分犯罪嫌疑人即使想请律师却由于无法与家人沟通,或付不起律师代理费而放弃了自身的权利。其在整个诉讼过程中的一些合法权利,如申请取保候审、获得法律咨询和法律援助、辩护权、上诉权等,必然得不到有效保障。由于缺乏制约,导致公权力被滥用,一些地方相继发生刑讯逼供致人死亡事件,严重损害了公安机关的形象和政府的公信力。

四、会见权的行使有助于改善监管场所形象

在现有条件下,会见权的行使将给公安监管场所带来前所未有的巨大压力;防止通风报信、串供,保障刑事诉讼活动顺利进行的任务更重、责任重大;来自外部的监督特别是犯罪嫌疑人家属的监督将更加直接、有力。我们不能因为条件不具备而剥夺在押人员的合法权益,应秉持开放的心态,化压力为动力,主动作为,逐步改善条件,推动公安监管场所人权事业的发展。会见权的行使将对民警素质、执法管理工作和基础设施建设等方面提出更高的要求:(一) 有助于我们更加注重监管民警队伍建设,努力提高民警的政治素质和法律素养。要通过继续开展社会主义法制理念教育等形式,教育广大民警不断增强法律意识、服务意识和人权意识,坚持"三个统一",即:打击与保护相统一,法律效果与社会效果相统一,管理与服务相统一,使广大监管民警自觉成为我国人权保障事业的维护者、促进者;(二) 有助于加强安全监管。要保持高压态势,严打"牢头狱霸"行为,有效遏制在押人员打死、打伤在押人员事故的发生;要加强对在押人员生活卫生的管理,防止发生在押人员因病死亡等事件,确实保障在押人员的生命权、健康权等;由于犯罪嫌疑人能够经常同家属见面,这有助于缓解犯罪嫌疑人的紧张情绪和心理压力,消除和减少自杀事故的发生。(三) 可以促进监所执法活动更加严格、公正、文明,使我们更加注重维护法律的公平正义,更加注重人性化执法,更加注重规范化管理,更加注重保障犯罪嫌疑人的人权。(四) 有助于提高监管工作透明度。会见权的行使,犹如破墙开窗,使监管场所更加注重对外形象,更加注重提高服务质量;同时可以打破神秘感,为外界了解、理解并支持监管工作提供了便利。

看守所是国家政权的重要组成部分,其人权保障水平体现了一个国家文明进步程度,是我国人权事业发展的"晴雨表"。各级公安监管部门要高度重视在押人员的人权保障工作,切实加强对会见权的研究,制订具体的保障措施和切实可行、操作性强的工作规范,把被羁押犯罪嫌疑人的会见权真正落到实处,努力把监管场所建设成为社会主义法制建设的重要阵地、人权建设的重要"窗口"。

(征文获鼓励奖,作者系句容市看守所所长)

对做好事故处理证据公开工作的几点感想

史明春　　　　　　　　　　　　　　　　　▶ ▶ ▶

　　《道路交通事故处理程序规定》第六章第一节第四十七条第二款规定："发生死亡事故,公安机关交通管理部门应当在制作道路交通事故认定书前,召集各方当事人到场,公开调查取得证据。证人要求保密或者涉及国家秘密、商业秘密以及个人隐私的证据不得公开。当事人不到场的,公安机关交通管理部门应当予以记录。"

　　《道路交通事故处理工作规范》第九章第六十二条规定："证据公开的过程及各方当事人的意见应当予以记录。当事人无故不到场的,视为对证据没有异议。在证据公开过程中当事人提供新的证据的,交通警察报经公安机关交通管理部门负责人批准后,应当按照本规范有关要求开展补充调查。"

　　根据以上规定,证据公开是法定的事故认定的前置程序。公开的目的是向各方当事人解释说明事故调查所取得的证据,在此过程中掌握当事人的心理和动态,为事故认定作铺垫,可以有效减少复核和上访。一个案件的证据公开做得好,当事人各方可能会更加信任民警,从小的方面来讲,便于事故处理,从大的方面来讲,促进双方谅解,促进社会和谐。因此,如何做好证据公开尤为重要。

一、充分做好证据公开的准备工作

(一) 办案民警要做好充分心理准备

　　按常规来讲,发生死亡事故以后,死者家属一般都比较激动,在情绪失控时或者为了达到某种目的,会做出一些冲动的事情,与对方当事人、事故处理民警发生纠纷或者进行上访,激化矛盾。而证据公开是需要一个过程的,是在调查取证结束后才能进行的,证据公开之前的矛盾是否化解,影响着证据公开是否能顺利进行。民警普遍有两种不正确的心理:一种是畏难心理,主要是对此前发生过纠纷的事故当事人方,怕他们找麻烦,在证据公开过程中找细节挑刺,或者是在证据公开过程中纠缠,产生新的纠纷;一种是糊弄心理,主要是对一些案情相对简单,当事人不懂法律的事故,证据公开时就很随意,糊弄一下当事人方,让代表签字,草草地走一下程序,并不按规定真正公开。这两种心理当然要避免,要端正心态。民警在心理上既不能畏惧,也不能太放松,要认真地进行证据公开准备工作。

(二)办案民警要充分熟悉案情

有的民警在证据公开时,遇有当事人方提出细节方面的质疑时,无言以对或语无伦次,这是因为对案件情况掌握不细造成的。现在的死亡事故,从现场勘查到调查取证,不可能是一个民警独立完成,承办民警对自己所直接进行的工作会有较深的记忆,但是对别的民警所调查的材料以及检验鉴定的材料的内容不一定很清楚。这就需要民警熟悉整个证据材料,特别是有关事发过程的细节问题,一定要熟记。同时完整地看一遍材料,杜绝证据中的一些基本问题出现相互矛盾。在充分熟悉案情的基础上,要预先估计好证据公开时,当事人方会关心哪些问题,会在哪些方面提出异议,我们应当如何作出相应的回答。

(三)办案民警要熟记法律法规

证据公开本身就是一个法定程序,在履行这个程序过程中,会牵涉很多其他的规定,比如《道路交通事故处理程序规定》中有关时效的规定,《道路交通安全法》以及相关规定中的违法行为和责任认定规则等。我们很难记住每条法律条文,但是我们一定要熟记常用的法律条文。对一些个案中涉及的平常比较陌生法律条文,一定要事先学习,及时掌握清楚,做好相应的准备。

二、证据公开中要注意工作方法

(一)要尽量召集各方代表同时参加

有的民警为了图省事避免矛盾,证据公开时不把各方当事人代表召集在一起,而是分别进行公开,这样做容易引起各方误解。虽然《道路交通事故处理程序规定》上没有明确规定,证据公开时是否一定要事故各方代表同时到场参加。但是,从有利于事故处理的角度来看,还是事故各方代表同时到场比较好,这样做有利于打消事故各方之间的疑虑和猜忌。为了不致发生意外情况,应当严格控制参加人数。当然,个别特殊的情况也需要区别对待,比如事故双方严重对立,把肇事方和受害方召集在一起时不能保证肇事方的安全,而肇事方一再要求分别进行证据公开。这种情况下,应当向受害方说明清楚。另外,刑事拘留的当事人由于不能到场,也要保障其权利,可以在看守所内对其证据公开。

(二)要有耐心地进行说理式执法

民警应当事先做好准备,有组织地按顺序逐项进行公开。从接处警记录开始逐项让事故各方代表了解事发情况,对代表提出的疑问逐一解释说明。在证据公开过程中,难免会有代表提一些不着边际的问题,民警在回答时,要正确的劝导,不能简单地回答"你不懂,这事与事故原因无关"之类的话。遇有情绪不稳定的,我们要冷静对待,注意说话的方式。要诚恳听取代表提出的不同意见,能当场明确回答的,那就不要含糊,特别是牵涉法律法规有明确规定的,应当果断地回答"是"或者"不是",再说明法律法规是如何规定的,还可以当场把规定条文找出,让其查看。遇有提出补充新证据的,一定要在记录上注明,并且要当场表明我们一定会进行查证。

(三)要归纳总结出大致的违法行为

证据公开结束前,民警应把整个案件的情况归纳一下,大致指出事故各方各自的违法行为,要用比较委婉的语气来讲,比如说,"简单来讲,某某当事人方,你在这起事故中有超载、不按规定让行的违法行为,你说是不是、对不对?"这样便于双方接受,为下一步作出认定打好基础。确有双方争议较大、因客观原因无法查清事故成因的,民警在结束前也要归纳一下已经查清的事实和双方的争议之处,委婉地说出下一步打算,比如:"这起事故可能无法查清了,但我们会出具事故证明,双方还可以到法院进行诉讼"。这样,一旦我们出具事故证明,当事人也能顺利接受。

(四)要对证据公开全程进行录音摄像

全程进行录音摄像主要是为了保全我们调查所取得的证据,防止在证据公开时,有人故意毁灭证据。民警在证据公开前,应当明确宣布相关纪律,并且告知各方当事人将进行全程录音摄像,这样就尽量避免了毁灭证据行为的发生。全程进行录音摄像的同时也为我们进行的这一程序留下相关证据,防止日后有任何一方提出当时未公开相关证据而产生纠纷。

（征文获鼓励奖,作者系句容市公安局交巡警大队天王中队中队长）

公安机关加强和创新
社会管理的认识与实践

王 群　　　　　　　　　　　　　　　　　　　▶▶▶

　　社会发展必然要求与之相对应的社会管理。当前,我国的社会管理明显滞后于社会发展,长期下去必然影响到社会发展的持续稳定。党中央高瞻远瞩,以极大的政治魄力和政治勇气,敏锐地从国家层面作出社会管理创新的战略部署,并以其深刻性和广泛性冲击社会管理各阶层。公安机关由此也迎来了发展机遇和重大考验。

一、形势认识:社会管理创新在当今中国势在必行

　　我党领导的中国现代化建设无疑已取得举世瞩目的伟大成绩。中国已成为世界第二大经济体,已从贫穷的低收入国家转入初步小康的中等收入国家。但面临的问题也很多,有的还很严重。比如民生和民权的呼声高涨,社会不满情绪在增加,社会群体冲突事件不断发生,失地、失业的人数不断增加,分配不公、吏治腐败、农民问题、食品安全问题、环保问题等,所有这些,不是我们过度悲观,而是这些潜伏的危机是大多数人认同的。这些问题的原因是社会管理机制跟不上社会发展的步伐。同时,国家已从政权建设转入社会建设,在不伤筋动骨的政权体制变革下,社会管理创新自然而然成为首选。

二、职能分析:公安机关加强和创新社会管理责无旁贷

(一)公安机关加强和创新社会管理,是职责所在

　　公安机关履行着巩固共产党执政地位,维护国家长治久安,保障人民安居乐业,服务经济社会发展的重大政治和社会责任,是社会管理的重要力量。要履行好职责,加强和创新社会管理是绕不过的"一道坎"。

(二)公安机关加强和创新社会管理,是形势所迫

　　当前,我国处于重要战略机遇期,也是社会矛盾爆发期,大多数人对

发展成果兑现未达到预期感到不满,理性约束处于临界状态,社会安全隐患大量潜伏等,公众对社会安全期求日益增大,人员流动、物资流动、资金流动、信息流动全面加速,各类犯罪更趋动态化、智能化、组织化、职业化、新型犯罪不断出现。面对这种状态,作为社会安全产品的生产者、社会秩序的有力维护者,如果不积极主动地加强和创新社会管理,有负法律授权、群众所托。在这股强大的外在驱动力下,公安机关加强和创新社会管理,是倒逼的。因为不加强、不创新就没有出路。

(三) 公安机关加强和创新社会管理,是自身优势所定

公安机关在承担大量的社会管理服务责任时,对社会管理运行变化、公众安全要求感受最早、最直接,这为提高加强和创新社会管理的针对性、有效性提供了依据,再者,公安机关经过长期的自我完善和发展,尽管不时出现涉警问题的曝光,但"有困难找警察"也是大多数人的第一心理反应,公安机关在群众中的信赖度、依靠度较之其他政府部门有过之而无不及。此外,公安机关人员素质、警务装备经过多年积淀,具备了加强和创新社会管理的条件。

三、理性审视:善于发现差距不足

(一) 维稳压力加大,维稳手段单一

随着社会经济逐步发展和变化,由经济结构转型、社会转轨、利益格局变动而引发的社会心态失衡、分化、冲突,严重影响社会稳定大局,时刻考验公安机关的应急处置能力。一些涉稳矛盾和纠纷,在当今信息社会条件下极易发酵、蔓延,甚至引发社会公众事件。公安机关虽然不是矛盾纠纷产生的根源,也没有解决矛盾纠纷的"拍板"能力,但始终站在化解矛盾的最前沿,充当"挡箭牌"和"救火员"的角色,采取的劝导式手段也并不能解决实际问题,只能在一定的时间、空间内保持稳定的状态,诚如河流冰封状态,表面平静,而其内河水仍然湍流不息。社会管理创新就要求我们确立一个观念,即维稳的根本在于维权,否则就会出现"按下葫芦浮起瓢",不胜其扰。不仅如此,一些群众对公安机关"出面插手"很反感,认为阻止了他们维权,进而恶化了警民关系。

(二) 警务职能泛化,削弱主业效能

公安机关虽然作为社会公共安全产品的生产者,但也没有能力"包打天下","110"成为万能台,化解医患纠纷,保障食品安全、校园安全等都要公安机关承担一定的责任,各类交通安全警卫任务、迎接创建等

活动占用了本已捉襟见肘的警务资源,所有这些,必然削弱公安机关在社会治安管理以及行政服务中的效能,以超负荷工作和打乱正常工作秩序的付出,最终博得了"特别能战斗,特别能奉献"的喝彩,多少显得无奈和悲壮。

(三)创新认知能力不足,首创成果不多

基层民警对加强和创新社会管理的国家战略认识高度不够,缺乏首创精神,处于被动式执行实施状态,对"为何创新"有认识,对"如何创新"尚欠缺,总以为创新设计来自上层,而不知创新的源泉和力量蕴藏在基层。基层所队在整理收集创新经验时,把日常工作换个名称,"戴上新帽",当作创新,却常常忽略了一些细小的闪光点,而这些闪光点在创新思维的演变作用下,都极有可能变为创新成果。

(四)社会基层组织运作不成熟,管理效能不明显

基层虽然建立了社区管委会等组织,但大多由于人员、素质、经费等方面的问题,形同虚设,或出现"夹生饭"情况,不能充分发挥作用,使得"党委领导,政府负责,社会协调,公众参与"的社会管理模式中后两项出现短板,这是事物发展初期的必然状态,全部同步也不现实,对此,指责、埋怨于事无补,公安机关应率先发力,单兵突进,以自身的完善和社会化举措,积极引导、带动社会基层组织和社会群众,按照社会管理创新的要求,各司其职,凝心聚力。

四、沉着应对:保持求真务实的心态和作风

(一)从社会管理的规律认识中理清思路

事物发展都有规律可循,社会管理亦是如此。我们公安机关在加强和创新社会管理中,要找到突破口或者是要有所建树,就是要与社会发展相适应,要创新变革,根本的是要找到我们现行的警务运行模式、警务手段与社会发展不协调、不同步之处,对此,我们要注重三个分析:

一是成本分析。当警务成本与警务效能出现高投入、低产出的状况,我们要看是体(组织机构)或制(制度、规范)的问题,交巡警合一就属于这一类。

二是系统分析。警务运行系统与社会管理要求不相适应,我们要看是实战系统乏力,还是支援系统欠缺。大力加强基层所队建设,加强社区警务信息化建设属于这一类。

三是动态分析。社会运行是动态的,警务运行模式也应是动态的,应随着不断出现的新情况、新问题而达到动态平衡。针对网络犯罪的新态势,就应从网络、网侦入手;反恐形势严峻,就应加大反恐力度。要学会在动态中逐步形成常态。

(二)从警察身份的认知中完善转变

一些民警在加强和创新社会管理中缺乏主动,其主要原因是对警察身份的认知有偏差,存有机械化、单一化倾向,只看到管理,而忽视了服务,或者把管理与服务对立起来,心态上有问题。人民警察的主要职责是打击防范犯罪,保护公民人身和财产免受侵害,归根到底还是维护社会秩序,赋予百姓安全感。事实上,在繁杂的公安工作中,与打击防范犯罪有直接关系的只占很小比例,更多的是社会管理和服务,所以,公安民警从管理向管理服务转变,应当成为必然和行为自觉。

(三)从价值认同中增强动力

马克思曾指出:每个人的奋斗目标,都涉及到自身的利益。公安民警秉承"忠诚、为民、公正、廉洁"的核心价值观,其奋斗的利益是人民利益所在,当国家、人民、社会都存有社会管理创新的利益期盼,公安机关理所当然地要有所作为。我们认同这种价值观,就必须勇于承担这份责任。有了这种动力,就能使我们在社会管理创新这个平台上创出成效。但是,即便有了这种动力,我们也要注重克服三种倾向:

一是盲目创新,草率行事,搞花架子图虚名,搞表面化乱冠名。

二是否定过去,事实上,公安机关在长期的社会管理实践中,形成了大量行之有效的模式和办法,创新应在加强、完善之后发力。

三是畏惧创新,认为创新高不可攀,事实上,公安机关始终保持与时俱进的态势,一路创新。

五、把握原则:找准公安机关加强和创新社会管理的立足点

(一)强化人本观念

社会管理本质是对人的管理和服务,每个人都是管理服务的主体和客体,公安机关加强和创新社会管理,依旧是"立警为公、执法为民"的职能体现。社会管理,说到底是对人的管理和服务,涉及广大群众切身利益,必须始终坚持"以人为本、执政为民",切实贯彻党的"全心全意为人民服务"的宗旨,不断实现好、维护好、发展好最广大人民群众根本利益,要把群众满意与否作为加强和创新社会管理的出发点和落脚点。

（二）坚持法治原则

公安机关加强和创新社会管理,必须坚守法律这根"红线",必须坚定地维护法律法规的尊严,维护公平正义。因为法律最广泛地代表了广大人民群众的根本利益,而法治型社会管理模式是较高形式的社会管理模式。当今中国的一些社会问题,除了体制性因素外,缺乏依法办事和依法监管也是一个重要原因。公安机关的性质和职能,必须始终坚持规范、公正、文明、理性执法。

（三）社会管理渐进稳妥实施

公安机关加强和创新社会管理,既要有紧迫感,更要冷静分析形势,坚持科学的态度,把握事物发展的规律。激进式地、违反事物发展规律的创新,则会适得其反。我们在这方面有诸多的历史教训,比如"大跃进"。尤其是社会管理涉及每个人的切身利益,更因为社会管理原有的体制仍在支撑着社会运行。所以,只能是对现有社会管理进行修补式地完善,而不是"外科手术"式的"革新",只能在试行成熟基础上进行推广实施。实践证明,公安机关多年来准确把握时代脉搏,有条不紊地在警务工作信息化、社会化采取的有效措施,与社会管理要求进行了成功的对接。

六、平衡推进:积极探索公安机关加强和创新社会管理的有效途径

平衡所讲究的是兼顾和统筹,这是科学发展观的基本原理。工作中要有轻重缓急,无须均衡用力,但要减少遗漏和死角。公安机关加强和创新社会管理涉及面广,动态要求高,必须注重平衡推进,加强主干的维护培育,定会根深叶茂。

（一）以信息化为引领,提升公安工作现代化水平

以实战需求为导向,构建"大情报"信息系统,不断强化信息化实战应用,顺应时代发展要求,实现警务方式的转变,由人工型向智能型转变,由单一型向多面型转变,实现公安控制力的良性升级。公安信息化建设是实施科技强警、全面提升公安工作战斗力的重要举措,要制定科学规划,建立专业队伍,加大资金投入和教育培训力度,加强应用建设和规范标准,不断升级融合,完善信息采集、维护、应用机制,加强对流动人口、出租房屋、重点人头、重点行业、重点场所的信息采集和即时控制。近年来,公安机关按照公安部"三项建设"的部署,已初步建成了应用实战的"大平台"系统。

（二）以社会化为支撑，推动警务模式创新

在信息化的时代背景下，公安机关在丹徒新区设立警务室，在实施大巡防的基础上，充分依托信息化手段，推动公安工作社会化进程。要探索建立网上公安局、网上派出所、网上警务室和民警微博、QQ群，广泛搭建服务群众的新平台，不断拓展联系群众的时间和空间。同时，准确把握现代新闻传播规律，提高与社会各界沟通水平，主动回应社会关切，切实满足公众知情权，最大限度地争取人民群众和社会各界对公安工作的理解支持。

（三）以社会面技防建设为主导，提高打防管控能力

全面推进社会面技防建设，将有助于缓解警力不足的矛盾，弥补巡防的漏洞，实施全天候不间断地对重点地区、道路、部门、场所的监控，提高社会治安动态管理能力。对新建社区、道路，公安机关要及时与规划建设沟通，避免技防设施前期设计滞后。与此同时，要建立合理的巡防、巡查机制和专业的指挥系统，与技防实施对接，变事后发现为即时管控，从而充分发挥技防的效能。

（四）以执法规范化为保障，提高执法公信力

执法规范是当前公安执法工作的一场深刻变革，公安机关加强和创新社会管理，始终离不开这条主线，这是公安机关职责性质决定的。随着国家民主法制建设快速发展，人民群众的维权意识和政治参与意识不断增强。网络环境的宽松，公安执法环境呈高度透明和高度关注的状况。公安机关要以执法主体专业化、执法行为标准化、执法管理系统化、执法工作信息化、执法装备现代化、执法服务精细化为目标，杜绝执法责任模糊化、执法监督虚无化，从学、考、用、督入手，大力提升民警执法素质，注重实体规范、程序规范，全力维护公安机关生命线，满足执法公平正义的社会需求。

（五）以人性化执法为特征，充分体现服务本质

社会行为学认为，每个人对于被管制约束具有天生的对抗性。如何最大限度降低这种对抗性，除了有理有据地依法办事，还应突出人性化执法，即满足每个人受到人格尊重的需求。大多公众在接受法制法规或对公安机关的执法裁决是认可的，往往由于办案办事程序繁琐，态度粗暴，人为设置阻碍心生怨气。近年来，公安机关从部、省、市、区都出台了大量的便民利民措施，促进了高效、便利服务，人民群众对公安工作的满意度也逐步提高。但人性化执法仍有较大空间，人性化执法不能突破法律法

规的限度,也不能转化为软弱执法。

公安机关加强和创新社会管理,头绪多、要求高、任务重,但只要我们以科学发展观为指引,一丝不苟地按照中央及公安部等上级机关的部署,大力增强每个公安民警的创新意识、法治意识、民本意识、服务意识,并以此推动社会管理服务实践,创建之路已然在脚下。

（征文获鼓励奖,作者系镇江市公安局丹徒分局城区派出所民警）

论人民警察在执法过程中的自我保护

杜婉婷　　　　　　　　　　　　　　　▶▶▶

人民警察作为国家执法人员,其正当的执法活动应当受到保护。《人民警察法》第五条明确规定:"人民警察依法执行职务,受法律保护。"然而近年来,公安民警在正当执法活动中遭受侮辱诽谤和暴力袭击事件屡屡发生,此类事件严重亵渎了国家法律法规的严肃性和权威性,直接影响公安执法积极性以及执法工作的正常进行,因此人民警察在执法过程中的自我保护是维护国家法律尊严的需要,同时也是每个民警摆脱执法过程中非法袭警、扰警、诽警事件所必须认真思考和重视的问题。

一、警察自我保护意识的含义

警察自我保护是指人民警察在执法过程中,在正确运用好法律法规、掌握好本职业务技能、发挥好自身体能素质,积极主动地完成好上级交付的工作任务,准确有效地打击犯罪的同时要保护好自己的合法利益免受不法侵犯。从《人民警察法》的角度讲包括三个方面的含义:

一是人民警察依法履行职责和行使权限对法律负责,受法律保护,不受其他组织和个人的非法干涉。

二是公民和组织应当支持和协助人民警察依法履行职责。

三是对于采用辱骂、暴力威胁等方式拒绝、阻碍人民警察依法执行职务的人,或对人民警察实施恶意投诉、诬告的人,要依法追究责任,切实保护民警的生命、健康和名誉免受不法侵害。

二、公安民警正当执法权益受侵犯的现状

据网络调查资料显示,中国警察人数仅占总人口数的万分之八左右,多的地方超不过万分之十,少的地方则达不到万分之五,警力不足已是不争的事实。每牺牲一位民警,都会引起社会各界的关注,受到人民群众的深切缅怀,但是,并没有因此有效遏制民警在正当执法时遭遇侵害受伤甚

至牺牲的势头。

总的说来，民警正当执法权益受侵犯的情形主要是遭受辱骂、围攻甚至殴打等暴力抗法、恶意侵害。让我们来共同关注几组典型的案例。案例一，2005 年 9 月 21 日，吉林农安县交警大队哈拉海中队中队长徐国辉在办公室遭到犯罪嫌疑人持刀袭击，颈部、腹部被刺伤。案例二，2005 年 9 月 9 日，湖南常德市民警谭建新遭 30 余名村民围攻报复，被非法拘禁 7 小时。案例三，2005 年 9 月 5 日，陕西西安市民警王军亮、王峰等在处理斗殴时被犯罪嫌疑人袭击，背部、头部 12 处受伤。

此外，在日常的交通、治安管理过程中，有的公民也公然以侮辱、设置障碍等方式干扰、阻碍民警依法执行职务，甚至暴力袭击民警。以深圳为例，据不完全统计，深圳巡警成立 10 年来，这支拥有 2000 人的队伍中，有 200 多人被打伤，20 多人为重伤，6 人因公殉职，2 人成为植物人。笔者在南通市开发区中心派出所实习时，就曾遭遇类似事件：在晚上值班时接到 110 指令出警到夜市查处斗殴事件，当 110 民警正当执法阻止当事人停止不法侵害时，当事人却污蔑民警殴打他的母亲，并且动手厮打民警和协管员，鼓动在场围观群众"伸张正义"，幸好在场民警处理果断，将当事人带离现场、分散人群，才避免了一场闹剧的发生。

再有，民警遭受失实投诉或恶意诬告的事件常有发生。随着国家法制化建设的逐步深入，人民群众的法律意识不断提高，越来越多的人勇于拿起法律武器来保护自己的合法权益。但由于我国目前法律不够健全，给一部分不法分子以可乘之机，以维权或监督为幌子恶意诬告民警，侵犯民警正当执法权益。

三、公安民警正当执法权益受侵犯的原因
（一）客观因素

目前公安民警的执法环境存在诸多不利因素：少数公民法制观念淡薄，部分人为了个人利益不择手段，一旦民警的正当执法触及他们的切身利益，就会百般阻挠、抗拒，甚至辱骂、殴打执法人员；公安机关非警务活动增加，往往把民警推向社会矛盾的第一线，极易造成警民关系的对立，使公安民警正常的警务工作得不到群众的理解和支持，甚至出现暴力抗法等恶性事件；法律法规不完善，民警的正当执法权益受侵害后，得不到强有力的法律保护，对侵害人的处理难度较大，很少追究刑事责任，更不用说给民警身心上的补偿，从而助长了不法分子的嚣张气焰。此外，犯罪

升级、警务条件及其装备落后等因素均造成不必要的伤害。

（二）主观因素

一是警察的自我保护意识淡薄，无维权概念。一些民警不能处理好执法与服务的统一关系，一谈服务即理解为"打不还手，骂不还口"。这就使有的群众把人性化管理视为警察的软弱，或理解为群众的要求不受法律和规范的约束。从已发生的袭警典型事件看，少数公安民警的自我保护意识淡薄，表现在对人性化管理的认识存在片面性，对袭警事件缺乏法律的应对措施。一旦出现或者即将发生袭警事件，民警不知道如何保护自己，盲目地认为只要自己"不说话、不动手"就相安无事。其实人性化管理是法治的基本要求，严格的执法本身就是实现人性化管理的体现。如果在法律规定之外推行过多所谓的人性化管理措施，就可能造成法律法规的混乱，不利于维护法律的权威。

二是执法水平较低，业务技能欠缺。举目而望，被老百姓视为"保护神"的人民警察屡屡被伤害。在英雄牺牲的同时，也映射着公安民警执法水平较低、业务技能欠缺的事实。部分民警的自身素质与当前新形势下履行职责的需要之间存在一定的差距。有的不注意执法策略和执法艺术，执法不规范，甚至违反执法程序，造成执法中的被动。一些民警对新形势下的刑事犯罪，特别是对暴力案件的恶性程度及其社会危害性认识不足，工作中习惯于拿"我是公安"或凭一身警服，从心理上来震慑对方。殊不知一些歹徒，尤其是那些铤而走险的暴徒，一旦与民警相遇，往往会不择手段想办法逃脱法律制裁。警察为了少惹麻烦，干脆执法时不带枪支警械。在这种情况下，民警常常要付出鲜血和生命的代价。

三是民警担心举报，执行公务时有畏惧心态。近年来，公安机关采取了一系列措施加大了队伍管理的力度，如实行末位淘汰制、设立110举报电话等，取得了良好的社会效果。但也有少数群众借此作为要挟和报复民警的一种手段，寻求心理上的平衡。当对民警的正当执法行为不满时，便不负责任地以投诉或举报相威胁，干扰民警的正当执法活动，这在一定程度上挫伤了民警正当执法的积极性。一些民警担心举报会给自己带来不良影响，因而在执行公务时瞻前顾后，造成执法漏洞，使自己陷入僵局。

四、对策建议

从袭警、扰警、诽警案件的侵害对象——被害民警来看,在绝大多数被害者中,其自身的"自我保护"意识的疏忽或失误是使袭警者屡屡得手的重要原因。作为警察本身来说,应该如何增强自我保护意识,怎样预防和应对各种复杂局面是需要重视的问题。结合自己的工作实践经验和体会,笔者认为要做好以下几个方面的工作:

其一,民警在执法过程中认识到维权的重要性是非常关键的。作为一名合格的警察,要懂得在执法过程中主动及时地化解侵害民警合法权益事件的苗头,把矛盾消除在萌芽状态,积极主动地提供物证和能公正、客观反映事件经过的证人,帮助民警维权组织及时准确地查明案情,不要认为自己受委屈就消极不作为,这样不但对自己的正常执法工作没有帮助,反而会助长不法分子的嚣张气焰。即使在日常生活中与群众发生矛盾,如果是民警的错误,就要敢于承认,应该通过各种合法途径来解决自身遇到的问题,维护正当执法权益,实现自我保护。

其二,加强学习,依法办事,提高民警保护自身正当执法权益的能力。保护民警正当执法权益的前提是民警本身无过错,因此,公安民警必须加强学习,提高自身修养和业务水平,严格、公正、文明执法。首先,要端正为民执法的思想,把严格执法和热情服务统一起来。其次,要提高依法办案、依法行政的水平,在执法办案过程中,一定要按法律程序办案,秉公执法,不徇私情,公平公正。再次,要增强自我保护意识,注重保留证据,不给别有用心的人和不法分子以可乘之机。特别要注意现场执法中的处理方法,一定要沉着、冷静、耐心、忍让,做到有理有节,及时请示汇报,切忌态度粗暴、方法简单、感情用事。民警在执法中既要注意熟练掌握、正确运用法律法规,严格依法办事,又要懂得运用办案技巧。严格遵守各项纪律来约束自己,特别是法律要求我们坚持原则、忠于职责的工作,绝对不贪赃枉法。

其三,永远保持高度的警惕性,注重警力协同,快速策应处警。作为一名合格的警员不能光凭一腔热血,逞匹夫之勇,一线民警要特别注意时时想到"知己知彼,百战不殆"的道理。我们要想保障自身安全,有效处置好每一起警情,就必须出警前详细询问现场情况,预先收集相关情报,在每次接到指令或报案后准备到达案发现场时,要尽可能地了解更多的有关案件的情报,以提高安全系数,整理好合适的装备,打有备之战。首先，要有危险意识，充分认识工作中存在的危险成分；其次，要有认识危险的能力，也就是能够发现危险的所在；最后，对危险要具有较强的反应能力，也就是在紧急状态下能迅速做出反应，化解这种危险的形势。不要做出冒险的推论：不要认为醉鬼没有进攻能力；同样也不要认定女人、青少年或老年人就不会伤人。唯一正确的推论应该是任何报案或指令都包含有危险成分，警察不能在任何时候拿自己的生命做赌注。时时处处寻找危险迹象是任何聪明的警察都应了解的，该嫌疑人是否有暴力犯罪前科、现场有无武器等都是应该考虑的因素。在执法中，还要充分利用搭档的多人优势，在任何警情下，都要及时请求援助。在等待增援时，不要轻易地自己出动，要有安全意识，一个人单枪匹马暴露在罪犯面前是十分危险的，甚至是致命的。做警察工作不允许有半点疏忽大意，必须时时刻刻处于临战状态，高度警觉就意味着生存，玩忽职守就意味着死亡。同时，众多经验和教训告诉我们，千万不要一个人独自执行公务，不然既违法又不安全。

其四，杜绝"畏首畏尾"现象。公安部推出的人性化执法是法治的基本要求，也是现代处警的趋势，但违法分子将民警人性化执法错误地理解为警察懦弱可欺，故胆大妄为，大打出手。因此，很多舆论指出，公安人性化执法有负面效应。其实人性化执法并不意味着执法者可以放弃正当防卫的权利，警察同样是公民，人身安全受到威胁时，依法受到保护，刑法赋予公民的正当防卫权同样适用于民警，当生命安全受到暴力威胁时，警察完全可以正当防卫，而不是一味地"打不还手"。在许多国家袭警是非常严重的事件，被视为对国家机器的侵害，警察可动枪保护自己。我国人民警察法也赋予了警察执法中遭遇危险时自卫的权利。作为战斗在维护社会治安、依法打击违法犯罪第一线的人民警察，在执法活动中不该因为自身职业的特殊性、敏感性就放弃必要的自卫，打死也不还手，那不叫人性化，而是对人性化执法的曲解。

当然，要真正保护民警的合法权益，除了民警提高自我保护意识，也需要外在必要硬件措施的保障。例如，尽快出台人民警察权益保护法或条例，建立保护民警正当执法权益的长效机制；动员社会各方面力量参与民警自我保护意识培养工作；严厉查处侵犯民警正当执法权益的行为；保障公安机关经费、装备，规范警察执法等。

（征文获鼓励奖，作者系镇江市公安局政治部宣传处民警）